요괴

-또 하나의 일본의 문화코드-

한양대 〈일본학국제비교연구소〉 비교일본학 총서 02

요괴
또 하나의 일본의 문화코드

한양대 일본학국제비교연구소 편

역락

머리말

일본의 요괴문화를 생각할 때마다 한 장의 사진이 기억 속에 떠오르곤 한다. 대학 시절에 접했던 문고본 일본문화사 속에 실려 있던 어느 건물의 벽에 그려진 귀신의 얼굴이다. 사진 밑에는 '모노노케物の怪, 무로마치室町시대'라는 설명이 붙어 있었던 것으로 기억된다. 무로마치 시대라면 대략 15세기 전후의 시기를 말하는데 그 당시에 그려진 '모모노케'라고 명명된 귀신의 얼굴이 너무도 공포스럽고 생동감이 넘쳐 유난히 기억 속에 각인된 듯하다.

그 후 늘 한 가지 의문이 머릿속을 맴돌았다. 무로마치 이후 일본에는 수많은 요괴의 그림들이 전해져 오는데 왜 우리는 이 같은 그림이 보이지 않는 것인가? 우리가 연상하는 귀신의 이미지는 어디에서 연유한 것인가? 상상력을 표상화시키려는 욕망은 누구나 가질 수 있는데 일본문화가 이 방면에 차별화된 경향을 보이는 것은 왜일까?

이와 같은 소박한 의문을 간직한 채 이번에『요괴 : 또 하나의 일본의 문화코드』라는 제목의 비교일본학 총서를 연구소에서 발간하게 되었다. 이 책이 이와 같은 의문에 접근할 수 있는 실마리를 제공해 주길 기대해 본다.

여기에서 이제는 우리에게 친숙해 진 '요괴'라는 말의 유래에 대해 잠간 생각해 보면 이 말은 해방 후 일본어에서 우리말로 들어온 차용어가 아닌가 생각된다. 내 또래의 사람들이라면 60년대 말에 TV에서 방영된 '요괴인간 벰 베라 베로'라는 애니메이션을 '요괴'라는 말을 접했던 계기로 떠올릴 것이다.

'조선왕조실록'에는 '요괴'라는 단어가 10여 차례 등장하지만 대부분의 용례는 '요망스럽다' 또는 '요사스럽다'와 같은 뜻으로 사용된 것으로, 이와 같은 흐름은 1920년에 간행된 『조선어사전朝鮮語辭典』에서도 확인할 수 있다. 이 『조선어사전』에는 '요괴'라는 명사 대신에 '요괴스럽다'란 형용사가 수록되어 있는데, 이 '요괴스럽다'는 '소사스럽다', 즉 '좀스럽고 간사하다'의 동의어로 기술하고 있다.

이에 대해 일본어 '妖怪'는 『일본국어대사전日本國語大辭典』(제2판)에 『쇼쿠니혼기続日本紀』(797년)의 용례가 등장하고 있기는 하나, 1603년에 제작된 『일포사전日葡辭書』에서는 '妖怪(Yôquai)'의 뜻으로 Males, & perigos란 포르투갈어를 사용하고 있는 점이 눈길을 끈다. 이 포르투갈어는 '화禍를 부르는 일, 위험한 일'로 번역된다. 『일포사전』이 당시의 폭넓은 일상어를 기록하고 있다는 점을 감안하면 오늘날의 '妖怪'가 일본어 속에 정착된 것은 에도江戸시대 이후의 일이 아닌가 생각된다.

그런데 일본에서 통용되는 '妖怪'와 한국에서 통용되는 '요괴'의 의미가 완전히 일치하는 것은 아니다. 일본의 경우, '妖怪'는 '모노노케', '오바케お化け', '유레이幽靈', '오니鬼'와 같은 것들, 그리고 이들 요괴적인 것들에 의해 일어나는 괴기 현상까지를 '妖怪'로 부르는 경향이 있다. 우리가 생각하는 '요괴'보다 훨씬 광범위한 의미 범주를 가지고 있는 것이다. 이 가운데 '모노노케'나 '오바케'는 우리의 '귀신'에, '오니'는 '도깨비'에 대응되는 것이 일반적이나 우리가 말하는 '요괴'에는 '귀신'이 포함되는 것인지 모호한 부분이 있다. 또한 '유레이'에 대해서는 우리도 '유령'이란 한자어를

사용하는데 실제 일본에서 사용되는 '유레이'는 우리의 '귀신'에 가깝다. 일본 민속학의 해석에 의하면 같은 '귀신'이라도 '오바케'는 어느 정해진 특정 장소에만 나타나는 속성을 가지고 있는 반면 '유레이'는 징벌의 대상을 쫓아다니며 장소에 상관없이 나타나는 속성을 가지고 있다고 한다.

　사족이 조금 길어졌으나 이와 같이 '妖怪'의 구조가 다중적인 것은 그만큼 인간의 잠재의식과 심층심리에 대한 분석이 다각적으로 이루어진 결과라고 할 수 있을 것이다. 요괴적인 것들에 대한 끊임없는 담론이 이어져 오면서 새로운 형태로 표상화되어 왔다는 것, 이것이 오늘날 일본의 요괴문화를 형성시킬 수 있었던 원동력이 아닌가 생각된다.

　끝으로 이 책은 작년 5월에 일본의 국제일본문화연구센터(통칭 니치분켄)와 본 연구소가 학술교류협정을 맺은 후 일본의 요괴문화를 테마로 공동학술심포지엄을 개최한 것이 직접적인 발간 동기가 되었다. 심포지엄의 참석과 함께 기꺼이 원고를 집필해 주신 고마쓰 가즈히코小松和彦 니치분켄 소장님을 비롯한 일본 측 기바 다카토시木場貴俊, 곤도 미즈키近藤瑞木, 마쓰무라 가오루코松村薫子 선생님, 한국 측 박전열 중앙대 명예교수님을 비롯한 박규태, 이시준, 한경자, 김경희, 이세연, 김지영 선생님, 그리고 연말의 출판 일정에 쫓기면서도 편집과 간행을 위해 수고해주신 도서출판 역락의 이대현 사장님과 이태곤 편집이사님께 감사의 마음을 전한다.

2019년 2월
일본학국제비교연구소 소장 이강민

차례

일본고대문학속의 '모노노케'(物の氣)·'오니'(鬼)를 한국어로
어떻게 번역할 것인가
-『겐지이야기』의 번역 용례를 중심으로 - 이시준 _293

요괴

-또 하나의 일본의 문화코드-

모른다. 사막과 낙타 대상(隊商), 기마 민족, 불교 전래 · 삼장법사의 길, 오아시스 국가의 흥망, 그리스 · 로마 문화와의 관련성… '서유기', 19세기 서양인들의 탐험기, 이노우에 야스시(井上靖)의 『둔황』(敦煌) · 『누란』(樓蘭)과 같은 소설, 히라야마 이쿠오(平山郁夫)의 서역 그림…

'실크 로드'는 아시아 대륙을 가로지르는 매우 긴 길로서 중국산 비단을 로마에 활발히 실어 나르는 과정에서 이러한 이름이 붙었다. 교역품은 의식주에 관련된 것들도 많다. 주로 서양에는 비단이, 중국에는 금, 은, 양모 · 모직물, 유리 제품 등이 전해졌다.

'서역'(西域)이란 예로부터 중국인이 중국 서쪽에 있는 여러 나라들을 통틀어 이르는 말이다. 본래 '동투르키스탄'을 가리켰으나 확장되어 서투르키스탄, 거기에 지중해 연안에 이르는 서아시아까지도 포함한다. 동투르키스탄은 지금의 '신장 웨이우얼 자치구'(新疆維吾爾自治區)에 해당한다.

실크 로드를 거쳐 일본에 전래된 것으로는 포도, 오이, 석류, 버섯, 사탕수수, 호두, 수박, 당근, 시금치, 그리고 테리아카(해독제)와 같은 한방약도 일부 있다. 쇼무 천황(聖武天皇) · 고묘 황후(光明皇后)의 보물 창고였던 쇼소인(正倉院)의 소장품 중에는 실크 로드를 거쳐간 문물을 방불케 하는 것들이 있다. 그 예로 〈평나전배팔각경〉(平螺鈿背八角鏡), 〈나전자단오현비파〉(螺鈿紫檀五弦琵琶), 〈상목납힐병풍〉(象木臘纈屛風) · 〈양목납힐병풍〉(羊木臘纈屛風), 〈화전〉(花氈) 등을 들 수 있다.

정신 문화도 실크 로드를 통하여 활발히 교류되었다. 종교가 그 대표적인 예로, 서양으로부터 기독교가, 인도로부터 서역을 거쳐 불교가 전해졌다. 그리고 불교와 함께 풍신 · 뇌신의 관념과 이미지도 전래되었다. 그와 더불어 불교에서 말하는 '마'(魔), 즉 '요괴'(妖怪)의 관념과 이미지가 전해지며 일본 고래(古來)의 요괴관에 커다란 영향을 미친 것은 아닐까?

II. 요괴 연구와 둔황

실크 로드에 의해 불교와 더불어 '오니', '풍신·뇌신'(요괴)의 이미지가 함께 전해졌다는 가설을 검증하는 것은 비교요괴학(도 상학), 아시아요괴 문화사를 연구한다는 것이며, 그것을 위해서는 동아시아의 문화사를 종합적, 학제적으로 연구할 필요가 있다. 여기서는 그 가능성을 시사할 수 있었으면 한다.

둔황군(敦煌郡)은 한무제 때인 기원전 92년경, 이광리(李廣利) 장군의 대완(河西回廊: 페르가나) 원정 때 설치되었다고 보는 설이 유력하다. 그 후 한이 허시후이랑(河西回廊: 지금의 간쑤성(甘肅省))을 제압하자, 둔황 서쪽에 방어 거점인 옥문관(玉門關)과 양관(陽關)이 설치되어 한나라의 서역 경영의 중심지가 되었다. 그 후인 5호 16국 시대에는 중앙으로부터 자립한 '서량'(西涼)이 이 지역에 수도를 두었다. 이 이후는 사주(沙州)라고 불렸다.

서량은 북위에 의해 멸망되었지만, 그 이후에도 서역으로 통하는 거점으로서 여전히 중요했다. 위진남북조 시대는 불교가 중국에 전파된 시대로 366년부터 승려 낙준(樂僔)에 의해 막고굴 개착이 시작되었다. 이는 당대(唐代)에도 계속 이어져서 서역으로의 현관으로서 중요한 역할을 하였다. 그러나 안사(安史)의 난에 의해 당 정부의 통제력이 약화되며 이 지역은 781년에 토번(吐蕃)의 침공을 받게 되었고, 786년 이후 70년 동안은 토번의 지배하에 있었다.

851년, 한인(漢人)인 장의조(張議潮)가 토번에 반란을 일으켜 이 지역에서 독립하고, 당에 귀순하여 귀의군절도사(歸義軍節度使)로 임명되었다. 이 시기 당 정부의 권위는 더욱 쇠퇴한 상태이며 실질적으로는 독립 세력이었다.

북송대에 이르러 탕구트족이 세력을 키워 서하(西夏)를 세우고 1036년에 이 지역을 점령하였다. 둔황 문서를 막고굴의 이굴(耳窟) 속에 던져 넣고 입구를 보이지 않게 바른 것은 이 시대인 것으로 여겨지고 있다. 그 후 몽골 제국이 서하를 멸망시키며 원(元)의 지배하에 들어가게 된다.

이 시기가 되면 중국과 서방을 잇는 루트가 육로에서 해로로 옮겨 가기 시작하여, 이 지역의 평가는 하락하여 쓸쓸한 마을이 되어 간다.

Ⅲ. 일본의 요괴화와 최고(最古)의 풍신 · 뇌신화

'백귀야행'(百鬼夜行; 온갖 요괴가 밤에 줄지어 돌아다님)의 이미지는 다양하다. 특히 그 다양성은 낡은 가재도구를 요괴화한다는 관념이 생겨나 퍼졌던 중세에 만들어진 듯하다. 예를 들어 〈융통염불연기 두루마리그림〉(融通念佛緣起繪卷)[그림 1], 〈백귀야행 두루마리그림〉(百鬼夜行繪卷)[그림 2] 등에 나타나 있다.

지금은 아직 그러한 다양한 내용의 발굴이나 개별 사례 해석 등에 그

[그림 1]   [그림 2]

치고 있지만, 그 과정에서 일본 요괴 이미지의 기원은 어디에 있는가 하는 문제도 논의되기 시작하였다. 독자적으로 발전한 것인지 아니면 대륙의 영향을 받은 것인지 등등.

　일본에서 가장 오래된 시대에 속하는 '요괴', '마물'(魔物)들을 그린 자료는 〈회인과경〉(繪因果經: 불전 두루마리그림)이다. 쓰보이 미도리(坪井みどり)『회인과경 연구』(繪因果經の研究: 山川出版社, 2004)에 따르면 〈회인과경〉은 나라(奈良)시대부터 가마쿠라(鎌倉)시대에 제작되어 그 두루마리그림의 단간(斷簡)들이 여러 사원에 남아 있다. 예를 들어 〈회인과경〉 다이고지본(醍醐寺本)은 나라시대의 것이지만 이는 사본이며 원본은 수・당대의 중국에서 제작된 것을 모사한 것으로 추측된다. 인물의 복장이나 건물 등이 중국의 것이기 때문이다. 또한 설명 문구에서는 다양한 '마군'(魔群)을 묘사한 것들이 발견된다.

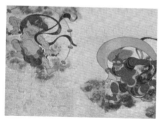

[그림 3]   [그림 4]

일본에서는 풍신뇌신도(風神雷神圖) 또는 뇌신도가 많이 그려지는데 가장 오래된 것은 상술한 〈회인과경〉(불전 두루마리그림)에서 발견되는 '풍신 · 뇌신상'(風神 · 雷神像)[그림 3]이다. 또한 가장 유명한 것은 에도 시대 초기 다와라야 소타쓰(俵屋宗達)의 〈풍신뇌신도〉(風神雷神圖)[그림 4]일 것이다.

IV. 둔황의 불교 유적과 마(요괴) 그리고 풍신 · 뇌신상

둔황에는 불교 동굴 유적이 몇 군데 있는데, 그 중에서도 가장 규모가 큰 것은 '막고굴'이다. 이 유적을 살펴보면 석가상, 마애불, 보살상, 삼존형식 등등 나라 · 헤이안시대의 일본 불교계 작품들과 많이 닮았다. 예를 들어 〈제355굴 불좌상 · 서위(西魏)〉, 〈제249굴 · 서위〉, 〈제259굴 보살입상 · 북위〉, 〈그림이야기책(불전-佛傳) 벽화 제428굴 살타태자 본생 〈사신사호도(捨身飼虎圖) · 북주(北周)〉 등이다. 벽화 석가 회전(繪傳)은 일본의 에마키(繪卷)를 연상케 한다. (둔황 자료는 일본 헤이본샤(平凡社)와 중국 문물출판사(文物出版社)에서 공동으로 편찬한 『중국의 석굴 막고굴』(中國の石窟 莫高窟)에 따랐다)

둔황 유적 중에는 호류지(法隆寺)나 고후쿠지(興福寺) 등 나라 시대에 창건된 사원에서 발견되는 '사귀'(邪鬼)와 유사한 것이나 헤이안 시대 지옥도에 그려진 '오니'와 같은 '마물'들도 발견된다. 예를 들어 〈제384굴 사귀 · 만당(晚唐)〉, 〈제254굴 전실 남벽 · 북위〉, 〈제428굴 항마(降魔) · 북주〉 등이다.

덧붙여 말하면, 불교화에 나타난 신들의 배치라는 측면에서 보아도 있는지 없는지를 알 수 없을 정도여서 뇌신에 대한 관심은 극히 낮았던 듯하다.

여기에서는 한국 뇌신도의 예로는 선암사(仙巖寺) 〈감로탱도〉(甘露幀圖: 1736년), 통도사(通度寺) 〈감로탱〉(1786년), 관룡사(觀龍寺) 〈감로탱〉(1791년), 은해사(銀海寺) 〈감로탱〉(1792년), 청련사(靑蓮寺) 〈감로탱도〉(1916년)[그림 8] 등이 있다.

다만 그 수는 극히 적고 수원 포교당의 〈관음삼십이응신도〉(觀音三十二應身圖: 연대 미상)처럼 풍신과 뇌신이 세트로 그려진 것도 있다.

나가며

일본의 '요괴적인 것'에 나타난 형상은 둔황, 중국에서 전해졌고 그 원형의 일부를 계승하면서도 그 후 독자적인 전개를 이룬 것으로 보인다.

둔황에서 풍신·뇌신은 석가를 지키는 선신처럼 다뤄진 것으로 생각되는데, 일본에서는 불교 회화에서 탈피하여 천상에 사는 '오니'로 간주되었가 '요괴'의 동료가 되어 단독으로 회화나 이야기 속에서 묘사되는 존재가 된 것이었다. 일본에서는 오니의 모습을 한 뇌신님(雷樣)이 등에 있는 7, 8개의 북을 치며 천둥소리를 낸다는 이미지가 널리 퍼져 있다. 하지만 그 이미지가 둔황과 같은 실크 로드를 거쳐 전래되었다는 사실은 거의 알려져 있지 않다.

또한 일본에 풍신·뇌신이 세트로 전해졌다는 사실을 생각해본다면 그 중간 지점인 중국이나 한반도에도 세트로 전해졌다고 생각할 수 있는데, 여러 사정에 의해 잊혀 진 듯하다. 이 또한 동아시아 문화사의 재미와 어려움을 생각하는 단서가 될 것이라 생각한다.

참고 문헌

東京國立博物館編, 2003, 『アレクサンドロス大王と東西文明の交流展』圖錄, NHK.

角川書店編集部, 1969, 『繪因果經』(日本繪卷物全集16), 角川書店.

新疆ウイグル自治區文物管理委員會, 1983, 『中國石窟キジル石窟』第一卷, 平凡社.

ギメ美術館, ペリオ·コレクション J·F·ジャリジュ監修, 1994, 『西域美術』第1卷, 講談社.

田中一松, 1965, 「繪因果經斷卷降魔圖(松永本)解說」, 『國華』第881號.

敦煌文物研究所編, 1980-1982, 『敦煌莫高窟』全五卷(「中國石窟」), 平凡社.

坪井みどり, 2004, 『繪因果經の研究』, 山川出版社.

百橋明穂, 1988, 『佛傳圖』(日本の美術 267), 至文堂.

脇坂淳, 1984, 「風神·雷神の圖像的系譜と宗達筆『風神雷神圖』」, 『大阪市立美術館紀要』第4號.

일본 요괴문화의 생성과 기능의 변천

박전열(중앙대학교)

들어가며

'요괴(妖怪)'라는 단어는 한국의 『삼국사기』에도 이미 쓰였고[1], 『조선왕조실록』에도 '요괴'라는 단어가 수십 번 나타난다. 이런 한자표기 용례는 물론, 한글표기 용례가 15세기의 불경 언해본인 『불정심다라니경』과 17세기의 경서 언해본인 『소학언해』[2]에도 나타날 정도로 오래전부터 우리말 어휘로 자리 잡고 있었다.

오늘날 한국에서는 위와 같은 용례를 포함하여, 영어 몬스터(monster)나 고스트(ghost)의 번역어로 쓰이기도 하지만, 일본의 요괴(妖怪 일본음 요카이) 용례가 유입되어 의미의 폭이 매우 넓고 다양한 파생적 의미를 지니

---

1) 『삼국사기(三國史記)』 본기 권15, 148년 7월조는 우리나라에 '요괴'라는 단어가 쓰인 오래된 기록이라는 점에서 주목된다.

2) 1485년에 쓰인 「佛頂心陀羅尼經」은 여러 진언(眞言)을 한글, 한자, 범어(梵語)로 병기하여 엮은 『진언집(眞言集)』의 일부로써, 밀교가 우리나라 불교에 미친 영향을 살필 수 있는 참고자료이자, 국어학 연구에 중요한 자료가 된다. '요괴스러운 꿈이'가 '요괴로왼 ᄭᅮ미'로 표기되어 있다. 1518년에 간행된 『번역소학』의 용례는 요괴스럽고 망녕된 말씀이라는 뜻으로 '요괴로 외며 망녕도인 말ᄉᆞ미'라는 용례가 있다.

게 되었다.[3]

일본에도 일찍부터 요괴의 용례가 나타난다. 사람의 지혜로는 이해할 수 없는 현상이나 괴이한 것을 뜻하며 777년에 간행된 역사서 『속일본기』(續日本紀)와 14세기의 동란을 기록한 『태평기』(太平記)에도 나타나며, 오늘날에도 사용빈도가 매우 높은 단어이다.

중국에서 요괴는 요매(妖魅)·요정(妖精)·요귀(妖鬼)·요마(妖魔)·요령(妖靈) 등과 비슷한 뜻으로 쓰이며, 중국 후한(後漢) 시대에 반고(班固)가 저술했다는 역사서 『한서』(漢書)나 사상가 왕충(王忠)이 쓴 철학적 담론 『논형』(論衡)에도 용례가 나타나며 지속적으로 쓰인다.

최근에는 일본에서 들어온 게임이자 영화 '요괴워치'와 이 스토리를 바탕으로 요괴에게 명령을 내리는 도구인 장난감 '요괴워치'가 어린이들 사이에 큰 인기를 얻어 널리 보급되어 있으며, 요괴라는 단어 자체에 새로운 의미가 첨가되며 별다른 위화감 없이 쓰이고 있다.

한국에서 요괴라는 용어는 각자 떠올리는 개념의 범위는 크게 다르지 않지만, 구체적인 요괴의 이미지는 크게 다르다는 점을 전제해야 일본의 요괴를 객관적 시점에서 논할 수 있다고 생각된다.

본고는 일본의 풍토와 역사 속에서 일본인의 상상력으로 형성된 요괴의 형성과정과 다양한 변이과정을 거치며 전개되는 방식을 살펴보며, 문화론적 의미를 파악함을 목표로 한다.

---

3) 박전열, 2018, 「현대 일본사회의 요괴 붐」, 『일본비평』18, 서울대학교 일본연구소, 68~70쪽.

I. 추상적인 요괴가 구상화되는 과정

오늘날 일본의 선도적 요괴 연구는 다음과 같은 쓰네미쓰 도오루(常光 徹)의 견해가 요괴의 윤곽을 선명하게 제시하고 있다.

요괴란, 불안이나 공포를 불러일으키는 불가해한 일이나 불가사의한 현상, 또는 그런 현상을 일으킨다고 생각되는 초자연적인 존재. 일반적으로 요괴라고 하면 이상한 모습이나 이해할 수 없는 힘을 지닌 초자연적 존재라고 인식되며, 재난을 일으키는 공포의 대상으로써 다양한 모습과 속성이 창조되었다. 이처럼 인간의 지식으로는 이해하기 어려운 현상을 만났을 때, 사람들의 지식과 상상력이 만들어낸 설명의 방식이라고도 할 수 있다.

오늘날 일본인들이 확인할 수 있는 대부분의 요괴는 전승 과정에서 형상화된 구체적이고 유형적(類型的)인 모습을 지닌다. 요괴의 이미지가 형성되는 배경을 살펴보면 구전문학을 비롯하여, 각종 문학이나 회화, 연희 등에서 상호 영향관계를 찾을 수 있다.[4]

여기서 필자는 요괴는 관념의 세계, 관념을 이야기하는 구비문학의 세계를 바탕으로 하되, 이미지의 시각화 혹은 청각화를 통해 다양한 방식으로 전개되는 일종의 문화현상이라고 재정의하고 싶다.

요괴라는 명칭이 널리 쓰인 것은 메이지시대 이후이며, 철학자로써 요괴연구를 시작한 이노우에 엔료(井上圓了: 1858~1919)의 영향이 크다. 요괴라는 명칭 이외에도 오바케(お化け), 바케모노(化け物), 헨게(變化), 아야

---

4) 常光徹, 2000,「妖怪」,『日本民俗大事典』下, 吉川弘文館, 769쪽.

카시(あやかし) 등으로 불리지만, 각각 다른 뉘앙스를 지니고 있으며, 의미 범주가 명확하게 구별되지 않는다고 했다. 그러면서도 철학적 관점에서 요괴의 분류를 시도했다. 그는 진괴(眞怪)를 철학적 관점에서 분석하며, 진괴는 요괴현상을 해명하는데 목표점이 됨과 동시에 출발점이기도 했다.[5] 즉 진괴 이외의 요괴는 과학적으로 해명할 수 있는 현상계의 일부로 파악할 수 있다는 관점에서 요괴의 논의를 시작했던 것이다.

[표1] 요괴의 5가지 분류[6]

요괴(妖怪)	허괴(虛怪)	위괴(僞怪)-인위적 요괴	
		오괴(誤怪)-우연적 요괴	
	실괴(實怪)	가괴(假怪)-자연적 요괴	위괴(僞怪)-물리적 요괴
			심괴(心怪)-심리적 요괴
		진괴(眞怪)-초리적(超理的) 요괴	

이 분류에서 '위괴'란 사람의 의지나 조작에 의하여 만들어진 요괴로써, 개인적인 것과 사회적인 것으로 나눌 수 있다. '오괴'란 우연히 일어난 일을 잘못 알고 요괴라고 추정한 것이다. 내부적인 요인과 외부적인 요인으로 나누며, 객관적 요괴와 주관적 요괴로 나눌 수 있다. 이런 위괴와 오괴는 허괴(虛怪)이며 진짜 요괴라고 할 수 없다. 없는 것을 꾸며내거나 인간의 오인으로 생긴 것이다.

이 허괴와 대조되는 것이 실괴(實怪)이다. 하나는 가괴인데, 인위적인

---

5) 甲田烈, 2014, 「圓了妖怪學における「眞怪」の構造」, 『國際井上圓了研究』2, 國際井上圓了學會, 269쪽.
6) 井上圓了, 1919, 『眞怪』, 丙午出版社, 3쪽.

것도 우연한 것도 아니라, 자연히 일어난 것이다. 이는 물체의 변화 때문에 일어난 현상인 경우와 심리적인 경우로 구별한다. 따라서 하나는 물괴(物怪) 즉 물리적 요괴라 하고, 하나는 심괴(心怪) 즉 심리적 요괴라 할 수 있다. 나아가 실괴에는 가괴와 다른 진괴가 있다.

진괴란 진짜 요괴로써, 이른바 절대적 존재를 말한다. 이노우에 엔료는 실괴 가운데, 가괴를 완벽하게 규명하여 그 실체를 파악하면 보편적 규칙과 동일한 원리가 바탕에 있음을 알 수도 있을 것이라고 했다. 오늘날의 지식으로는 요괴라고 여기는 것도 장래에 지식이 발달함에 따라서 그 이치가 해명될 수 있다는 뜻이다. 이와 대조되는 진괴는 아무리 인간의 지식이 진보되어도 도저히 해명할 수 없는 것을 말하며, 이는 이치를 초월하는 요괴이자 이해할 수 없는 불가지적(不可知的) 존재라는 것이다. 이런 분류와 명명방식은 실증적이라기 보다 관념적 혹은 철학적 사변의 영역을 벗어나지 않지만, 당시 지식의 단계와 인식의 한계를 인정한 개념이라는 점이 흥미롭다.

에마 쓰토무(江馬務: 1884~1979)는 요괴의 비주얼적인 측면을 기준으로 인간이 변화한 경우, 동물이나 식물이 변화한 경우, 기물이 변화한 경우, 자연물이 변화한 경우 등으로 분류하였다. 그는 요괴가 되기 전의 본체(本體)를 '①사람 ②동물 ③식물 ④기물(器物) ⑤자연물'[7] 등 5가지로 나누며, 요괴는 원래 모습에서부터 변화한 결과물이 인간에게 시각적 특징으로 전달되는 것이라 지적한 바 있다.

---

7) 江馬務, 2004, 『日本妖怪變化史』, 中央公論社, 13쪽.

야나기타 구니오(柳田國男: 1875~1962)는 이노우에 엔료의 '요괴학'에 대항하는 입장에서 그와는 다른 요괴연구를 제창했다. 그러나 야나기타 의 요괴연구에 대한 관심은 이노우에의 연구에 대한 단순한 반발은 아니 었다. 그는 일본의 설화나 두루마리 그림 도표 등에 그려진 요괴를 역사

[그림 1] 마루야마 오쿄(圓山 應擧: 1733~1795)〈유령화〉

적으로 검토하며, 민속학적 측면에서 요괴연구의 필요성을 느끼고, 그 분류나 속성을 해명하려 요괴 연구에 정력적으로 힘을 쏟았다.

야나기타 구니오는 1938년에 발표한 논문「요 괴담의」(妖怪談義)에서 사람이 죽었지만 저승에 가 지 못하고 아직 이승에서 헤매는 존재라는 유령(幽 靈)과 요괴는 어떻게 다른가라는 일반인이 품은 의 문점에 대한 견해를 밝혔다. 여기서 3가지의 특징 을 들어 요괴와 유령을 구별했다. ①유령이 출몰하 는 장소는 정해져 있지만, 요괴는 아무데서나 나타 난다. ②요괴는 상대를 구별하지 않고 나타나지만, 유령은 관련있는 사람에게만 나타난다. ③요괴는 밤이나 새벽에 나타나지만, 유령은 한밤중 특히 오 전3시경에 나타난다.[8] 요괴와 유령의 차이를 매우 흥미롭게 설명하기는 했지만, 이 기준이 모든 경우 에 들어맞지는 않기 때문에 한가지 기준으로 참고

---

8) 柳田國男, 2013, 『妖怪談義』, 角川學藝出版, 17~19쪽.

가 된다.

　민속학적 관점에서 요괴를 논한 야나기타 구니오는 개별적인 요괴의 특징을 논하는 한편, 요괴 관련 어휘를 수집하고 분류하는 등 다방면으로 연구를 진척시켰다. 오늘날 그의 연구는 방대한 자료를 수집정리하며 선구적 성과를 축적했다는 높은 평가를 받는 한편, 지나친 주관적 혹은 비약적 해석이 많다는 비판을 받기도 한다. 예를 들면 요괴는 어떤 신적 존재가 외부적 요인에 의하여 사람들의 신앙심이 쇠퇴해짐에 따라 신령함이 사라진 존재 즉 신령이 영락(零落)한 것이 요괴라는 가설을 주장했다.

　과거에는 사람들의 신앙의 대상으로써 큰 영향력을 지니던 존재가, 상황이나 환경의 변화에 따라 영락하게 된 경우를 제시했다. 그러나 모든 요괴를 이런 방식으로 설명할 수 없다는 한계가 있다. 즉 모든 요괴를 신에 대한 신앙이나 관념의 부정적인 측면이라고만 설명할 수 없고, 인간과 요괴와의 상관관계에 따라서 요괴관(妖怪觀)이 변화한다는 이후의 연구가들의 견해가 설득력을 얻고 있다.

　고마쓰 가즈히코(小松和彦)는 인간이나 동식물 모두가 범신론적 관점에서 신이 될 수 있지만, 신으로 추앙받지 못하는 상황에 이르면 요괴로 인식될 수 있다는 논리를 전개했다. 이를 단계별로 나누어 '영적인 존재가 인간에게 제사를 받는가, 아니면 제사를 받지 못하는가'라는 지표를 설정하여 분석했다.[9] 즉 영적인 존재를 '신'과 '요괴'로 구별하면서도 이 구별은 고정적인 것은 아니라 상황에 따라 변화를 거듭한다고 보았다. 좀

---

9) 小松和彦, 박전열 역, 2009, 『일본의 요괴학 연구』, 민속원, 46쪽.

더 극단적으로 말하자면, 인간의 주변에 있는 모든 존재에 영적인 능력을 인정하는 경향인 애니미즘이 기능하고 있는 일본에서는 명명된 모든 존재, 즉 인간, 동물, 식물, 자연물, 인공물 등은 신이 될 가능성과 요괴가 될 가능성을 동시에 지니고 있다고 할 수 있다.

따라서 '요괴'는 일단 크기가 있고 모습을 지니고 움직이는 존재로 인식하지만, 구체적인 모습은 드러나지 않고 하나의 자연물의 움직임이나 청각으로 인지되는 경우가 있는데, 이는 포괄적 표현으로 괴이현상이라 한다. 괴이현상은 대개 구비전승 가운데 나타난다. 이를 말해주는 민간전승은 자연과 인간의 관계를 찾아내는데 중요한 문제를 제기해준다.

따라서 신을 이해하거나 요괴를 이해하기 혹은 유령 등의 양태는 모두 기본적으로는 인간이 문화를 형성하는 과정에 자연환경을 파괴한 것과 인과관계를 지니고 있다.[10] 자연 속에 살아가는 인간이 생존을 위하여 혹은 욕망을 충족시키기 위하여 자연을 개발하거나 지나치게 파괴하는 경우에 자연에 대한 경외심이 그곳의 역사와 환경을 바탕으로 요괴를 창작하는 심리적 동기가 되기도 한다는 것이다.

뿐만 아니라, 환경의 변화나 요괴에 대한 호기심의 소멸, 혹은 새로운 요괴로 기능이 대치되면, 요괴는 사라져버리기도 한다는 현상은 요괴가 절대적 자연물이 아니라 인간이 창작하고 활용하는 문화적 산물임을 말해주고 있다.

---

10) 宮田登, 1985, 『妖怪の民俗學』, 岩波書店, 42쪽.

Ⅱ. 요괴를 묘사하는 방식과 인식의 변화

『고사기』(古事記)나 『일본서기』(日本書紀)로 대표되는 일본의 신화집 이래 수많은 요괴가 창작되고 전승되며, 요괴를 소재로 하는 연극, 그림 이나 오브제 등이 시각화(視覺化)되었다.

마귀(魔鬼)나 환상적인 동물 등의 요괴를 그린 그림이나 조형물은 그 주술적 기능과 함께 일찍부터 일본에 전래되었다. 나라시(奈良市)의 다카 마쓰(高松) 고분이나 기토라(キトラ) 고분의 내벽에 그린 사신도(四神圖)는 상상의 동물 청룡·주작·백호·현무 등 신비한 존재이자 수호신으로 기능하고 있었다.

그후 불교의 전래와 더불어 불상이나 불화(佛畫)가 수입되었다. 불화 가운데 지옥도(地獄圖)에는 인과응보 사상을 전달하기 위하여 인간을 징 벌하는 염라(閻羅)의 시종이 무서운 존재 즉 마귀로 묘사되었고, 이는 이 후 요괴를 시각화하는데 큰 영향을 주었다고 생각된다. 불교를 포교하거 나 이해하기 위한 수단으로 그린 〈시기산 연기 두루마리그림〉(信貴山緣 起繪卷: 12세기 제작)에는 요괴의 일종인 덴구(天狗)가 묘사되어 있고, 〈기 타노텐진 연기 두루마리그림〉(北野天神緣起繪卷: 13세기 초 제작)에는 원한을 품은 인간이 정적(政敵)을 징벌하기 위해 요괴의 일종인 오니(鬼)로 변한 모습이 묘사되어 있다.

이후 이미 유포된 요괴담(妖怪譚)을 그림으로 그린 다양한 요괴 두루 마리그림(妖怪繪卷)이 등장한다. 예를 들면 「하세오조시」(長谷雄草紙: 14세기)에는 얼굴과 몸이 빨간 오니(鬼)가 등장하고, 「쓰치구모소시」(土蜘蛛草紙: 14세기)에는 거대한 거미 모습의 요괴가 묘사되어 있다. 이런 그림은 요괴를 인간에게 제압되거나 퇴치당하는 존재로 묘사하며, 인간의 우위성을 말해준다는 공통점이 있다.

[그림 2] 〈기카노텐진 연기 두루마리 그림〉의 오니 13세기 후반

[그림 3] 〈하세오조시〉에 묘사한 빨간 얼굴의 오니 14세기

요괴에 대한 일본인들의 흥미가 증가하고 요괴를 시각화한 그림에 대한 수요가 증가함에 따라서 다양한 요괴의 모습을 하나의 두루마리 그림에 배열하려는 제작 패턴이 형성되었다. 이런 '백귀야행'(百鬼夜行)을 화제(畵題)로 그린 그림은 현재 약50개가 전해지고 있는데, 교토의 다이토쿠사(大德寺) 신쥬암(眞珠庵)이 소장한 〈백귀야행 두루마리그림〉은 무로마치(室町) 시대의 도사 미쓰노부(土佐光信: 1434?~1525)의 작품이라 전해지는 중요문화재이다. 이 그림은 이전 시대의 문학작품에도 등장하는 백귀의 야간 행렬이라는 소재를 도시의 축제로 비유한 기묘한 회화이자, 빼어난 미술품으로 파악되고 있다.[11] 여기 등장하는 요괴들은 인간이 오래 동안 사용하던 각종 기물(器物)이 용도폐기 되거나 싫증을 느낀 인간에게 버림을 당하면, 일정한 조건 아래서 요괴로 둔갑하며 그들의 세계를 구축한다

---

11) 田中貴子, 1999, 『百鬼夜行繪卷』はなおもかたる」, 『百鬼夜行繪卷をよむ』, 河出書房新社, 17쪽.

는 요괴관이 반영되어 있다. 이 요괴들은 힘을 합해 인간에게 대항하기도 하고, 밤이면 당시의 도읍인 교토의 밤거리를 축제행렬처럼 누비며 다니다가, 날이 밝으면 모습을 감춘다는 설정을 전제로 한다.

[그림 4] 〈백귀야행-신쥬암 본〉 14세기

[그림 5] 〈쓰쿠모신기〉16세기

기물이 변한 요괴담을 두루마리로 그린 〈쓰쿠모신기〉(付喪神記: 964~968)는 〈비정성불 두루마리그림〉(非情成佛繪卷)이라고도 한다. 비정이란 정(情)을 가지지 않은 존재 즉 사물·기물을 말하며, 기물이 성불한 이야기를 그린 그림이라는 뜻이다.

쓰구모(付喪)란 '九十九'로 표기하기도 하는데, 100에서 1이 부족한 상태, 100살 가까이 된 매우 늙은 존재라는 뜻을 바탕으로, 100을 채우면 성불하거나 완전한 존재가 될 텐데, 아쉽게도 그 직전에 머물고만 상태라는 뜻이다. 즉 신이나 부처가 되지 못하고 그간의 오랜 공덕이 수포로 돌아간 안타까운 상태라는 의미를 지닌다. 여기서는 일정한 수련 기간을 채우지 못한 기물이 신이 되지 못하고 요괴가 되어버린 불완전한 신이라는 것이다.

〈쓰구모신기〉의 줄거리는 어느 저택에서 연말에 대청소를 하고 쓸모없는 물건을 버리는 데서 시작된다. 버림을 당한 물건들은 헌신적으로 일했지만, 결국 배신당했다고 생각하며 분노를 품게 되고, 분노가 쌓이자 차츰 본래의 모습에서 요괴의 모습으로 변하게 된다. 변한 요괴들은 인간을 흉내 내어 시도 지어보고 잔치도 벌리고 축제도 열어 즐겁게 지내려고 한다. 그런 가운데는 더러는 불교에 귀의하여 승려가 되었고, 우여곡절 끝에 다른 요괴까지 개심시켜 이윽고 성불하게 만든다는 이야기를 그린 두루마리이다.

다양한 모습의 요괴를 귀(鬼)로 통칭하는 백귀야행 그림은 대량으로 제작 유통되며, 요괴에 대한 흥미를 충족시켜 갔지만, 본격적인 요괴 그림의 대중화는 에도(江戶) 시대에 우키요에(浮世繪)를 통하여 이루어졌다고 할 수 있다.

에도 시대에 목판인쇄에 의한 출판물의 대량생산이 이루어지자 요괴를 소재로 삼은 읽을거리 볼거리가 제작 유통되며 대중의 호기심을 자극하기 시작했다. 요괴문화에 대한 인기는 에도 시대 후기 이후 서서히 고조되어, 말기부터 메이지(明治) 시대에 걸쳐 절정에 이른다. 그 인기의 중심에는 우키요에로 묘사되는 요괴가 자리 잡고 있었다. 다색으로 정밀하게 그린 우키요에는 풍속·풍경·미인·가부키 배우와 극장·씨름·자연 등 다양한 소재가 등장하지만 그 가운데 요괴는 공포감과 즐거움을 주는 독특한 영역이었다.

대량판매를 통해 이익을 창출하려는 상업성이 중시되는 우키요에이기 때문에, 인기를 얻은 특정 화가의 특정 소재의 우케요에는 이전의 백귀야행이나 각종 요괴그림을 참고하여 가부키 속의 요괴나 전설이나 민

[그림 6] 가쓰시카 호쿠사이 「사라야시키」
(皿屋敷)「햐쿠모노가타리」(百物語)

담 속의 요괴를 찾아내어 많은 작품을 재생산해냈다.[12]

가쓰시카 호쿠사이(葛飾北齋: 1760~1849), 우타가와 구니요시(歌川國芳: 1798~1861), 쓰키오카 요시토시(月岡芳年: 1839~1892), 가와나베 교사이(河鍋曉齋: 1831~1889) 등의 저명한 우키요에 화가가 요괴 이야기를 화려한 색채로 그려내어 대량 유통됨으로써, 공포의 대상이 아니라 이야깃거리로써의 요괴, 즐기는 대상물 혹은 소장품으로써의 요괴를 인식하기 시작한다.

에도 시대에 이르러 정치적 안정기가 지속되자, 여유 있는 도시상공인을 중심으로 요괴에 대한 흥미가 이야기 속에 머물지 않고 연극이나 그림, 장난감으로 재생산을 거듭하며, 요괴에 대한 공포심도 차츰 줄어드는 경향이 나타났다.

에도막부에서는 각지방에 채약사(探藥使)를 파견하여 산이나 들을 찾아 약초를 채집하는 등 실천적인 조사를 명령했다. 이러한 과학적 접근은 일본인의 자연관에 큰 변화를 가져왔다. 채약사는 약재의 채집뿐만 아니라 본초학자(本草學者)이자 막부에 소속된 의사로서, 막부의 명령을 받고 약초를 채집하기 위하여 산야를 찾아다녔다. 이때 여정이나 채집한 약초

---

12) 小松和彦, 2011, 『妖怪學の基礎知識』, 角川學藝出版, 184쪽.

명을 기록하여 「채약기」를 남겼다.

우에무라 마사카쓰(植村政勝: 1659~
1777) 의 『제주채약기』(諸州採藥記) 에는
당시의 시대적 관심과 상황과 지식인의
요괴에 대한 인식이 기록되어 있다.[13]
오늘날에도 관광지의 역사 깊은 볼거
리로 도치기현(栃木縣) 나스초(那須町) 의
나스온천 부근에는 살생석(殺生石) 이라
는 용암이 있다. 구미호가 변한 바위라
고 전해지는 살생석에 접근한 동물이
나 사람은 모두 죽게 된다는 전설[14] 때
문에 두려워했지만, 우에무라는 이 돌

[그림 7] 도리야마 세키엔(鳥山石燕) 「살생
석」 『금석 백귀습유』(今昔百鬼拾遺: 1781)

을 주저 없이 쪼개서 조각을 핥아 맛을 보고 "단지 보통 돌일 뿐이다"(常の
石)[15] 이라고 선언했다.

이 바위는 많은 사람에게 신앙의 대상이자 전설과 같은 존재였다. 이
미 많은 사람이 우에무라와 같이 사물은 사물이며, 관찰할 수 있는 요소
의 집합체에 불과하다고 생각하고 있었겠지만, 시대가 흐름에 따라 요괴
의 신앙적 위상도 격하되고 '요괴 따위는 없다는 상식'이 심화되어 갔으리
라 생각할 수 있다.[16]

---

13) 板坂耀子, 1989, 「採藥記の世界」, 『福岡教育大學紀要』38, 福岡教育大學, 1쪽.

14) 鳥山石燕, 1992, 「今昔百鬼拾遺」, 『畵圖百鬼夜行』, 國書刊行會, 226쪽.

15) 植村政勝, 「下野國」, 『諸州採藥記』卷二 (일본국립국회도서관 소장본 12쪽).

16) 香川雅信, 2016, 「現代に息づく江戸の妖怪文化」, 『水の文化』53, ミツカン水の文化センター, 14쪽.

이러한 자연주의의 시선은 다양한 물건을 신앙적 금기에서 해방시킨다. 이른바 탈신비화의 과정을 겪으며 요괴에 대한 인식이나 요괴를 즐기는 새로운 방식이 등장하게 되었던 것이다.

그런 가운데 지식인들은 요괴의 존재를 보다 냉철하게 보며 송두리째 부정하는 시각과 "요괴는 있다고 생각하며 즐기는 편이 더 낫다"고 고쳐 생각하며, 요괴를 오락의 대상으로 활용하는 경향이 나타났다. 이런 까닭에 18세기 후반에 요괴문화가 활발하게 전개된다. 요괴에 관한 전래의 소재에 새로운 소재가 덧보태지며 이야기와 그림이나 서적, 연극으로 대량 재생산이 이루어지며 판타지를 즐기는 대중문화로써 융성하게 되었고, 오랜 시간에 걸쳐 향유되며 오늘날에 이르러서는 요괴문화의 원천소스로 기능하기에 이른다.

III. 기능과 형태의 다양화

실존 여부를 논하기에 앞서 요괴는 이미 상상의 세계에서 출발하여, 구전문학과 기록물을 비롯하여 연극·회화·오브제·영화·장난감·게임 등으로 생산 혹은 생성되고 있다.

실제 일본의 요괴의 종류는 이루 다 셀 수 없을 정도로 다양하며 수효도 많기 때문에 일본의 요괴를 분류하기는 쉽지 않다. 그러나 이미 정형화되어 있는 요괴 가운데, 일본의 특징적인 요괴이자 자주 등장되는 전통적인 요괴로는 여우, 덴구, 너구리, 갓파, 뱀, 오니 등을 들 수 있다.[17]

---

17) 박전열, 2005, 「요괴문화의 메커니즘과 문화산업」, 『일본의 요괴문화』, 한누리, 17~19쪽.

여우(狐)는 일본뿐 아니라 세계적으로 변신하는 동물로 여겨지는 존재이다. 한국에서도 여우같은 여자라고 하면 연상적으로 떠오르는 사항이 있지 않은가. 일본에서도 여우는 변신에 변신을 거듭하는 존재로서, 때로는 사람을 돕기도 하지만, 독특한 캐릭터로 특히 남자를 괴롭히는 요괴로 묘사된다. 그러나 농업이나 상업을 관장하는 신의 심부름꾼으로서 사람이 잘 섬기면 복을 가져다주기도 한다는 양면성이 매력의 포인트가 되기도 한다. 예를 들면 농경신인 이나리신(稲荷神)의 사자(使者)이기도 하며, 때로는 농경신으로 신앙의 대상이 되기도 하는 여우신앙은 전국적인 분포를 보이고 있으며, 풍부한 설화를 바탕으로 전승되고 있다. 특히 중국 설화와 한국의 설화와 영향관계에 있는 구미호(九尾狐)는 앞서 다룬 쓰쿠모신의 미완성에 대한 원한과 유사한 테마를 지니며, 그 원한이 인간에게 미치기도 한다는 설정이 흥미롭다.

덴구(天狗)는 하늘을 날아다니는 새모양이라고도 하고, 산속에서 축지법을 쓰면서 자유자재로 돌아다니며, 몸이 붉고 키가 크고 코가 긴 남자 모습으로 묘사된다. 초능력을 지니고 사람들을 골탕 먹이기도 하지만, 때로는 사람을 돕기도 한다는 존재이다. 붉은 색에 코가 크다는 신체적 특징 때문에 여자들의 코큰 남자에 대한 동경과 오버랩되면서 묘한 매력을 지니는 요괴이다. 어떤 지역에서는 자기네 산 속에 덴구가 살고 있다고 관광자원으로 활용하기도 한다.

일본문헌에 덴구라는 용어는 민(旻)이라는 법사가 천둥소리와 함께 떨어진 유성을 덴구라고 했다는『일본서기』(日本書紀)의 기록에 처음 나타난다.

[그림 8] 현대에 제작된 다카오산(高尾山) 야쿠오인(薬王院)의 덴구 동상

민법사는 수(隋)에 갔다가 귀국할 때 불교와 천문학의 지식을 습득해서 돌아온 인물인데. 지면을 스치듯 떨어지는 별똥별이 공기진동으로 인해 소리를 내는 경우가 있는데 이를 덴구라고 했다. 당시의 최신 천문학 지식으로 괴이현상을 덴구의 소행이라고 설명했던 것이다.

일반적으로 산에서 들려오는 괴음을 덴구의 소행으로 여겼다. 그러다가 덴구는 헤이안(平安) 시대부터 불교적인 토양 안에서 불법을 방해하는 새 모습의 요괴로써 구체화되었다. 덴구는 날개가 있고 머리는 소리개의 이미지로 표현되어 있다. 불교적 기반에서 발생하여 일상생활에 깊이 정착된 덴구는 차츰 일본의 전통적 신앙인 신도(神道)와 관련되며 신도를 수호하는 「신도계통의 덴구」[18]로 인식되며, 요괴이자 신 혹은 신의 사자

18) 知切光歳, 2004, 『天狗の研究』, 原書房, 224쪽.

로 기능하고 있다.

후대에 와서 덴구는 산에서 일어나는 괴이현상, 나무, 바위, 동굴 등과 결부된 전설, 옛날이야기 등에 빈번히 등장한다. 예를 들어 덴구 다오시(天狗倒し)는 한밤중에 큰 나무를 자르는 소리가 나지만 다음날 가보면 아무런 흔적이 없는 것을 말한다. 대낮에도 산 속에서 갑자기 크게 부르는 소리가 들리고 깔깔거리며 웃는 소리가 들리는 것을 덴구 와라이(天狗笑い)라고 한다. 덴구는 오늘날에도 일본인에게 엉뚱한 일을 저지르는 어리숙한 존재 혹은 친숙한 모습으로 남아 있으며, 얼굴이 붉다는 이유로 술취한 사람의 비유 혹은 술집의 명칭으로도 널리 쓰이고 있을 만큼 현대인에게도 익숙한 요괴로 인식된다.

너구리(狸)는 사람으로 변신하기도 하니, 너구리는 원래 사람이었을지도 모른다는 생각이 두루 퍼져 있었다. 특히 스님으로 변신하여 마을에 찾아오자 사람들은 스님으로 대접하지만, 개가 정체를 알고 짖어대기 시작하여 결국 정체가 드러났다는 이야기, 너구리에 씌우면 밥을 많이 먹고 배가 너구리 배처럼 불룩 해졌다가 죽는다는 등 너구리를 주인공으로 하는 이야기가 많이 전해지고 있다. 또 너구리를 잘 섬기면, 한국 민속에서 업이 들어왔다고 할 때의 '업'처럼 집안에 복을 가져다주는 요괴로 여긴다. 술가게 앞에 도기로 만든 너구리가 술병을 들고 있는 모습을 만들어 세우기도 하는데, 너구리가 여유있고 엉뚱한 일을 저지르는 존재라는 생각에 따른 풍습이다.

갓파(河童)는 물가에 산다는 요괴인데, 세월이 지나는 동안에 차츰 귀여운 모습이 강조되면서 변형을 거듭하여 왔다. 물속에 살면서 물가에서

[그림 9] 사와키 스시(佐脇嵩之: 1707~1772) 「갓파」『핫카이즈켄』(百怪圖卷)

물을 마시려는 말을 물속으로 끌어들였다거나, 사람을 유인하여 골탕을 먹인다는 이야기가 많이 있다. 오늘날에는 흉측한 요괴로 묘사되기 보다는 움푹 파인 정수리에 물을 이고 다니는 귀여운 모습으로 캐릭터화되어 아이들이 마스코트로 삼을 정도가 되었다. 갓파의 전설이 전해지는 지역에서는 이 호수가 바로 그 갓파가 살고 있는 호수라는 식의 스토리텔링으로 관광자원으로 삼기도 한다.

예를 들면, 2001년 후쿠오카에서 열린 세계수영선수권대회에서 '파챠포'(ぱちゃぼ)라고 명명한 갓파를 마스코트 캐릭터로 제정했다. 일본의 오랜 전통 속의 요괴가 세계적인 스포츠대회의 마스코트가 된 것이다. 이런 갓파 캐릭터는 봉제인형, 피규어 등 다양한 모양으로 상품화되었으며, 텔레비전 광고 가운데도 귀여운 갓파 캐릭터가 자주 등장한다.

뱀(蛇)은 여자로 혹은 요괴의 모습으로 변신하여 사람을 홀리기도 하고, 소원을 들어주지 않으면 복수를 한다는 설정으로 이야기나 연극에 등장한다.

오니는 한자로 쓰면 '鬼'라고 한다. 한국의 귀신과는 다른 이미지를 지니는 오니는 원혼과 관련이 깊지만, 때로는 신처럼 전지전능하고 무섭다가도 사람에게 속임을 당하기도 하고 사람에게 복을 가져다주기도 한다는 다중적인 성격을 지닌다. 일본의 오니는 무엇보다도 무서운 것의 상징으로 출발했다. 아마 일본에서 태어나 자란 사람치고, '오니'(鬼)라는 말을 모르는 사람은 없을 것이며, 그 모습이나 형태를 곧 머릿속에 떠올리게 될 것이다.

모습은 인간과 비슷하지만, 골격이 다부지고 얼굴은 추악하며, 머리에는 뿔이 있고, 피부색은 빨강이나, 청색 혹은 검정 등의 원색이며, 입의 좌우에 날카로운 송곳니가 삐져나와 있다. 호랑이 가죽 무늬의 샅바를 차고 깊은 산이나 천상계나 지하세계에, 혹은 지옥에 숨어 살며, 야음을 틈타 인간계에 출몰하여 못된 짓을 한다.

역사를 통하여 오니의 모습이나 형태가 크게 달라졌다. 가마쿠라(鎌倉)시대의 예를 들면 〈융통염불연기 두루마리 그림〉(融通念佛緣起繪卷)이나 〈부동이익연기 두루마리 그림〉(不動利益緣起繪卷) 등에 묘사된 오니의 그림을 보면, 뿔이 있는 오니도 있고, 소나 말 모양의 오니도 있으며, 모양만으로는 도저히 오니라고 판정할 수 없는 이형(異形)의 오니도 있음을 알 수 있다. 그러던 것이 차츰 획일화되고 에도 시대에 들어서, 드디어 뿔이 달리고 호랑이 가죽 무늬의 샅바를 찬 모습이 오니의 전형으로 자리 잡게 되었다. 그러나 괴력(怪力)을 지니고, 무자비(無慈悲)하며 잔혹하다는 속성은 큰 변화가 없다. 오니는 무엇다도 우선 공포의 상징, 넘쳐나는 힘의 상징이었다.

물론 오니 가운데는 인간에게 자비를 베푸는 오니도 있고, 인간에게 혹사당하는 오니, 인간에게 적당히 이용당하는 약한 모습의 변칙적인 오

니도 있다.[19]

현대에도 새로운 요괴는 새로운 사회적 요소를 반영하며 만들어지고 있다. 한국에서도 인기가 있는 여고괴담 시리즈는 일본의 영향을 받아 만들어진 것이라 할 수 있다. 근년에 서점의 만화코너에 한 칸을 차지하고 있는 만화 가운데 마스크 이야기는 아직도 열기가 대단하다. 인터넷의 엽기사이트에서 화제를 모으기도 하고『빨간마스크 파란마스크』등의[20] 이름으로 출판되었다. 이 이야기는 하얀색 레인코트에 큰 마스크, 긴머리가 특징인 여인이 밤에 사람을 만나면 "나 예뻐"라고 묻는 데서 시작된다. 예쁘다고 하면 귀까지 찢어진 입을 보여주며, 못생겼다 하면 식칼을 들고 쫓아온다는데 100m를 3초에 달린다는 무서운 요괴이다.

그러나 이 이야기의 원형은 1970년대 후반 일본에서 유행하기 시작한 '입이 찢어진 여자'(口裂け女)라는 이야기인데, 한국에 들어오면서 빨간마스크라는 제목으로 번안, 재창작되었다. 당시 일본에서는 경제적인 대성공을 거두면서 그 그늘에 숨겨진 여성의 사회진출문제, 가정교육문제 등이 이런 요괴를 생성한 것이라는 분석이 나오기도 했다.

일본의 역사나 설화 가운데 개별적인 명칭을 지니고 등장했던 요괴 가운데 더러는 이름만 남기고 오늘날에는 관심의 대상이 대지 못한 예도 많다. 장작불을 피워 밥을 짓던 시절에 등장하던 나루카마(鳴釜)라는 밥솥과 관련된 요괴는 부엌시설이 변하고 전기밥솥의 등장하자 관심의 대

19) 小松和彦, 2018, 「일본의 오니(鬼)란 무엇인가」, 『한일 도깨비의 세계적 위상을 위한 국제세미나』요지집, 남도민속학회, 8쪽.
20) 김재영·민유이, 2004, 『빨간 마스크 파란 마스크』, 키딕키딕; Inuki Kanako·Inuki Kanako, 2018, 『빨간 마스크 괴담』, 넥스큐브.

상에서 멀어져버렸다. 현대인의 생활방식이 이전 시대와 달라지고, 일상
생활에 쓰이는 기물도 달라졌기 때문에 화살을 담아두는 전통(箭筒)의 요
괴, 비올 때 입는 도롱이의 요괴, 밤길을 밝혀주는 제등(提燈)의 요괴 등은
그다지 주목받지 못하거나, 이야깃거리가 되지 않는다.

Ⅳ. 현대 대중문화의 중요한 소재

요괴과 관련된 상상력의 세계가 이야기, 그림, 연극, 애니메이션, 만
화, 영화, 캐릭터상품, 게임 등 곳곳에 응용되고 있다. 결론부터 말하자면
요괴는 일본대중문화를 생성하고 순환시키는데 중요한 캐릭터로 기능하
고 있다.

〈스타크래프트〉도 그렇지만, 일본의 닌텐도나 소니의 게임에는 등장
인물이 사람인 경우보다, 사람같지만 사람이 아닌, 초능력을 발휘하며,
죽어도 다시 살아나는, 베어도 베이지 않는, 하늘을 날고, 사람의 눈을 속
이며, 수없이 변신할 수 있는 능력을 지닌 주인공이 즐비하다. 굳이 판타
지계열의 게임이 아니라 해도, 전통적인 요괴문화를 바탕으로 전개되는
요괴적 주인공이 일본인의 공감을 얻어 맹활약 중이다.

만화나 에니메이션, 영화에도 요괴, 요괴를 즐기는 문화는 매일매일
새로운 작품이나 상품을 창출하고, 대중은 이를 즐기고 소비하고 있다.
미야자키 하야오(宮崎駿)의 〈이웃집의 도토로〉는 도토로 자체가 즐겁고
포근한 이미지의 요괴이다. 〈센과 치히로의 행방불명〉은 이상한 문을 통

하여 들어선 곳은 온통 요괴들의 세계였다는 설정이다. 영화 〈음양사〉는 요괴를 알아보는 초능력을 지닌 스페셜리스트가 요괴를 달래기도 하고 요괴를 부리기도 하고 쫓아내기도 하는 과정을 우아하게 그려낸 영화이다. 이 영화에서 요괴는 사람의 몸속을 들락거릴 수도 있고 병들게 할 수도 있는 존재로 묘사된다.

영화 〈링〉에서는 요괴가 존재한다는 전제에서 원한과 복수가 어떻게 이루어질 수 있는가를 공포분위기 속에서 그려내고 있다. 영화의 속편이 만들어질 정도로 널리 공감을 얻은 이 영화는 요괴를 적극적으로 해석하려는 현대인의 호기심과 요괴문화의 전통이 살아 있음을 시사해주고 있다.

일본에서 게임의 주인공을 캐릭터 상품화하는 일은 이 방면의 기업으로서는 당연한 영업방식이 되어 있다. 아이들은 캐릭터를 하나하나 지속적으로 구입하여 전체 셋트를 완비하고 싶도록 선전을 통하여 끈기 있게 조작한다. 대표적인 사례가 피카추 선풍이었고, 지금도 요괴인 피카추는 귀여운 모습으로 아이들 방의 장식품이 되기도 한다. 이미 방에 두면 무서워서 잠을 못 이룬다는 그런 마이너스적인 존재가 아니라 귀여운 요괴, 안고 자는 인형, 베고 자는 베개로 쓸 수 있는 귀여운 요괴로 자리 잡고 있다.

V. 현대의 요괴 붐과 외재화 수단

일본에서 요괴에 대한 인식은 반신반의하는 가운데서 시대에 따라 다

[그림 10] 교토 호소미미술관의 요괴화 전시회 포스터 2018년

르게 변해갔다. 고대에 신과 요괴의 구분이 확연하지 않은 채로 경외나 공포의 감정을 가졌으나, 차츰 요괴란 그 존재를 객관적으로 증명할 수 없다는 점을 깨달아갔다. 그 결과 요괴는 이야기나 상상의 세계에서 관념을 설명하는 수단 혹은 오락의 수단으로써 연극, 그림, 연극, 오브제 등으로 재창작 혹은 재생산되었음은 앞에서 다루었다.

그렇다면 오늘날 요괴에 대한 인식은 어떠한가.

고도경제성장기에서 오늘날에 이르는 현대 일본사회 구체적으로는 1960년대 후반부터 2018년 오늘에 이르기까지 쓰나미처럼 닥쳐온 사회적 관심은 '4차례의 요괴 붐'[21] 으로 파악되고 있다.

① 제1차 요괴 붐과 만화가 미즈키 시게루(水木しげる: 1922~2015) 의 만화 〈게게게의 기타로〉(ゲゲゲの鬼太郎)가 애니메이션화된 1968년경이며, 이 시기를 제1차 붐이라고 한다. 현대의 요괴 붐을 만든 만화가 미즈키 시게루는 매우 큰 의미를 지닌다. 그의 그림은 친근한 필치에 매우 부드러운 느낌을 준다는 평가와 함께 향수(鄕愁)를 일깨워준다는 특징이 있다.

② 제2차 요괴 붐은 1980년대 후반에 일어났다. 붐의 단초는 미즈키

---

21) 高宮哲, 2015. 1. 8, 「妖怪ウォッチのヒットでわかった日本人の「妖怪愛」」, 『日經エンタテインメント』, 日經홈페이지
(https://style.nikkei.com/article/DGXMZO80491910U4A201C1000000 최종검색일 2018. 12. 12).

시게루의 〈게게게의 기타로〉가 3번째 애니메이션화되며 화제가 되기 시작했다. 제2차 요괴 붐 가운데 오늘날에도 이어지고 있는 현상은 요괴를 테마로 하는 전시회가 공공박물관에서 개최되었고, 그후로도 테마를 달리하며 각지에서 요괴전시회가 열리고 있다.[22]

③ 제3차는 1990년대 후반에 일기 시작했다. 요괴를 소재로 삼은 애니메이션, 영화, 캐릭터 상품 등으로 현대인에게 요괴에 대한 정보와 카타르시스를 제공하였다는 특징이 나타난다. 붐의 중심에 수많은 요괴가 등장하는 〈센과 치히로의 행방불명〉(千と千尋の神隠し)은 2001년에 공개된 미야자키 하야오 감독의 애니메이션 영화이다. 일본의 요괴가 총동원되었다고 할 정도로 다양한 모습을 그려냈다. 여러 방식으로 기존의 요괴상을 결합하거나 분해함으로써 새로운 요괴를 창작해내는 사례를 보여주고 있다.

④ 제4차 요괴 붐은 2014년으로 보며, IT기술과 산업을 기반으로 하는 새로운 양상으로 전개되었다. 요괴워치란 2013년에 발매된 게임소프트와 이에 연계된 시계모양의 아이템의 명칭이다. 게임이 큰 인기를 얻자 애니메이션, 만화, 완구, 영화 등 다각도 미디어로 재생산되었고, 이듬해 히트상품으로 확고한 위치를 차지하며 현재도 어린이와 일부 성인 사이에 높은 평판을 유지하고 있으며, 한국

---

22) 박물관의 요괴전시 붐은 1987년 여름에 효고(兵庫) 현립박물관의 〈오바케·요괴·유령... 전시회〉가 발단이 되어, 박물관의 요괴전시 붐은 아직도 계속되고 있으며 이후로도 한동안 지속될 것이다. 2018년에는 국제일본문화연구센터가 주최하는 〈그림으로 묘사된 웃음과 무서움 특별전 - 춘화·요괴화의 세계〉가 교토의 호소미(細見)미술관에서 열렸다.

에도 시장이 형성되어 있다,

이와 같은 요괴 붐의 배경에는 현대인의 불안을 완화시켜주는 속신 즉 민간신앙적 요소가 기능하고 있다고 생각된다. 또한 요괴는 현대의 문화산업의 생산물이자 엔터테인먼트로써 현대인에게 적합한 형식으로 편집 가공되어 제공됨으로 주기적으로 폭발적인 인기를 누린다고 볼 수 있다.

[그림 11] 만화 『요괴워치』 14 표지의 주인공 게이타

장난감 요괴워치와 병행하여 제작되는 애니메이션 요괴워치 시리즈는 친구들 사이에 생긴 곤란한 문제나 이상한 현상은 모두 「요괴의 소행」(妖怪のせい)이라는 주제가로 시작되어, 애니메이션 가운데 이 대사가 빈번히 등장한다.

자신의 잘못을 남의 탓으로 돌리려는 현상은 사회심리학의 용어를 빌려 설명할 수 있다. 자신이 행한 마이너스적인 행위의 책임소재를 자신의 내부에 두지 않고 사회나 타인의 탓으로 돌려버리는 현상, 즉 책임의 소재를 요괴의 소행이라고 외재화(externalization)[23] 하는 현상이 지나치게 강조된다는 점이 지적되고 있다.

근년에 요괴워치의 상품성도 대단하지만, 요괴워치가 주는 메시지의 하나인 '모두가 요괴 탓'이라는 상투적 표현은 언어의 세계에 머무는 것이

---

23) 그레고리 베이트슨, 박대식 역, 2000, 『마음의 생태학』, 책세상, 313쪽. 인간은 자신의 심리적 특징의 일부가 외면화(externalization)되어 있는 세계에서 좀 더 마음 편히 움직이기 때문에 현실의 물리적 제약은 외부의 탓이라고 여기며 현실도피하려는 경향이 있다는 것이다.

아니라, 특히 아이들의 생활 속에 침투되어 있다. 실생활에서도 기대하던 것과 다른 결과가 나오거나, 일이 힘들어지면 요괴 탓으로 돌리려는 경향 때문에 사회적인 문제가 되기도 한다.[24]

그러나 '요괴 탓'으로 돌리고 나면 마음이 안정되는 사람도 있을 것이다. '요괴 탓'으로 미루는 현상은 인간들은 문제의 원인을 내부에서 찾기도 하지만 외부에서 찾아 외부를 타도하는 방식을 쓰려는 경향이 있기 때문이다. 이런 경향은 '문제의 외재화'[25]라는 개념으로 널리 설명되고 있다. 예를 들어, 절분(節分)에 콩을 뿌리는 마메마키(豆撒き) 풍습이 있다. 절분에 신사나 절에서 바깥쪽을 향해 콩을 뿌리며 '오니(鬼)는 물러가고, 복은 들어오라'고 외치며 재앙을 쫓고 복을 부르는 행사를 한다. 오늘날 이 행사는 가정의 행사로 전이되어, 집안에서 아버지가 오니가면을 쓰고 쫓겨 나가는 역할을 하고 아이들이 콩을 뿌리며 오니는 물러가고 복은 들어오라고 외친다. 아버지는 콩을 맞으며 바깥으로 쫓겨나가는 연기를 하며 가족단란의 연중행사로 여긴다. 전통적 요괴의 대표적 존재인 오니로 분장한 아버지가 쫓겨나가는 역할을 함으로써 집안이 다시 정화된다는 가족 연극에서 퇴출대상이 된다. 외부에서 들어온 오니는 가정의 평화를 파괴하는 존재이니 퇴출시키는 연기를 반복하는 것이다. 평화가 깨어지는 원인은 오니 탓이라고 여기는 민속 전통이 요괴워치에도 투영되어 있

---

24) 宮前良平, 2014,「ぜんぶ妖怪のせい？正しく使おう『妖怪ウォッチ教育法』」,『クレドー』(http://credo.asia/2014/12/26/yokai-watch-education/ 최종검색일 2017.12.23.).

25) 문제의 외재화 경향은 일본에만 국한되지 않는다. 예를 들면 한국에서 아기가 돌부리에 걸려 넘어지면, 어머니가 우는 아기를 달래며 돌부리를 탓하는 경우가 있다. 아기는 제탓이 아니라고 해주는 어머니를 통해서 안도감을 느끼고 위로받고 안도하는 상황을 많이 접해왔다.

다는 점이 흥미롭다.

나가며 : 재창작의 소재로써의 요괴

무서운 요괴에서 귀여운 요괴로 변신하는데는 일본의 문화전통을 바탕으로 하는 상상력이 깔려 있듯이, 없던 요괴를 만들어내고, 있던 요괴를 재창조하는데는 몇가지 창작원리가 있다고 생각된다.

무엇보다도 호기심이 요괴 생성의 첫째 요소가 된다. 인간에게 있어서 호기심은 그 무엇인가를 말이나 글이나 혹은 물건으로 만들어냄으로써 형상화되고 완결될 수 있다.

성경에는 신이 자신의 모습을 본떠서 인간을 만들었다고 한다. 바꾸어 말하자면 인간은 자신의 모습을 본떠서 신의 모습을 만들었다고 할 수 있지 않은가. 인간은 신이나 귀신이나 요괴의 모습을 만들 때, 가장 먼저 인간의 모습에서 출발한다. 귀신이나 유령이 인간의 모습을 기본으로 머리를 풀어 헤치거나, 손톱이 길거나, 엄청나게 크게 묘사한다. 때로는 발이 없는 모습, 둥둥 떠다니는 모습으로 그리기도 한다.

쓰쿠모노신의 이야기라는 두루마리 그림에 등장하는 요괴의 모습은 일상생활에 쓰이던 도구들이 변신한 존재이다. 신발, 솥, 가야금, 비파, 방망이, 염주, 항아리, 모자, 상자 등등. 그러나 이런 기물이 그대로의 모습이라면 스스로 움직일 수도, 생각할 수도, 말도 할 수 없는 존재, 생명력이 없는 존재로 머물게 된다. 그러나 요괴로 변신한다는 것은 이런 기물들이 서로 푸념을 늘어놓기도 하고, 인간을 원망하기도 하며, 인간에게 복수하려는 생각도 한다는 등 '인간처럼 사고(思考)한다'고 설정한다. 그러고 보니 신발, 솥, 가야금, 비파 등에는 손발이 붙어 있고, 생각도 하고 말도 하는 존재로 묘사된다. 이로서 인간에 대항할 수 있는 존재가 되며, 요괴로 대접받을 수 있는 것이다.

이처럼 요괴가 되려면 먼저 인간과 유사한 모습을 지녀야 한다. 때로는 인간과 꼭같은 모습이 되어 인간이 인간인줄 알고 인간대접을 하는 경우도 있다. 그러나 완전한 인간으로 변신하여 완전한 인간으로 삶을 마친다면, 이는 요괴도 아니며 이야기거리도 되지 않는다.[26]

인간으로 변신하기는 했지만, 어딘지 부족하거나 불완전하여 아이들에게 발각되거나 집을 지키던 개에게 발각된다. 완전한 존재가 아니라 불완전한 변신이야말로 요괴로서의 기본적인 아이덴티티인 것이다. 이런 불완전한 요괴의 모습이란 어떻게 묘사되는가. 인간과 유사한 신체적 특성을 지니면서도 인간과는 다른 모습이나 능력이야 말로 요괴 묘사의 기본이자 요괴문화 생성의 원리가 된다.

요괴의 능력이나 모습에도 천차만별이 있지만, 요괴는 인간의 변형, 즉 축소, 과장, 생략, 대치 등의 원리로 생성된다고 할 수 있다.

일본의 요괴 가운데 몸이 아주 작은 엄지라는 요괴, 다리기 짧은 거미 같은 요괴가 있는가 하면, 키가 아주 크던가 몸집이 집채만큼 커서 벽이라고 불리는 요괴도 있다. 발은 보통인데 손만 무지무지 길다란 요괴도

---

26) 박전열, 2006, 「요괴문화의 메커니즘과 문화산업」, 『일본의 요괴문화』, 한누리, 24쪽.

있고, 눈이 여럿 달린 요괴, 몸체는 그대로인데 목이 쭉쭉 늘어나서 머리통만 이리저리 움직일 수 있는 요괴, 특정한 신체부분을 과장하는 요괴도 있다. 눈이 하나만 달린 요괴, 얼굴에 눈코귀입이 달리지 않은 요괴, 보통이라면 뿔이 한쌍이어야 하는데 뿔이 하나만 달린 요괴 등은 기존의 조건에서 부분을 생략함으로 성립된다.

요괴는 창조하는 것이지만, 전혀 없던 것을 만들어낸다기 보다 이미 있던 사물이나 인간의 보편적인 모습을 일그러뜨리거나 축소하거나 반복하거나 뒤틀어 놓음으로써 새로운 요괴를 생성한다. 물론 이 과정에 일본인의 미의식이나 기존의 요괴관이 개입된다는 점은 재창작을 쉽게 해 주는 원리이자, 쉽게 공감을 얻을 수 있는 원리로 작용하고 있다.

〈모노노케〉의 라캉 정신분석적 해석 :
- '욕망의 문제'를 중심으로 -

박규태(한양대학교)

> "내가 정말로 두려워하는 것은 이 세상의 끝에는 형태도 진상도 까닭도 없는
> 세계가 그저 존재하고 있다는 사실을 알게 되는 것이다."(〈모노노케〉)

들어가며 : 요괴와 욕망

일본에는 예로부터 한을 품고 죽은 사람의 사령이 산 사람에게 재앙을 일으킨다는 원령신앙이 널리 퍼져있다. 원령신앙은 고대 이래의 원령을 모신 열도내의 무수한 신사들[1]을 비롯하여 특히 야스쿠니(靖國)신사의 기원과도 관련되어 있을 정도로 오늘날까지 일본의 역사 형성에 중요한 역할을 담당해 왔으며 일본인들의 정신세계에 많은 영향을 끼쳐

---

1) 대표적으로 나라현 오미와(大神)신사[오모노누시], 교토의 기타노덴만궁(北野天滿宮)과 규슈의 다자이후덴만궁(太宰府天滿宮)[스가와라노미치자네], 교토의 고료(御靈)신사[사가라친왕 등], 가마쿠라의 고료(御靈)신사[가마쿠라 가게마사], 스토쿠인뵤사(崇德院廟社)[스토쿠상황], 오사카부 미시마(三島)군 시마모토(島本)정에 위치한 미나세(水無瀬)신궁 및 가마쿠라의 쓰루오카하치만궁 경내 소재 이마미야(今宮)신사[고토바상황], 도쿄의 간다(神田)신사[다이라노마사카도], 후지사와시(藤澤市) 및 요코하마시 소재의 사바(左馬=鯖)신사[미나모토노요시토모], 시라하타(白旗)신사[미나모토노요리토모], 지바현 오자쿠라(大佐倉)의 구치노미야(口ノ宮)신사[사쿠라 소고로], 에히메현 우와지마(宇和島)시 소재의 와레이(和靈)신사[얀베 세이베에] 등을 들 수 있다. ([ ]안은 제신)

왔다. (谷川健一: 1984) 그래서 "일본의 원령은 일본문화의 원점"(大森亮尚: 2007, 268쪽)이라고 말해지기까지 한다. 원령은 생전에 황족이나 귀족 혹은 기타 뛰어난 인물의 원령이 역병이나 재액을 일으킨다고 여겨 그런 원령을 신으로 모셔 제사지내야 한다는 신앙으로 전개되었는데, 이렇게 신격화된 원령을 통상 어령(御靈: 고료)이라 한다. 이에 비해 원령의 주체가 신격화되지 않은 채 서민에게까지 확장된 경우를 '모노노케'(物の怪)라 부르기도 한다.

이처럼 원령과 밀접하게 관련된 모노노케는 오니(鬼)라든가 유령과 마찬가지로 요괴의 범주에 속한다.[2] 굳이 말하자면 모노노케는 원령 계통의 요괴라 할 수 있다. 현대일본사회에서는 1960년대 이래 지금까지도 다양한 형태의 요괴붐이 지속되고 있다. 이런 요괴붐을 어떻게 볼 것인가? 요괴란 혹 일본문화를 이해하는 키워드 중의 하나이지 않을까? 본고는 이런 물음에서부터 시작되었다. 그렇다면 과연 요괴란 무엇일까? 일찍부터 요괴붐에 주목해온 대표적인 요괴 연구자 고마쓰 가즈히코(小松和彦)는 일본인의 두려움과 공포의 감정에서 생겨난 것이 요괴라고 본 야나

---

2) 요괴의 대표적 유형으로 갓파(河童), 오니, 덴구(天狗), 야마우바(山姥), 야마오토코(山男), 유령, 바케모노(化け物), 쓰쿠모가미 등이 있는데,(小松和彦監修: 2015) 이는 크게 자연에 기원을 둔 요괴군, 도구의 요괴군, 인간 요괴군(요괴화한 인간)으로 분류가 가능하다. 하지만 요괴의 범주 분류는 간단치 않으며, 요괴 연구자에 따라 다양하다. 노(能)의 집대성자 제아미(世阿彌)는 노 이론서인 『풍자화전』(風姿花傳)에서 가미(神)와 오니(鬼)를 비교하는 한편, 오니를 원령, 악령(憑物), 지옥의 오니(冥途の鬼)로 분류하고 있다.(金學鉉編: 1991, 65-66쪽) 여기서 주목할 것은 원령을 요괴로 간주한다는 점이다. 일반적으로 요괴를 대표하는 것은 오니라고 말해진다. 헤이안시대에 정착된 오니 신앙은 귀족의 지지하에 음양도나 수험자들이 확산시켰는데, 귀족의 몰락 및 합리적 사고의 확산 등으로 인해 에도시대에는 오니 신앙이 현저하게 쇠퇴했다. 그 대신 등장한 요괴의 대표격으로 오니의 형상을 취하지 않는 원령인 유령 및 여우나 너구리 등이 둔갑한 동물 요괴 등을 들 수 있다. (이재성: 2005, 292-293쪽)

기타 구니오(柳田國男)의 견해를 수용하여, 요괴를 믿는 개인의 마음속에 있는 공포심이나 불안 혹은 사회가 안고 있는 공포심이나 불안 및 그것과의 갈등과 투쟁 등을 밝혀내는 것이 요괴학의 목표임을 분명히 하면서 다음과 같이 말한다.

> 인간은 그 마음의 내부에 깊은 어둠을 안고 있다. 자신이 사회적 존재로서 살아가기 위해서 획득한 이성이나 윤리만으로는 완전히 제어할 수 없는 '무의식'의 영역이 그것이다. 거기에도 역시 요괴가 잠복하고 있다가 기회만 있으면, 제어된 '의식'의 영역에 침범하여 그 인간을 지배하려고 한다. (고마쓰 가즈히코: 2009: 54)

인간의 근원적인 공포와 결부된 초월적 현상이나 존재가 바로 요괴라는 것이다. 그래서 고마쓰는 "인간의 마음에 대한 연구이자 인간사회에 대한 연구"(고마쓰 가즈히코: 2009, 263쪽)로서의 이른바 '요괴의 심리학'이 요괴학의 핵심을 구성한다고 이해한 듯싶다. 칼 융의 용어를 빌자면 요괴는 '그림자'의 투영이라 할 수 있겠다. 하지만 정신분석학자 라캉(Jacques Lacan)의 개념틀에 따르자면, 요괴를 낳은 일본인의 근원적 불안과 공포는 실은 두 가지 측면에서 '욕망의 문제'를 구성한다. 첫째, 요괴는 일본인의 마음속의 공포심이나 불안이 외부로 투사된 것이다. 그것은 자신들의 마음속에 있는 요괴적 부분을 외부로 밀어내어 구상화하고 대상화시키면서, 그것을 두려워하고 경외함으로써 인간생활과 마음의 평안을 구하고자 했던 매우 합리적인 심리시스템이었다. (大森亮尙: 2007, 264쪽) 그런데 이때의 요괴는 일종의 타자로서 공포심 자체라기보다는 이해할 수 없는 공포나 불안을 납득 가능한 것으로 만들고자 하는 뿌리 깊은 욕망이 투사된 것이다. 라캉적 욕망은 모두 타자의 욕망이기 때문이다. 둘째, 욕망이 없다면 공포도 없다. 모든 불안이나 두려움의 근원은 욕망이다. 라캉적 욕망의 정체는 존재의 한가운데 뚫려 있는 텅 빈 구멍으로서의 '결여'이므로 욕망은 결코 채워질 수 없으며, 그럼에도 그 결여로 인해 우리는 끊임없이 무언가를 욕망하기를 멈추지 않는다. 따라서 불안과 공포 또한 우리를 계속 따라다닐 것이다. 막연한 불안에 더 예민하고 취약한 일본인들이 무수한 요괴를 만들어내고 즐기기까지 하는 까닭이 여기에 있을지도 모른다.

본고의 목적은 특히 라캉 정신분석적 개념에 입각하여 일본 후지TV 계열에서 방영된 나카무라 겐지(中村健治) 감독의 〈모노노케〉(モノノ怪: 2007) 시리즈를 분석하고, 이를 바탕으로 현대일본사회 혹은 일본인의 정신문화의 일특징을 규명하는 데에 있다. 이는 "요괴는 일본인의 정신구조를 파악하는데 중요한 연구영역"이며, 요괴학을 '요괴 문화학'이자 "인간의 마음을 탐구하는 작업과 깊이 관련된 학문"(고마쓰 가즈히코: 2009, 16쪽 및 37쪽 ; 고마쓰 가즈히코: 2005, 54쪽)으로 규정한 고마쓰의 관점을 일본 대중문화의 구체적인 사례를 통해 발전적으로 확장시키는 시도라 할 수 있다. 하지만 그 과정에서 본고는 고마쓰의 키워드인 '요괴'와 '공포' 대신 '모노'와 '욕망'의 문제에 집중하고자 한다. 이를 위해 먼저 상상계-상징계-실재계 및 주이상스와 같은 라캉의 주요 개념에 대해 개괄할 필요가 있다.

I. 주이상스란 무엇인가

무의식을 언어 구조로 파악했다는 점, 이것이야말로 프로이트에 대한 라캉적 재해석의 가장 큰 특징 중 하나일 것이다. 이런 맥락에서 라캉은 이미지-언어의 세계, 언어 이후의 세계, 언어 이전 혹은 언어 너머의 세계를 각각 상상계, 상징계, 실재계라는 말로 개념화하고 있다. "개인의 심리행위에 작용하여 그들의 삶에 서로 다른 방식으로 영향을 주는 힘의 장"(마이어스: 2005, 53쪽)인 이 세 가지 영역 중 상상계가 "착란적 자연의 무질서"(아사다 아키라: 1995, 115쪽)와 관계가 있다면, 상징계는 문화적 질서나 사회적 현실과 연관되어 있다. 그리고 실재계는 상징적 질서가 실패하는 지점 곧 상징적 질서에 항상 출몰하는 간극 혹은 틈새를 나타낸다. 이와는 다른 관점에서의 이해도 가능하다. 예컨대 실재계는 불가시적인 질서라 할 수 있다. 이에 비해 상상계는 우리가 보는 세계의 가시적인 질서를 가리키는 개념이며, 상징계는 그런 가시적 세계를 지탱하고 규제하는 구조 혹은 우리 자신과 세계를 표현하는 언어 및 고유한 아이덴티티를 부여함으로써 우리의 경험을 틀 지우는 구조로 볼 수 있다.

그런데 인간은 어떤 상징적 아이덴티티에 대해서도 그것이 완벽하게 자신과 딱 들어맞는다고 느끼지 못한다. 언어는 총체적인 진실을 다 말할 수 없으며, 언어에 의해 구성된 모든 이데올로기는 그 구조 내에 설명이나 표상이 불가능한 지점을 내포하기 때문이다. 이런 틈새를 채워주는 것이 자아(ego)라는 상상적 감각이다. 상상계는 나의 아이덴티티를 형성하는 상징적 질서의 힘뿐만 아니라 그런 아이덴티티 형성에 완벽하게 성공하지 못하는 불가능성 모두를 보이지 않게 은폐하고 감춘다. 이에 비해 실재계는 상징적 질서의 불완전성을 지시한다. 실재계는 의미작용이 파열되고 단절되는 지점이며 사회적 구조 안에 내장되어 있는 틈새이다. (McGowan: 2007, 3쪽)

한편 주체로 하여금 윤리적으로 행동하게 하는 것으로서 프로이트가 제시한 세 가지 심리적 작인을 통해 상상계·상징계·실재계를 해명할 수도 있다. 주체의 이상화된 자기 이미지 혹은 내가 되고 싶은 모습이나 타인이 그렇게 봐주기를 원하는 모습을 가리키는 이상적 자아(ideal ego), 내가 내 자아 이미지 속에 새겨 넣고자 하는 응시의 작인 혹은 나를 감시하고 나로 하여금 최선을 다하도록 촉구하는 '대타자'[3] 이자 내가 따르고 실현하고자 하는 이상으로서의 자아이상(ego ideal), 이런 자아이상에 포함된 엄격하고 때로 잔인하기까지 한 징벌자로서의 초자아(super ego)가 그것이다. 이 세 가지 심리적 작인을 기초 짓는 구조화 원리는 각각 상상계(이상적 자아), 상징계(자아이상), 실재계(초자아)에 대응된다. 이상의 세 가지 마음의 질서는 라캉적 욕망을 이해하는 기본적인 토대이므로 좀 더 상세히 살펴보고 넘어가기로 하자.

---

3) 라캉이 말하는 대타자란 상상계적 타자인 소문자 타자(other)와 구별되는 대문자 타자(Other)로, 상징계를 유지하는 상징적 질서의 익명적 메커니즘 즉 무의식의 장소를 가리킨다. "무의식은 대타자의 담론"이라든가 "인간의 욕망은 대타자의 욕망"이라는 라캉의 가장 기본적인 정식은 우리의 삶을 결정짓는 것이 실체적인 소문자 타자(타인들)만이 아니며, 오히려 비가시적이고 비인격적인 대타자야말로 우리 삶을 규정하는 더 중요한 조건이라는 사실을 여실하게 보여준다.

1. 상상계(the imaginary)

상상계는 오이디푸스기 이전 상태의 의식적 혹은 무의식적으로 인식되거나 상상되는 이미지들이 지배적인 정신의 층위를 가리킨다. 우리는 상상계가 없이는 세계에 대해 아무 것도 알 수 없으며, 따라서 상상계로부터 완전히 벗어날 수 없다. 이 상상계는 자아와 주변 세계 및 타자 사이에 허구적 동일시가 일어남으로써 결국 자아를 소외시키는 미분화상태, 즉 자아와 타자 및 그 표상들 사이의 구분이 이루어지지 못하는 존재양식과 관계가 있다. 이런 허구적 동일시가 발견되는 곳에서는 언제나 상상계가 지배력을 장악한다. 무엇보다 주목할 것은 이 상상계가 미분화 상태를 통합된 안정적인 상태 곧 자타의 구분이 없는 조화로운 전체로 인식하는 '오인'의 발생 장소라는 점이다. 라캉은 특히 이 오인이 일어나는 상상계의 과정을 '거울단계'라고 지칭했다.[4]

상상계라는 말은 우리가 흔히 말하는 '상상력'과 관련된 것이 아니라 거울단계에 나오는 거울상에서 비롯된 용어이다. 거울단계는 생후 6개월에서 18개월 사이의 아이가 거울에 비친 자기 이미지를 자신의 이상적인 모습이라고 잘못 동일시하는 정신 영역을 가리킨다. 거기서는 아이에게 응답하는 타자의 모든 행동이 거울의 역할을 한다. 이때 아이는 거울에 비친 자신의 모습을 보고 환희한다. 아이는 자신의 거울상 뒤에 감추어져 있지만 자신을 바라보는 어머니(타자)의 시선을 느끼는데, 그 시선은 아이

---

4) 라캉이 거울단계를 다룬 유명한 논문의 영역본은 "The Mirror Stage as Formative of the I Function as Revealed in Psychoanalytic Experience"라는 제목으로 (Lacan: 2002, 75-81쪽)에 수록되었다. 국역본은 "정신분석 경험에서 드러난 주체기능 형성모형으로서의 거울단계"라는 제목으로 (라캉: 1994)에 실려 있다.

에게 자신이 어머니의 욕망대상임을 확신시켜 주기 때문이다. 이로써 최초의 자아가 태어난다. 자아 형성을 위해서는 타자의 존재가 필수적인데, 거울단계에서 최초의 타자에 대한 이해는 바로 아이 자신의 이미지가 만들어낸 것이다. 이렇게 해서 형성된 자아는 향후 나르시시즘적 주체의 모태가 된다. 거울 이미지와 자신을 동일시하려는 자아의 나르시시즘적 심리가 주체화의 첫 번째 순간을 결정짓는 것이다. 이 경우 자아의 중심은 아이의 바깥 즉 거울 이미지라든가 어머니에게 있다.

한편 거울단계에서 아이는 아직 자기 몸을 마음대로 통어하지 못하는데도 거울에 비친 자신의 이미지를 총체적이고 완전하며 통일적인 어떤 것으로 받아들인다. 하지만 이런 자아의 기능은 순전히 상상적인 것이므로 자기 소외의 원천이 된다. 나아가 자아는 자기 소외를 극복하기 위해 이런 저런 환상에 의존하려 한다. 그 결과 거울단계는 단지 상상계에만 머물지 않고 성인이 된 이후에까지 지속적으로 확장된다. 가령 자아의 자기 소외는 향후 주체의 자기 소외로 이어지며, 자아의 동일시는 향후 주체의 동일시로 이어진다. 아이와 어머니라는 이자관계 안에서 타자와의 합일을 욕망하는 거울단계에서의 동일시는 이상적 자아 즉 자아가 동일시하는 투사된 이미지를 모델로 한다. 이에 비해 성인이 된 이후의 동일시는 타자의 특정 응시를 대신하는 자아이상에 따라 무의식적으로 남의 생각을 받아들이는 주체의 방식으로 나타나게 된다.

이리하여 거울에 비친 아이의 통일적인 이미지는 정신적 측면에서 계속 거울단계의 소외된 자아상 즉 '나'라는 의식을 어떤 고정관념이라든가 혹은 인간을 지배하는 갖가지 환상들과 결합시키려 한다. 늘 자신의 행위를 합리화 혹은 정당화시키고 진실을 은폐하기 위해 자신이 보고 싶은 것만 보려는 인간의 습관적인 경향은 바로 이와 같은 거울단계에서의 왜곡되고 소외된 거울이미지로서의 자아상에서 비롯된 것이라 할 수 있다. 라캉은 이런 자아를 오인의 산물이라고 보았다. 그 오인은 두 가지 차원에서 확인할 수 있다. 첫째, 거울에 비친 아이의 이미지는 좌우가 뒤바뀌고 전도된 채 통합적이고 대칭적 형태로 나타나는데, 이는 아이의 실제 상태가 아니라는 점에서 오인을 낳는다. 둘째, 아이는 자신이 어머니의 욕망 대상을 가지고 있다고 믿는데, 이는 자아를 이상적 자아 즉 완전한 자아로 인식하게 만드는 오인을 초래한다. 이 오인은 자아가 사회화되기 이전부터 이미 허구적 성향을 가지도록 한다. 라캉은 인간에 대한 사유를 이와 같은 상상계의 '오인의 구조'로부터 출발하자고 제안한다.

2. 상징계(the symbolic)

오이디푸스기 이후의 언어의 세계, 이름 붙여지고 분류되어 차이를 나타내는 영역, 욕망을 획득하는 장소, 그 욕망을 통제하는 법과 제도의 영역, 자연의 영역과 대립되는 문화의 영역 등 모든 사회체계를 포함하는 보편적 질서의 세계, 특히 언어(기표) 영역을 통해 사회의 일원으로 인정받고 모든 것이 상징화를 통해 의미를 부여받음으로써 주체가 형성되는 정신의 층위를 가리켜 상징계라 한다. 이때 언어 영역이란 언어 자체라든가 의사소통이 이루어지는 상상적 공간을 말하는 것이 아니라 교환과 차이를 발생시키는 추상적 구조와 형식을 가리킨다. 또한 상징화란 그 자체로는 의미를 갖지 못하는 차별적 요소인 기표의 연쇄화를 뜻한다. 이런 상징계를 부정한다는 것은 우리 삶 자체를 부정하는 것과 같다. 우리는 오직 상징계 안에서만 안정된 삶을 살아갈 수 있기 때문이다.

상징계로 진입하면서 거울단계가 완전히 사라지거나 억압되는 것은 아니다. 상상계와 상징계는 짝을 이루면서 변증법적으로 연결되어 있고, 우리가 상징계를 현실세계로 인식할 수 있는 까닭은 거기에 항상 상상계가 같이 붙어 다니기 때문이다. 상상계에서 거울단계를 거친 아이는 오이디푸스기로 접어든다. 거기서 아이는 이성 부모를 욕망하고 동성 부모와 경쟁관계에 돌입하지만, 결국 이성 부모에 대한 욕망을 포기하고 동성 경쟁자와 자신을 동일시하면서 오이디푸스 콤플렉스를 극복한다. 그 과정에서 어머니를 욕망의 대상으로 삼아서는 안 된다는 아버지의 금지는 주체를 통제하는 일체의 권위를 상징한다. 이때의 금지를 라캉은 '아버지의 법'이라고 부른다. 아이는 '아버지의 법'에 의한 통제를 수용함으로써 해당 문화의 조직 원리와 규율 및 금기 등에 종속되면서 자기 내부에 초자아를 형성하게 된다. 이런 오이디푸스 콤플렉스의 극복이 성공적으로 이루어질 때 아이는 비로소 상징계에 진입하여 '사회화'된다.

상징계는 자타가 구분되는 세계 혹은 주체와 타자와의 차이가 형성되는 영역이다. 그곳은 주체가 형성되는 원천이자 주체가 활동하는 무대로서, 기표의 연쇄적 결합과 상호작용에 의해 구성된다. 그런데 이런 상징계적 주체는 분열된 결여의 주체이다. 아이는 상징적 질서에 통합됨으로써 '말하는 주체'가 된다. 하지만 이 '말하는 주체'는 기표의 무한한 미끄러짐에 의해 상징적 질서와 실재 사이에서 분열되어 있고 상상계보다 더

심각한 주체의 소외를 겪게 된다. 거기서 양자를 이어준다고 가정되는 것이 팔루스 즉 '아버지의 이름'이다. 상징계에 통합된 '말하는 주체'는 아버지처럼 팔루스를 소유함으로써 대타자의 사랑을 받고자 하거나 혹은 결핍을 채워줄 것으로 기대되는 완벽한 대상(가령 소울메이트라든가 스타 혹은 신)을 찾게 되고 그것을 실재라고 믿으면서 거기서 어떤 보상을 얻을 것을 기대한다. 그러나 그 대상은 결코 충족될 수 없는 착각인 동시에 포착하는 순간 허상임이 드러나는 그런 대상이다.

그래서 지젝은 "주체는 대타자 속의 공백이며 구멍"(Žižek: 1989, 196쪽)이라고 말한다. 주체는 그 운명이 언어에 의해 결정된다는 의미에서 기표의 주체인 동시에 상징계에서의 의미화 과정이 균열되면서 생겨난 텅 빈 공백으로서의 주체라는 것이다. 해당 사회시스템을 유지시키는 각종 이데올로기는 새로운 주체를 만들어내는 대신 이런 공백으로서의 주체를 감추거나 메우는 역할을 통해 지배를 강화한다. 라캉은 이런 상징계를 완벽하게 작동하는 기계로서의 '기표의 왕국'으로 보았다. 그 기계와 기표는 주체를 너무나도 철저히 지배함으로써 종종 주체가 이러한 사실을 인식할 수 없게 만든다.

라캉은 이와 같은 상징계 개념을 레비스트로스의 인류학적 연구로부터 차용했다. 레비스트로스에 따르면 사회적 영역은 친족관계와 커뮤니케이션 교환을 규정하는 어떤 법칙에 의해 구조화되어 있다. 사회구조가 곧 상징계라는 것이다. 거기서 법과 구조의 개념은 언어 없이는 생각할 수 없다. 그런데 모든 구조는 주체의 구조이건 상징계의 구조이건 필연적으로 불완전하며 그 내부에는 이미 모순을 포함하고 있다. 즉 모든 구조 안에는 항상 규칙의 예외인 잉여 혹은 잔여물이 있다. 이런 모순을 설명하기 위해 라캉은 상상계와 상징계에 더하여 실재계라는 개념을 설정했다.

3. 실재계(the real)

상징계에서는 여러 대립항들이 변별적으로 규정되고 기표 연쇄의 차이를 통해 의미가 생성되지만, 제3의 질서인 언어 너머의 실재계에서는 모든 기표가 모든 기의와 완벽하게 부합하고 모든 기호가 모든 지시대상과 일치하므로 결코 의미화 연쇄가 일어나지 않는다. 그곳은 의미 대신 상징화에 저항하는 잉여들로 구성된 세계라 할 수 있다. 실재 또는 실재계는 상징계 내부의 틈새와 간극이 발생하는 바로 그 지점에 위치한다. 이때 그 틈새는 상징적 질서의 작동을 방해하지만, 동시에 그런 작동을 가능케 하는 동인이기도 하다. 그것은 상징계(대타자)의 불완전성을 말해준다. 즉 상징계 내부의 모든 역설과 알 수 없는 모순을 포함하는 실재계는 의미작용이 무너지는 지점, 사회구조의 틈새가 발생하는 자리, 철저히 상징화를 거부하는 정신질서, 상징계적 법에 대한 위반이나 저항, 상징계에서 상징화되지 못한 부분 혹은 상징화가 불가능한 것이므로 주체가 도저히 감당할 수 없는 것들을 가리키는 말이다. 다시 말하면 상징화될 수 없는 것들이 환상을 통해 상징체계 속으로 편입되면서 실재계로 이동하는 것이다. 상징계 안에는 "낯선 현실 혹은 어긋난 현실, 그러면서도 항상 되돌아오는 어떤 것"(라캉: 2008, 82쪽 및 94쪽)으로서의 실재가 내포되어 있다. 그것은 언어 획득 이전의 미분화상태 혹은 분절화를 거부하는 불가시적인 일종의 트라우마적 경험 즉 "주체성과 상징계의 심부에 있는 트라우마적 중핵"(호머: 2006, 178쪽)과 관계가 있다. 상징화를 거부하는 이 트라우마적 중핵으로서의 실재는 언어를 넘어선 영역이므로 가시적인 것으로 실존하지 않으며 따라서 재현이 불가능하다. 언어로 말해질 수 없는 것은 실존하지 않는 것이기 때문이다.

이리하여 실재계는 상상계와 상징계 바깥에 있으면서 상상계와 상징계의 한계를 드러내 보여준다. 하지만 그것은 실제 현실과는 직접적으로 관계가 없다. '언제나' 그리고 '이미' 거기에 있기 때문이다. 그러면서 실재는 특히 성(性), 죽음, 그로테스크, 종교경험의 차원과 접속되어 예기치 못한 곳에서 갑작스럽게 튀어나와 우리를 당황스럽게 만들거나, 현실과는 전혀 거리가 멀고 감지하기 불가능한 것 등으로 상상계와 상징계의 현실적 공간을 파괴한다든지 상징화된 것들을 무의미하게 만들기도 한다. 이 점에서 실재는 프로이트가 말하는 이드와 비슷해 보인다. 그러나 무의식은 실재가 아니고 실재의 저장소도 아니다. 그것은 "실재를 상실한 결과"(벨지: 2008, 84쪽)이다.

이밖에도 실재계는 '상징계적 욕망이 완전히 충족되지 않아 잔여가 남은 상태에서 다음 대상을 찾아나서는 단계', '아무리 해도 결코 욕망의 대상에 다다를 수 없는 영역', '상징계에서의 상징적 거세 이후에도 남는 어떤 흔적이나 잉여 혹은 잔여', '상징화(의미화) 과정에 저항하는 트라우마적 잉여', '상징계의 작동이 실패하는 지점', '상징계 내부의 공백', '존재의 핵심에 있는 심연이나 공허', '쾌락원칙 너머에 있는 반복 강박으로서의 죽음충동(타나토스)과 현실원칙에 지배받는 삶의 충동(에로스)이 함께 병존하는 순간', '주이상스의 집' 등 다양한 방식으로 말해질 수 있다.

실재는 상징화에 절대적으로 저항하지만, 그럼에도 상징계는 다양한 방식으로 실재를 분할하거나 혹은 실재의 침범을 막으려 한다. 이런 시도가 실패하여 실재가 상징계 속으로 범람해 들어올 때 정신병이나 편집증이 된다. 흔히 말하는 사이코패스란 실재의 지배를 받는 자를 가리키는 말이다. 이들에게는 후술할 주이상스가 보호막 없이 그대로 주체를 덮친다. 상징계와 달리 "실재계에는 틈새가 전혀 없다."(Lacan: 1988, 97쪽) 실재계에는 틈새도, 높낮이도, 충만도 없다. 그것은 일종의 매끄럽고 이음새 없는 표면이나 공간 같은 것, 우주 전체 혹은 유아의 신체 같은 것이다. 상징적 질서는 이런 실재의 매끄러운 겉면을 자르고 들어가서 구분과 틈새와 구별 가능한 것들을 만들어낸다. 그럼으로써 실재를 폐기하고 무화시키면서 우리가 그 속에서 살아가는 '현실'을 창조하는 것이다. 이때의 현실이란 언어에 의해 명명되며 사고되고 이야기될 수 있는 어떤 것으로서의 현실이다. (핑크: 2010, 62쪽) 더 엄밀히 말하자면, 상징계와 상상계가 만들어내는 것이 재현(표상)의 질서로서의 현실이라 할 수 있다.

상상계와 상징계에 더하여 뫼비우스의 띠처럼 연결되어 있는 수수께끼 같은 영역인 실재계 개념을 제시한 라캉은 "정신분석의 모든 개념들 가운데 중추적인 역할을 하는 것이 바로 실재와의 만남"(라캉: 1994, 204쪽)이라고 말한다. 이 실재는 현실 속에 깃들어 있지만 '드러날 수 없는 현실'로 존재한다. 우리는 상징계의 기표에 의존할 때에만 그런 불가시적인 현실을 어렴풋이나마 알 수 있다. 따라서 우리는 실재계만으로 인간 존재를 설명할 수 없다. 그렇다고 상상계나 상징계에만 의존해서도 안 된다. 인간은 상상계에 뿌리를 둔 채 상징계와 실재계의 두 양 극단 사이에서 근본적인 긴장관계를 살아가는 존재이기 때문이다. 라캉은 『세미나20: 앙코르』(1972~1973년)에서 인간 주체의 구조가 상상계-상징계-실재계의 세 가지 고리에 의거하며, 그것들은 서로 등가적이고 상보적인 관계에 있다고 보았다. (Lacan: 1998) 이런 의미에서 주체들이 관계 맺고 사는 세계에는 상상계·상징계·실재계가 공존한다고 말할 수 있다. 일반적으로 이 세 가지 고리가 연합할 때 사유와 주체성이 이루어진다.

4. 주이상스

상상계-상징계-실재계로 구성되는 이와 같은 마음의 장에서 끊임없이 부침을 계속하는 것이 바로 욕망이다. 라캉 욕망론의 가장 큰 특징은 주이상스(jouissance, enjoyment) 개념에서 찾아볼 수 있다. '향락' 또는 '향유'로 번역되는 주이상스에 대해 라캉은 간결한 어조로 "고통"(Lacan: 1992, 184쪽) 또는 "죽음으로 가는 통로"(Lacan: 2007, 18쪽)라고 정의내린다. 주체로 하여금 가능한 한 고통을 피하도록 명령하는 쾌락원칙은 주이상스를 제한하는 역할을 한다. 그러나 주체는 종종 이런 금지를 위반하고자 한다. 그 결과는 쾌락이 아니라 고통이다. 쾌락원칙의 한계를 넘을 때 그 쾌락은 고통이 되며, 그런 "고통스러운 쾌락 혹은 고통 속의 쾌락"(Evans: 1996, 93쪽)이 주이상스이다. 그러니까 주이상스란 쾌락원리를 넘어서려는 전복적인 충동이자 일탈된 욕망을 가리키는 말이다. 그것은 고통과 맞물려 있는 무의식적인 쾌락이다. 이는 주이상스에 대한 가장 일반적인 이해라 할 수 있다.

여기서 더 나아가 주이상스라는 말은 "압도감이나 혐오감을 초래하지만 동시에 매혹의 원천을 제공하기도 하는 과도한 잉여쾌락", "죽음 직전에 이르는 순간까지도 얻고자 하는 어떤 것", "늘 모자라거나(결핍) 혹은 넘치는(잉여) 사유", "우리의 욕망이 실패할 때 경험하는 일종의 불만" 등으로 규정되는가 하면, "삶에 가치를 부여하는 본질이나 속성" 또는 "무언가가 더 있을 거라는 막연한 느낌이나 기대" 등과 같이 확장된 개념으로 사용되기도 한다. 게다가 근원적 주이상스, 존재의 주이상스, 사유의 주이상스, 잉여 주이상스, 팔루스적 주이상스, 성적 주이상스, 육체의 주이상스, 여성적 주이상스, 타자적 주이상스, 사랑의 주이상스, 파괴적 주이상스, 죽음의 주이상스, 초월적 주이상스, 신의 주이상스, 열반의 주이상스 등과 같이 수많은 범주적 분류가 말해지기도 한다. 그만큼 주이상스는 강력하고 풍부한 사유를 불러일으키는 힘을 지니고 있는 매우 복합적인 개념이다.

크게 보면 주이상스도 욕망의 범주에 속하지만, 라캉은 경우에 따라 주이상스를 욕망과 구별한다. 욕망은 끊임없이 주체를 충족시키려고 노력하면서 하나의 기표에서 다른 기표로 부단히 움직인다. 욕망의 대상이 계속 바뀔 뿐 욕망 자체는 끝이 없다. 욕망은 하나의 '근원적인 결핍'에서 비롯되는 것이므로 결코 채워질 수 없는 것이기 때문이다. 이에 비해 주이상스는 인간 세계에 쾌락과 고통과 죽음이 존재하는 한 언젠가 한번은 절대적이고 확실하게 채워질 수 있는 그런 것이다. 이런 의미에서 주이상스는 "욕망의 끝"(김경순: 2009, 67쪽)이라고 칭해질 만하다. 그 욕망의 끝에 이르기까지 우리는 인생이 아무리 모순에 차있고 고달프다 할지라도 상징계 안에서 어떤 고통이든 참아내려 한다. 이런 의미에서 주이상스는 '판도라의 상자 속에 갇힌 희망'과 같은 것이다. 주체는 '욕망의 낭떠러지 끝'에서조차 어딘가에 무언가 더 있을 거라는 기대를 버리지 못하는데, 이때의 '무언가 더'(something more)에 해당하는 것이 바로 주이상스이다. (Homer: 2005, 90쪽)

그렇다면 이와 같은 주이상스의 위상은 상상계-상징계-실재계의 삼각형에서 어떤 배치로 나타날까? 상상계에서 우리는 주이상스를 상상한다. 상징계에서는 상징이 우리 대신 주이상스를 향유한다. 상상계는 오직 상상된 주이상스만을 제공하며, 상징계는 오직 욕망만을 제공한다. 이에 비해 우리는 실재계와의 만남을 통해서만 주이상스를 향유할 수 있다. (MacGowan: 2004, 19쪽) 실재계와의 만남은 특히 성적 주이상스를 경험하는 오르가즘의 순간이자 '텅 빈 충만'으로 경험되기도 한다. 라캉은 죽음과 성이 근본적으로 연관되어 있다고 보면서 "성욕의 최종 종착지는 죽음"(라캉: 2008, 227쪽 및 268쪽)이라고 말한다. 예컨대 불어로 '작은 죽음'(petite mort)을 뜻하는 오르가즘은 실재계의 근원적 주이상스가 성적 주이상스로 전환된 것이라 할 수 있다. (권택영: 2001, 212쪽 및 216쪽)

프로이트는 『쾌락원칙을 넘어서』(1920)에서 인간의 일차적 동기가 고통을 피하고 쾌락이나 욕망을 충족시키고자 하는 데에 있다는 쾌락원칙 이론을 수정한다. 임상적으로 볼 때 주체들은 고통스럽고 트라우마적인 경험들을 강박적으로 반복한다는 사실을 알 수 있는데, 이는 쾌락원칙에 반하는 것이기 때문이다. 이처럼 쾌락원칙 너머에 있는 어떤 충동을 프로

이트는 '죽음충동'(타나토스)이라 불렀다. 하지만 라캉은 고통을 참고 견디고자 하는 현실원칙을 넘어서서 주이상스를 향해 나아가려는 주체의 끊임없는 욕망, 주이상스를 획득하려는 패턴을 반복하고자 하는 욕망에 주어진 이름이 죽음충동이라고 이해했다. 결국 라캉은 프로이트의 충동 개념을 주이상스로 대체시킨 셈이다. 주체의 삶을 위협하는 지점까지 무의식의 층위에서 계속 자기주장을 하는 모든 충동은 본질상 섹슈얼리티이자 죽음충동으로 주이상스와 관련되어 있다고 본 것이다.

이렇게 볼 때 죽음의 다른 이름은 '열반의 주이상스'라 할 수 있다. 프로이트가 말한 열반원칙에는 자극이 없는 세계, 흔들림 없고 충만한 세계를 희구하는 인간의 소망이 담겨져 있다. 인간은 스스로를 파괴하는 한이 있더라도 미분화 상태의 평화로운 죽음의 세계 곧 근원적인 열반의 세계로 들어서고자 한다. 이것이 바로 라캉이 말하는 '근원적 주이상스'이다. 이에 비해 쾌락원칙은 '팔루스적 주이상스'에 입각한 것이라 할 수 있다. 한편 현실원칙은 주체가 대타자의 세계 즉 상징계로 들어서면서 작동하는데, 이때 주체는 타자의 시선을 느끼면서 초자아를 만들어낸다. 라캉은 초자아를 상징계에 위치시키면서 그것을 "향유하라!"는 주이상스의 절대적 명령으로 이해했다. (Lacan: 1998, 3쪽) 이는 새로운 윤리학의 요청을 뜻한다. 그것은 "너는 네 속에 있는 욕망에 따라 행동했는가?"라는 물음으로 요약되는 윤리학이다. 전통적인 윤리학은 "선이란 무엇인가?"라는 물음을 중심으로 선회해왔다. 그러나 라캉적 윤리학은 선을 포함한 모든 초자아적 이상을 거절하면서 "나는 그것이 있었던 곳(무의식-필자)으로 돌아가야 한다."는 프로이트의 유명한 명제를 "나는 주이상스가 있는 곳으로 돌아가서 그 주이상스의 주체로 존재해야 한다."고 바꿔 말한다.

이와 같은 주이상스의 주체는 사유를 낳는 원천으로서의 주이상스에 기초하고 있다. 거기서 데카르트의 "나는 생각한다. 고로 존재한다."는 명제는 상징계와 실재계로 각각 분절된다. 즉 "나는 생각한다."의 '나'가 상징계적 주체라면, "나는 존재한다."의 '나'는 실재계적 주체라 할 수 있다.(김경순: 2009, 105쪽) 이 중 주이상스의 주체가 후자에 속함은 두 말할 나위 없다. 그리하여 사유를 낳는 주이상스의 주체는 "나는 존재한다. 고로 생각한다."고 말하게 된다. 이렇게 해서 라캉은 데카르트적 사유를 주이상스의 사유로 바꾸었다. 라캉이 '존재의 주이상스'를 끌어들이면서 "사유는 주이상스이다."(라캉: 1994, 279쪽)라고 말한 주이상스의 사유는 죽음충동 위에 세워지는 사유이자 동시에 타자의 사유이기도 하다. 주이상스의 사유는 자신이 생각하지 않은 곳, 자신이 알지 못하는 곳에서 일어나는 것이기 때문이다. 이때의 주체는 '안다고 가정하는 주체'에 불과하다. 우리는 통상 어떤 생각을 하거나 판단할 때 그것을 자명하거나 확실한 이성에 입각한 것으로 여기기 십상이지만, 거기에는 항상 알 수 없는 강렬한 죽음충동이 숨겨져 있다. 주이상스가 우리의 사유를 좌우하는 것이다. 라캉적 주체는 이런 "주이상스의 원초적이고 압도적인 경험에 대한 이끌림이나 방어"(핑크: 2010, 11쪽)로서 존재한다.

Ⅱ. ‘물’과 ‘모노’

1. ‘주이상스의 자리’로서의 물

라캉은『세미나7』에서 이런 주이상스의 영역을 대상화한 개념으로 ‘물’(物, Das Ding)이라는 용어를 제시한다. “단순한 일상적 사물이 아니라, 모든 대상적 사물의 토대를 이루는 특수한 사물”(백상현: 2017, 44쪽)을 가리키는 물은 ‘죽음충동의 자리’, ‘상징계의 표면에 뚫린 구멍’, 즉 ‘주이상스의 자리’로 규정될 수 있다. 이와 같은 물은 기표에 의해 억압당하는 대상이다. 그래서 라캉은 물을 “실재에서 기표로부터 고통받는 무엇”이라고 정의 내린다. 즉 기표에 의한 고착과 억압의 과정 속에서 고통받는 대상이 물이라는 것이다. 이런 의미에서 주이상스는 쾌락이 아닌 고통의 범주에 귀속된다.

심리적 영역에서 쾌락의 안정성을 유지하려는 힘이 억압을 통해 작동한다면, 이러한 억압과 통제의 궁극적 대상은 고통일 것이다. 무엇인가를 고통으로 느끼기 때문에 그에 대한 방어로 항상성의 원칙이 강제되기 때문이다. 이런 고통은 특정 기표를 중심으로 파생되는 효과이다. 원초적 기표가 무의식의 중핵을 구성하면서 과도한 주이상스 즉 고통의 고정점을 표지하면 이를 둘러싼 쾌락원칙의 방어적 통제와 억압이 상징계를 통해 재편성된다. 요컨대 주이상스란 기표에 의해 고통받는 물의 장소에서 발생하는 사건이며, 인간 존재는 바로 이 사건에 반응하는 유형들이다. 라캉의 따르면, 우리가 인간이라고 부르는 대상은 물을 규정하는 방식으로밖에는 규정될 수 없다. 즉 인간은 물의 장소에서 발생하는 주이상스적 존재이다. 이와 같은 물의 특징은 다음 세 가지로 요약할 수 있다.

첫째, 물은 역설적인 개념이다. 주이상스의 자리로서 작동하는 물은 인간 심리의 중핵에 존재하는 어떤 역설적 대상 또는 장소이기 때문이다. 여기서 '역설적'이라 함은 물이 욕망의 대상이자 원인이 되는 장소인 동시에 억압과 은폐의 대상이기도 하다는 점에서 그러하다. 억압은 기표(언어)를 매개로 실행된다. 기표는 쾌락의 위치를 고정하며 물의 자리 역시 기표에 의해 사후 고정된다. 기표가 없다면 물 역시 존재하지 않으며, 죽음충동이나 반복강박의 형성도 불가능하다. 기표가 없다면 충동도 존재할수 없다. 이리하여 물은 상징계(언어) 내부(중핵)에 역설적인 외부로서 존재한다. 그것은 주체의 가장 내밀한 곳의 중핵에 존재하는 외부성이다. 물은 현실원칙이 실패하는 지점, 언어가 실패하는 지점에서 출현하는 어떤 것이다. 그것은 언어가 도달하지 못하는 가장자리. 억압의 궁극적 대상인 동시에 언제나 억압으로부터 빠져나가는 것 즉 내부의 외부 또는 낯선 이웃이다. 물은 언제나 은폐되는 방식으로만 출현할 수 있다.

둘째, 물은 인간이 상실한 최초의 것이자 최종적인 것이다. 욕망은 이런 물을 추구하지만 언제나 좌절의 형식으로 물을 비켜간다. 만일 욕망이 물에 명중한다면 죽음충동의 실현이자 욕망의 종말, 쾌락의 차원에서 일종의 재난이 발생할 것이다. 다시 말해 물은 욕망의 궁극적 참조점으로 기능한다.

셋째, 물은 배제의 대상이다. 물은 주체의 욕망이 향하는 '절대타자'이며, 되찾아야만 하는 대상으로 설정되는 동시에 결코 되찾아져서는 안 되는 배제의 중핵이다. 따라서 언제나 되찾아야 하는 대상으로서의 물은 또한 언제나 그것이 아닌 다른 것의 형식으로만 되찾아질 뿐이다. 그러니까 물은 모든 익숙한 대상들에 대해 전혀 이질적이고 낯선 것 즉 '언제나 다른 사물, 다른 어떤 것'을 가리키는 용어라 할 수 있다.

그런데 인간 심리와 사유의 토대에는 물이라는 근본적 대상에 대한 환상 또는 환각이 작용한다. 이런 환상 없이는 어떠한 의식도 존재할 수 없다. 이는 프로이트-라캉학파의 세계관을 함축하는 근본적인 명제이다. 인간의 사유는 철저하게 환상에 의존한다는 것이다. 거기에는 어떠한 객관성도, 대상에 대한 보편적 이해도 존재하지 않는다. 인간 사유에서 오직 보편적인 기능은 환상과 환각 그 자체일 뿐이다.

왜 그럴까? 물의 존재론적 위상은 공백이기 때문이다. 그것은 오직 상실된 것으로서의 대상 혹은 엄밀히 말해 '비-대상'이다. "대타자의 대타자는 없다."는 라캉의 말이 의미하는 것이 이것이다. 인간의 심리를 건축하는 상징계는 곧 대타자이다. 그런데 이런 상징계가 아닌 어떤 것인 동시에 상징계가 둘러싸고 억압하여 통제하려는 타자가 있다. 그것이 대타자의 대타자 즉 물(주이상스의 자리)이다. (백상현: 2017, 48~59쪽 및 163~168쪽)

2. 모노노케와 모노

이와 같은 물의 독일어 표현(das Ding)에 근접하는 일본어가 '모노'(も の)이다. 『일본국어대사전』은 모노의 다양한 용례들을 대략 다음 다섯 가지로 제시하고 있다: ①형태가 있는 물체 일반 ②대상을 명시할 수 없어 추상화한 '어떤 것' ③말 혹은 언어 ④생각이나 의식 등 마음 작용과 관련된 어떤 것 ⑤사람(者). ⁵⁾ 이 용법들을 종합한다면, 모노란 물(物), 자(者), 영(靈) 등으로 표기되는 '어떤 대상'을 가리키는 말로 주로 '세계내 존재'를 의미한다고 볼 수 있다.(東アジア怪異學會編: 2003, 28쪽) 가령 모노노아와레 (物哀れ)라든가 모노가타리(物語)에서의 모노는 이런 '세계내 존재'에 매우 가까운 복합적 의미를 담고 있다. 현대 일본어의 모노는 이 중 주로 ① 과 ⑤의 용법으로 쓰이지만, 원래는 ②, ③, ④의 의미로 사용되는 경우도 적지 않았던 것 같다. 예컨대 『만엽집』에서는 귀(鬼)라고 쓰고 이를 '모노' 로 읽기도 했다.⁶⁾ 물론 이때 귀는 요괴를 뜻하지 않는다. 그것은 차훈 가 나일 뿐이다. 하지만 이는 모노라는 말이 원령이나 요괴적인 것을 칭하 는 당대 관념의 반영일 수도 있음을 시사한다.(구정호: 2005, 87~88쪽; 권익호: 2005, 60쪽) 마찬가지로 앞의 『일본어국어대사전』 또한 ②의 전형적 사례 로 신불, 요괴, 원령 등 공포나 외경의 대상이라든가 또는 모노노케에 의 한 병을 들고 있다. 모노노케에서의 모노가 이런 ②의 용법과 밀접한 연 관성을 가진다는 점을 짐작하기란 그리 어렵지 않을 것이다. 이와 관련하 여 고마쓰는 다음과 같이 모노노케(物の怪)를 규정한다.

> 헤이안시대에는 정체를 알 수 없는 빙의령(생령이나 사령이 다른 인간
> 의 육체 안에 깃든 것)을 모노노케라 불렀다. 그것은 문자 그대로 사람
> 의 지혜로는 이해하기 어려운 초자연적 존재 전체를 의미하는 모노
> (그 어떤 것)가 출현한 것 즉 '모노의 괴(怪) 혹은 기(氣)'를 가리킨다.
> (고마쓰 가즈히코: 2009, 222쪽. 필자의 윤문)

---

5) 『日本國語大辭典』19(小學館, 1976), 329~330쪽.
6) "하늘의 구름 처다보듯 할 때부터 내 님을 향해 마음도 몸마저도 기울어 버린 것을."(天 雲之 外從見 吾妹子爾 心毛身副 緣西鬼尾. 『萬葉集』4권 547)

여기서 '모노'는 "사람의 지혜로는 이해하기 어려운 초자연적 존재 전체" 즉 ②에 해당하는 '세계내 존재'로 이해되고 있다. 통상 모노노케라 하면 사령이나 생령(生靈) 등이 병이라든가 죽음과 같은 재액을 초래하는 것, 사령이나 생령 그 자체, 인간의 원한이 분출되어 나타난 사악한 기운이나 원령을 가리킨다고 말해진다. 이때 생령이란 살아있는 사람의 영혼이 몸을 빠져나와 다른 사람에게 해코지를 하는 모노노케를 뜻한다. 우리에게는 다소 생소한 개념이지만, 헤이안시대에는 이런 모노노케 관념이 널리 퍼져 있었던 모양이다. 가령 『겐지이야기』(源氏物語)에서 로쿠조 미야스도코로의 생령이 본인의 의지와는 상관없이 아오이노우에를 괴롭히는 장면이라든가 혹은 유가오를 죽인 모노노케의 이야기는 너무도 유명하다(무라사키 시키부: 1999, 106~107쪽 및 239쪽). 또한 『마쿠라노소시』(枕草子) 제25단에는 수험자가 호법동자를 이용해서 모노노케를 퇴치하여 병든 사람을 치료하는 이야기가 나온다.(『枕草子·紫式部日記』, 66쪽)

이런 모노노케와 대립되는 말로, 작자 미상의 헤이안시대 역사이야기인 『에이가이야기』(榮華物語)에는 '가미노케'(神の怪)라는 표현이 등장한다. 원인 불명의 병을 치료하려고 수험자를 불렀는데, 화를 초래한 영이 모노노케라면 고칠 수 있지만 가미노케라면 해결할 수 없기 때문에 음양사의 손을 빌려야만 한다고 대답하는 장면이 그것이다. 이로 보건대 모노노케라는 관념에는 분명 인간의 사악한 마음이나 감정에서 비롯된 악령, 인간에게 기원을 두는 악령 즉 생령이나 사령 등의 의미가 강조되어 있었던 것 같다. 이에 비해 가미노케는 비인간적인 기원의 영의 현시가 강조되어 나온다. (고마쓰 가즈히코: 2009, 222~223쪽) 한편 모노(그 어떤 것)로부터 가미

(神)와 오니(요괴)가 분화되었다고 보는 견해도 있다. (고마쓰 가즈히코: 2005, 35쪽)

하지만 가미와 요괴의 경계선이 반드시 분명치만은 않다. 때때로 양자는 상호교차적이다. 쓰쿠모가미(付喪神)라고 불리는 요괴는 이 점을 잘 보여준다. 사람들이 사용했던 물건이나 도구 혹은 집기들 가령 빗자루, 솥, 악기, 신발, 모자, 방망이, 염주, 항아리, 상자 등에 영력이 깃들어 있어서 함부로 버리면 쓰던 사람을 원망하거나 인간에게 해코지나 복수를 가하는 요괴를 쓰쿠모가미라 한다. 원래는 '만들어진 지 99년이 지난 도구의 영혼'을 뜻하던 말인데 후대에 낡은 도구들이 변한 요괴의 총칭이 되었다. 이와 관련하여 일본에는 설날을 앞두고 오래된 기물을 밖에 버리는 습속도 있다고 한다. (최경국: 2005, 107쪽) 어쨌든 '구십구신'(九十九神)으로 표기되기도 하는 이 요괴의 명칭에는 당당히 신을 뜻하는 '가미'라는 말이 붙어있다. 이는 요괴를 가미의 일종으로 보는 관념이 존재했음을 암시한다.

가미와 모노노케의 경계도 때로 애매하다. 가령 나라현 사쿠라이시소재 오미와(大神) 신사의 제신 오모노누시(大物主神)에서 모노란 모노노케의 모노이기도 하다. 이때 모노란 절체불명의 알 수 없는 무시무시한 존재를 가리킨다. 그러니까 '모노의 위대한 주인'을 뜻하는 오모노누시는 가장 두려운 신이다. 현대어 '모노카나시이'(物悲しい)라든가 '모노사비시이'(物寂しい) 등은 모노가 전달하는 어감을 잘 보여준다. 다시 말해 모노라는 말의 어감은 무언가 원인도 이유도 모르지만 거대한 비애와 외로움에 사로잡힌 상태를 전달해 준다. 그것은 인간 내면의 가장 깊은 곳에 있는 다루기 힘든 어떤 것이다. 그런 모노를 체현하는 신(오모노누시)을 제사

지내는 것이 국가의 안태에 불가결했던 것이다. (齋藤英喜: 2010, 214쪽)

이 모노에 대해 국어학자 오노 스스무(大野晋)는 "모노란 개인의 힘으로는 바꿀 수 없는 불가역성을 핵심으로 한다."고 지적한다. 즉 모노는 '근본적인 어떤 것'이라는 의미를 함축하고 있다. 단순한 사물을 가리키는 모노의 현대일본어 어법은 실은 이런 의미에서 파생된 것이다. "물체도 불가역적인 존재라는 점에서 모노라고 불리게 되었다."(大野晋: 2006, 50~51쪽)는 것이다. 즉 불변적이고 항상적인 법칙, 원리, 질서를 나타내는 것이 모노라는 용어의 본래적 의미라는 말이다. 이로 보건대 전술한 오모노누시의 본령은 법칙, 원리, 질서를 확립하고 유지하는 것에 있다. 그렇기 때문에 이 신을 나라의 중심인 미와산(三輪山)에 부동의 신앙대상으로 제사지냄으로써 비로소 나라 만들기를 완성할 수 있었을 것이다. (吉田敦彦: 2012, 150~151쪽) 종교학자 사이토 히데키는 흥미롭게도 이와 같은 오모노누시를 '모노가미'(もの神)라고 부른다. 그에게 신도가 말하는 팔백만 신이란 대부분 아름다움과 추악함이라는 양의성을 가진 이런 모노가미를 뜻한다. 모노가미에서 모노란 벌거벗은 타물(他物)로서의 모노이자 형태가 없는 모노 즉 '무언가 어떤 것'(なにものか)이다. 이리하여 모노가미는 다양한 사물이나 사상(事象)과 비슷해 보이지만 그것들에서 일탈한 이형(異形)으로서 출현한다는 것이다. (齋藤英喜: 2011, 15~16쪽)

3. 모노와 물의 접점

이상에서 살펴본 모노와 물은 반드시 일치하지는 않는다. 가령 라캉이 말하는 물의 장소는 '없음의 형식' 또는 '공백'이라고 해석할 수 있다. 물은 공백의 형식으로 실존한다.(백상현: 2017, 59쪽) 이에 비해 모노는 공백이 아니다. 모노는 엄연히 일본사와 일본문화 속에서 가미, 요괴, 원령, 모노노케 등의 구체적인 표상으로 출현해 왔다.

　이런 차이에도 불구하고 모노와 물은 근원적인 타자의 자리 및 그 자리의 위상과 관련하여 중요한 공통점을 보여준다. 첫째, 전술했듯이 모노에는 '이해하기 어렵고, 다루기 힘들며, 명시할 수 없거나 원인도 이유도 알 수 없는 어떤 것', 혹은 '두렵고 양의적인 타물' 즉 근원적인 타자라는 의미가 함축되어 있다. 마찬가지로 라캉 정신분석에서도 근원적인 타자적 개념이 핵심적인 역할을 한다. 물 또는 대상a가 그것이다. 라캉은 언어 안에 있는 표상적 대상과 언어 바깥에 있는 원초적 대상인 물을 구분한다. 후기 라캉이 강조한 '욕망의 대상이자 원인'으로서의 대상a는 이 중 더 이상 환원할 수 없는 타자로서의 물로부터 비롯된 것이다. 대상a는 사적이고 말해질 수 없지만, 우리를 지배하는 어떤 것이다. 이처럼 대상a로서의 물이 사적이고 말해질 수 없는 것은 그것이 상징적 질서 바깥에 있는 어떤 것, 혹은 내 안의 이해할 수 없는 또 하나의 나 같은 어떤 것이기 때문이다. 한편으로 대상a는 물이 상징계의 개입으로 인해 현실로부터 떨어져나가 실재계 속으로 영원히 상실되어 갈 때 그 실재계의 이면에 남긴 파편 또는 나머지(여분, 잉여, 과잉)이다. 다른 한편으로 대상a는 상징계의 공백을 채움으로써 주체에게 존재감을 부여하는 어떤 것이기도 하다.

　둘째, 대상a와 마찬가지로 모노 또한 상징계와 실재계의 두 영역에 걸쳐 있다. 가령 모노노아와레에서의 모노는 통상 꽃이라든가 달이라든가 사람 등 우리 주변의 평범하고 일상적인 대상 및 거기서 더 나아가 '존재 일반' 혹은 존재하는 모든 '있음'과 '사건'까지도 함축하는 타자적 개념이다. 이와 관련하여 와쓰지 데쓰로는 흥미로운 해석을 제시한다. 그에 따르면 모노란 형태나 심적 상태에 관계없이 의미와 사물과 사건 모두를 포함하며, 나아가 일반적으로 한정되지 않는 모노로서 일종의 영원한 근원을 가리키는 말이기도 하다. 이런 모노가 불러일으키는 감동(아와레)을 가리키는 모노노아와레는 한정된 개개의 사물로서 우리 주변에 존재하는 모노에 대한 감동이자 동시에 그 본래의 한정되지 않은 모노로 돌아가고자 하는 부단한 움직임으로 해석될 수 있다는 것이다. (和辻哲郎: 1992, 228~230쪽) 이런 해석은 모노가 상징계라는 한정된 세계와 실재계라는 경계 너머의 세계 모두에 연루되어 있음을 시사한다.

이처럼 모노와 물의 접점을 말할 수 있다면, 나아가 우리는 모노가 물을 매개로 하여 주이상스와 가지는 연관성을 이해할 수 있게 된다. 물은 '주이상스의 자리'이기 때문이다. 이런 맥락에서 다음에는 〈모노노케〉를 주이상스 이야기라는 관점에서 접근해 보기로 하자.

III. 주이상스 이야기로서의 〈모노노케〉

원령신앙을 배경으로 만들어진 애니메이션 〈모노노케〉는 병풍화, 우키요에(浮世繪), 노(能) 등과 같은 일본 전통예술의 독특한 미적 감수성과 화지(和紙)의 질감을 살린 일본풍의 환상적인 미술기법이 매우 인상적인

애니메이션이다. 하지만 이 작품을 너무도 일본적인 것으로 만들어주는 핵심 요인은 바로 원령 관념에 토대를 둔 모노노케 자체이다. 〈모노노케〉는 [자시키와라시](座敷童子), [우미보즈](海坊主), [눗페라보](のっぺらぼう), [누에](鵺), [바케네코](化猫)의 5편으로 구성되어 있다. 그 중 자시키와라시가 이와테현을 비롯한 동북지방을 대표하는 요괴라면,[7] 우미보즈와 누에는 각각 와카야마현과 교토에 널리 알려져 있는 요괴이다. 퇴마의 검을 가진 퇴마사가 여기저기 돌아다니며 모노노케를 퇴치한다는 〈모노노케〉 각 편의 줄거리는 다음과 같다.

> 대감집 도련님의 아이를 밴 천한 신분의 여성이 그녀를 죽이려는 자객에 쫓기다가 추한 노파가 운영하는 여관에서 하룻밤을 보낸다. 그녀가 든 방은 태어나기도 전에 죽거나 혹은 살해당한 갓난아이들의 모노노케가 모여 사는 곳이다. 이 동자귀신들은 임신한 여인을 통해 다시 태어나기를 욕망하여 여인의 아기를 죽이려 한다. [자시키와라시] 사람들을 태운 배가 용의 삼각지대라 불리는 곳에 이르러 바다 요괴와 만나게 된다. 요괴는 각자에게 가장 두려운 것이 무어냐고 물으면서 그들이 느끼는 공포를 생생한 환상으로 재현하여 보여준

---

7) 야나기타 구니오의 『도노 모노가타리』(遠野物語)에는 총 119편의 이야기가 수록되어 있는데, 그 중 요괴에 관한 이야기도 많다. 대표적으로 물의 요괴 갓파(河童), 산의 요괴 덴구(天狗), 동물 요괴 여우, 그리고 집안의 화복을 좌우하는 가택신으로서의 요괴 자시키와라시를 들 수 있다. 야나기타는 붉은색의 얼굴에다 소년이나 소녀 모습으로 나타나는 이 요괴의 기원을 불교의 호법동자(護法童子)에 비유하여 무녀의 수호령으로 간주했다. 이에 비해 미나가타 구마구스(南方熊楠)는 남녀 아이를 제물로 집에 파묻었던 풍습으로 인해 그 영혼을 집안의 주인으로 간주하던 관념으로부터 자시키와라시가 유래했다고 보았다. 오늘날 이와테현의 긴다이치(金田一)온천에 위치한 료쿠후소(綠風莊) 여관은 자시키와라시가 출현한 곳이라 하여 지금도 관광객들이 많이 찾는다. (김용의: 2014, 106쪽)

다. 일행 중 겐케이라는 고승이 있었는데, 그는 여동생 오요의 희생으로 인해 죽음을 피할 수 있었다. 결국 이런 고통스러운 기억을 안고 살아온 겐케이가 바로 모노노케의 정체라는 사실이 드러나게 된다.[우미보즈] 몰락한 무사 가문에서 오로지 홀어머니의 기대에만 맞추어 살다 번듯한 무가로 시집간 뒤 남편과 시집식구들의 홀대를 견디다 못해 자기 자신을 잃어버리고 요괴와 사랑에 빠지면서 공허한 가면의 삶을 살아온 여주인공 오초가 남편과 시댁식구들을 모두 살해한 후 퇴마사를 통해 진정한 자신을 깨닫게 된다.[놋페라보] 교토의 어느 공가(公家) 집안을 무대로 갖가지 향을 분별하여 알아 맞히는 놀이인 조향(組香: 구미코) 모임이 행해지는 가운데 사람들이 하나하나 죽어나간다. 퇴마사는 이 모든 것이 전설의 동물인 누에라는 모노노케가 꾸민 환상임을 밝혀낸다.[누에] 부패한 시장의 뇌물사건을 파헤치다 원통하게 살해당한 신문사 수습기자 세쓰코의 원령이 고양이에게 옮겨져 자신의 죽음과 관련된 사람들에게 근대 일본의 전철 안을 주요 무대로 삼아 복수극을 벌인다.[바케네코] 이 모든 사건들의 해결사로 나오는 주인공 퇴마사는 약장수이다.

　왜 약장수인가? 예수는 "내가 세상에 온 건 병자를 위한 것"이라고 말한다. 정신과 의사 라캉도 세상 사람들은 모두 병자라고 생각했다. 그리고 약장수는 모노노케의 퇴마사이다. 퇴마사 약장수는 실로 다면적인 주체-복합체이다. 가령 모노노케를 찾아다니면서 천칭과 부적으로 모노노케를 분별하거나 결계의 방어막을 치는 약장수의 모습은 법과 질서의 수호자인 상징계적 주체를 보여준다. 이에 비해 모노노케를 퇴치하기 위해 변신할 때 약장수로부터 분리되어 나온 퇴마사는 하나의 분신 이미지로서 상상계적 주체를 표상한다. 하지만 이 상상계적 주체로는 모노노케를 퇴치할 수 없다. 그리하여 검을 뽑음으로써 퇴마사는 실재계적 주체로 다시 한 번 변신하지 않으면 안 된다. 이처럼 상상계, 상징계, 실재계 모두에 걸쳐있는 복합적 주체인 약장수는 모노노케를 퇴치하기에 앞서 "사람은 세상에 태어나는 것. 모노노케는 세상에 존재하는 것. 태어나는 것과 존재하는 것이 마코토(誠)와 고토와리(理)를 수반함으로써 형태를 얻는다. …(중략)… 모노노케를 근절하기란 불가능하다. 그러나 베어내는 것은 가능하다. 그래서 검이 있고 검을 다루는 방법이 있는 것"임을 밝힌다. 이 말은 〈모노노케〉의 핵심적인 메시지를 이해하는 데에 중요한 실마리를 제공해 주므로 차근차근 짚고 넘어갈 필요가 있다.

이때 태어남과 존재를 대비시킨 것은 모노노케가 사람처럼 태어나는 것이 아님을 강조하기 함이다. 이는 상상계로 이어지는 태어남과 달리 모노노케란 태어남 너머의 실재계에 속한 것임을 시사한다. 마코토가 모노노케가 출현하게 된 과정 혹은 그 진상과 관련된 것이라면, 고토와리는 그런 모노노케 출현의 원인이 된 인간 마음의 모습을 가리킨다. 그러니까 마코토와 고토와리는 태어남과 존재 즉 인간 및 모노노케가 함께 만들어낸다는 말이다. 이처럼 서로 불가분하게 얽혀 있는 복잡한 상호관계성 안에서 사람과의 인과 또는 인연이 만들어낸 모노노케의 형태가 드러나게되고 그럴 때 비로소 모노노케 퇴치의 검이 뽑힐 수 있다. 이 검은 살아있는 검이며, 모노노케를 죽이기도 하고 사람을 살리기도 하는 검이다. 하지만 존재로서의 모노노케는 결코 완전히 사라지지 않는다. "내가 정말로 두려워하는 것은 이 세상의 끝에는 형태도 진상도 까닭도 없는 세계가 그저 존재하고 있다는 사실을 알게 되는 것"[우미보즈]이라 하여 퇴마사 약장수조차 모노노케를 두려워하는 이유가 여기에 있다. 이런 모노노케는 "사람의 마음속에 어둠이 있는 한 끊임없이 찾아들 것"[우미보즈]이다.

요컨대 태어나는 것과 존재하는 것이 형태를 얻는다는 말은 곧 모노노케가 정념, 분노, 증오심, 집착, 권태 등 인간의 어두운 욕망이 환상 스크린을 통해 외재화되어 상징계의 틈새 사이로 튀어나온 것임을 시사하며, 그 형태가 마코토와 고토와리를 수반한다는 말은 욕망이 실은 주체의 것이 아니라 타자적인 현상에서 비롯되는 것임을 암시한다. 그렇기 때문에 모노노케는 인간이 알 수도 없고 통제할 수도 없는 어떤 것이며, 그것은 상징계와 실재계를 넘나드는 퇴마사에 의해서만 제어될 수 있다. 이때 퇴마사는 환상을 가로지르는 퇴마검으로써 상징계의 틈새로 침입해 들어오는 실재계의 조각들을 회수한다.

1. 모노노케의 유형

그러나 모노노케는 사람과의 상호관계성만으로 다 설명되지 않는다. 신(가미)과 요괴(아야카시) 또한 모노노케의 정체와 밀접한 관계가 있다. 〈모노노케〉는 이와 관련하여 ①요괴 형상의 모노노케, ②역신(疫神)으로서의 모노노케, ③원령이 빙의한 모노노케, ④생령(生靈)으로서의 모노노케 등 네 가지 유형의 모노노케를 묘사하고 있다.

우선 가장 일반적인 사례로서 요괴 형상의 모노노케를 들 수 있다. 약장수는 "요괴는 공중에 있고 사람은 세상에 있으니, 모노노케의 형태를 이루는 것은 요괴라는 그릇에 담긴 사람의 인과와 인연. 하지만 일단 사

람 세상에 나타난 모노노케는 벨 수밖에."[바케네코]라고 말한다. 여기서 모노노케는 '요괴라는 그릇'에 담긴 이미지 즉 요괴의 형상으로 나타난다. 이처럼 요괴의 모습으로 나타나는 모노노케는 원래 실재계에 있어야 할 존재인데 무언가 잘못되어 상상계나 상징계에 밀려들어온 것이므로 "정화하여(淸め祓い) 진정시켜야(鎭め) 한다."[바케네코] 그럼으로써 모노노케를 해방시켜야 한다는 것이다. 여기서 정화(기요메하라이)와 진정(시즈메)은 신을 제사지내는 신도의례의 중핵적인 기법이다. 모노노케의 죽음은 곧 해방을 뜻한다. 이는 모노노케가 주이상스의 일부를 구성하는 어떤 것임을 암시한다. 주이상스는 죽음을 통한 최종적인 해방을 추구하는 충동이기 때문이다. 다른 한편 "죽음은 상징계 속의 주이상스를 경험하는 순간에 본색을 드러내고, 주체는 살기 위해 다시 상상계로 퇴행하여 종종의 이미지를 만들어내면서 상징계를 견뎌내고자 한다."(권택영: 2001, 162쪽) 이것이 '사람의 인과와 인연'이다. 그럼에도 사람 세상에 나타난 모노노케를 벤다는 것은 상징계의 틈새를 메운다는 것을 뜻한다. 하지만 이것은 실은 불가능한 일이다. 그래서 약장수는 "모노노케를 근절시킬 수 없다."고 고백한 것이다.

그런데 "이승에 사람과 짐승과 새가 있는 것처럼 이 세상 것이 아닌 요괴에도 여러 가지가 존재한다. 요괴의 숫자는 팔백만이나 된다. 팔백만신과 요괴는 같은 거나 마찬가지지만 모노노케는 다르다."[우미보즈]는 약장수의 말처럼, 요괴나 가미와 구별되는 존재로서의 모노노케가 있다. 병을 일으키는 역신(疫神)으로서의 모노노케가 그것이다. 이때 "모노노케의 케는 병을 가리키고, 모노는 날뛰는 신을 말한다."[우미보즈] 여기서 모노노케는 신도의 팔백만신과는 계보가 다른 역신의 일종으로 간주되고 있다.

또한 인간의 원령과 요괴가 엮어져 만들어진 모노노케가 있다. 이런 모노노케에 대해 약장수는 "사람과 사람의 원한, 슬픔, 증오, 격렬한 정념이 요괴와 한데 엮이면 어찌 될까? 그러면 더 이상 봉인의 부적이 듣지 않는 마라(魔羅)의 오니(鬼)가 될 것"[우미보즈]이라든가, "사람의 정념과 인연에 요괴가 씌는 순간 요괴는 모노노케가 된다."[놋페라보]고 말한다. 가령 〈모노노케〉 5편 중에서 유일하게 일본근대를 배경으로 하는 [바케네코]편의 여주인공 세쓰코는 사후에 고양이에게 빙의된 요괴와 모노노케로 분리된다. 이는 근대화에 의해 배제되거나 억압된 것의 소외를 표상함과 아울러 타자의 욕망을 욕망하는 상징계적 주체의 소외를 드러내기도 한다. 상징계적 욕망은 타자의 욕망을 욕망하거나 혹은 타자에 의해 자신의 욕망을 실현시키고자 한다. 모노노케가 된 세쓰코가 고양이 요괴(타자)로 화하여 인간에게 복수하고자 할 때 이 고양이 요괴는 욕망하는 주체와 다르지 않다.

끝으로 특히 살아있는 인간의 영혼이 몸을 빠져나와 다른 사람에게 빙의하는 생령으로서의 모노노케에 주목할 만하다. 앞에서도 언급한『겐지이야기』(源氏物語)에는 주인공 겐지의 애인 로쿠조미야스도코로의 생령이 겐지에 대한 원망 및 세상 사람들의 웃음거리가 된 것에 대한 모멸감으로 인해 무의식적으로 생령이 되어 겐지의 정처 아오이노우에를 중병에 걸리게 한다든지 겐지의 생애에 걸친 반려자 무라사키노우에 및 온나산노미야를 괴롭히기도 한다. 또는 암시적이긴 하지만 로쿠조미야스도코로로 추정되는 생령이 겐지의 또 다른 애인인 평민 출신의 유가오를 죽이는 이야기도 나온다. 일본에서 모노노케 담론은 이처럼 헤이안시대에까지 거슬러 올라갈 만큼 뿌리가 깊다. 이와 같은 생령으로서의 모노노케는 일종의 분신으로 칼 융(Carl G. Jung)이 말하는 '그림자'와도 상통한다. 〈모노노케〉에서는 [우미보즈]편과 [놋페라보]편에서 이런 모노노케를 확인할 수 있다.

2. 생령으로서의 모노노케와 주이상스

먼저 [우미보즈]편을 살펴보자. 주인공 남매인 겐케이와 오요는 요괴들의 바다인 '용의 삼각지대' 근처의 작은 섬에서 태어났다. 일찍이 바다에서 부모를 모두 잃고 고아로 자란 둘은 지나칠 만큼 사이가 좋았다. 이윽고 겐케이는 15세 때 출가하여 수행에 정진하지만, 훗날 "호토케(佛)의 길 인간의 길을 저버리고 오요와 함께 살기를 얼마나 꿈꾸었던가."라고 회상한다. 수행한 지 5년 정도 지났을 때 위기에 처한 고향 사람들을 위해 스스로 바다 요괴의 희생제물이 되기로 결심한다. 이에 섬사람들이 우쓰오부네(空舟, 虛舟)[8]를 만든다. 이것은 통나무 속을 도려내 만든 배로, 일단 한번 타면 밖으로 빠져나올 수 없도록 입구를 봉하고 전체가 쇠사슬로 동여매여 있다. 그런데 정작 떠날 날이 되자 겐케이는 두려움에 휩싸이고, 이를 본 누이 오요가 사랑하는 오빠를 대신해서 우쓰오부네에 타겠다고 한다. 오요는 "오래 전부터 오라버니를 사모하고 있었습니다. 하지만

---

8) 이는 관음정토인 보타락으로 향하는 도해선 우쓰오부네에서 따온 모티브이다.

오라버니하고는 결코 맺어질 수 없는 운명. 그렇다면 다른 누군가와 인연이 맺어지기 전에 저는 부처님 곁으로 가겠습니다. 아, 무언가 신기하게도 이제야 살아있다는 기분이 듭니다."라고 말하면서 바다로 떠났고, 겐케이는 도망치듯 후지산으로 들어가 수행에만 몰두했다. 그 후 50년이 지난 다음 겐케이는 누이가 탄 우쓰오부네를 찾기 위해 용의 삼각지대로 간다.

그러나 약장수는 겐케이의 진짜 얼굴을 드러내 보여준다. 겐케이는 실은 출세하고 싶은 욕망에 출가하여 수행에 정진했던 것이고, 누이를 사랑한 것도 아니었으며 다만 살고 싶어서 대신 누이를 보낸 것이었다. 이윽고 모노노케는 바다와 하나가 된 오요가 아니라 바로 겐케이 자신임이 밝혀지게 된다. "바다의 모노노케는 마음 속 깊은 바닥에 있는 다른 무언가를 가리기 위한 당신의 분신. 모노노케를 베는 것은 곧 겐케이 당신의 마음을 베는 것. 둘로 나뉜 마음을 하나로 합쳐 당신이 처음부터 없었던 것으로 치부하고 싶어 한 그대의 본심을 마음으로 돌려보내는 것이오." 약장수의 이 말은 살아있는 인간의 분신으로서 만들어진 모노노케를 보여준다. 이윽고 약장수가 퇴마검으로 겐케이의 모노노케를 베자, 오요의 정령으로 보이는 그림자 형체가 공중에서 내려와 본래의 아름다운 얼굴로 돌아온 겐케이를 안는다. 이 마지막 장면은 오요의 불가능한 욕망이 죽음 이후에야 이루어질 수 있는 것임을 암시한다. 오요의 사랑은 죽음을 매개로 하는 주이상스의 사랑이었다.

[우미보즈]편은 이런 주이상스의 사랑을 표현하기 위해 교묘한 미술적 장치를 마련하고 있다. 사람들이 타고 있는 화려한 배의 선실 안 한쪽

벽면에는 〈베토벤 프리즈〉 벽화 중 남녀의 포옹 장면과 괴물 타이쿤의 세 딸 고르곤(질병, 광기, 죽음) 그림을 연상케 하는 클림트풍의 대형 삽화가 그려져 있다. 가히 주이상스의 화가라 칭해질 만한 클림트(Gustav Klimt)에 대한 일본인들의 사랑은 남다른 데가 있다. 겐케이가 거짓 고백을 하는 동안 클림트풍의 그림은 전도된 상태로 비쳐지다가, 퇴마사에 의해 겐케이의 마음이 베어지고 오요의 사령이 천강하는 장면에서 다시금 제자리로 돌아온다.

[놋페라보]편의 경우에도 생령으로서의 모노노케가 인간과 모노노케의 굴절된 사랑이라는 형태로 나타나지만, 그 양상은 [우미보즈]편과는 다소 상이하다. 어머니의 굴절된 폭력적 사랑과 남편을 포함한 시댁식구들의 비인간적인 모멸로 인해 영혼이 갈가리 찢어진 여주인공 오쵸는 자신의 얼굴과 마음까지 잃어버리고 가면을 쓴 채 "인간이 훨씬 더 끔찍해. 마음씨 다정한 모노노케도 있을 테니까."라는 생각을 하기에 이른다. 오쵸는 지금 뻥 뚫린 구멍 그 자체이다. 그런 오쵸 앞에 여우가면을 쓴 남자가 나타나 "난 당신을 감옥에서 구해내기 위해 태어난 모노노케입니다. 이제부터는 내가 당신 삶의 등불이 되어주겠소. 우리는 둘이자 하나입니다."라며 자기와 함께 살자고, 자기는 인간은 아니지만 인간의 형상을 하고 있으며 다만 가면을 벗는 것은 불가능하다고 말한다. 이처럼 오쵸에게 '둘이자 하나'로서 그녀를 모노노케의 세계로 끌어들이려 하는 얼굴 없는 가면의 남자 캐릭터는 그녀와 서로 바라보는 거울상이다. 그 거울상의 나르시시즘적 동일시는 종종 거부하기 어려운 치명적인 주이상스의 유혹으로 화한다. 그리하여 가면 쓴 남자를 구원자로 여긴 오쵸는 나 같은 여

자라도 좋다면 하고 승낙한다. 이어 둘의 결혼식 장면이 나오고 수많은 가면들이 축하해 준다.

하지만 오쵸가 어머니의 굴절된 염원을 위해 스스로의 마음을 지우고 도구로 화한 나머지 모노노케와 '가면의 사랑'에 빠진 것임을 잘 알고 있는 약장수는 이렇게 말한다. "오쵸씨, 저 가면은 모노노케가 아닙니다. 모노노케가 저 가면 쓴 남자를 조종하여 당신을 속인 다음 그 무가 집안에 묶어 둔 것이오. 그것이 마코토입니다. 그리고 어머니의 비뚤어진 애정을 받아들이려 노력했던 당신의 마음이 마침내 허물어져 그 틈새로 모노노케가 스며든 겁니다." 여기서 모노노케와 인간 사이에는 가면이라는 메타포가 개입되어 있다. 이때의 가면은 융이 말하는 페르소나(persona)와 정확히 상응한다.

가면의 남자가 약장수에게 보랏빛 연기를 내뿜자 약장수의 얼굴 즉 퇴마사라는 페르소나가 떨어져 나가 달걀귀신처럼 된다. 하지만 상징계와 실재계를 넘나드는 존재인 퇴마사에게 페르소나는 별 의미 없는 단순한 가면일 뿐이다. 마치 여우가면을 쓴 남자의 가면이 수시로 바뀌듯이, 형태가 떨어져 나간 약장수의 밋밋한 얼굴도 자유자재로 바꿀 수 있다. 이런 약장수에 의하면 사람의 얼굴이란 겉으로 드러난 형태에 불과한 것이다. 그래서 우리가 얼굴이란 것을 하나의 껍데기라고 인정하기만 하면 언제라도 자신의 얼굴을 되찾을 수 있다. 그리하여 약장수는 "너의 진짜 얼굴은 어디에 있는가? 타인의 욕망을 위해 자신의 얼굴을 잊어버린 모노노케, 그게 당신이다. 형태를 드러내라."고 추궁하면서 오쵸 앞에 상상계의 거울을 들이대며 그녀로 하여금 자신이야말로 진짜 모노노케라는 것,

그녀가 죽인 건 모두 그녀 자신이었다는 진실을 깨닫게 한다.

다른 한편 "이곳은 갇혀있다고 생각하면 감옥이 되고 나가고 싶지 않다고 생각하면 성이 됩니다. 그곳과 마찬가지요. 당신은 이곳을 감옥 안이라 굳게 믿었소."라는 약장수의 말처럼, 페르소나로서의 가면은 감옥 또는 성(城)이라는 메타포로 묘사되기도 한다. 여기서 '이곳'은 오쵸가 시집간 무가 저택을, 그리고 '그곳'은 무가 일가족을 살해한 죄로 체포된 오쵸가 갇혀있는 첫 장면에서의 실제 감옥을 가리킨다. '이곳'은 '그곳'의 상상계적 거울상인 셈이다. 이에 비해 '성'은 실재계에 속한 카프카의 '성'과는 달리 상징계의 틈새로 침범해 들어오는 실재계의 조각인 모노노케로부터 오쵸를 지켜주는 상징계의 환상을 의미한다. 요컨대 감옥도 성도 모두 상징계에 속해 있다.

이와 관련하여 "상상계가 상징계의 억압과 왜곡을 거치지 않은 채 곧바로 상징계를 통과하게 되면 그것이 실재계가 된다. 거기서 타자는 구조적 언어의 바깥으로 튕겨져 나가 주체 위에서 혹은 주체와 대항하면서 실재계 속으로 들어가게 된다. 그것이 모노노케이다."(변정은: 2010, 102쪽)라는 해석은 흥미롭다. 우리 모두는 오쵸와 마찬가지로 상상계의 거울상인 '이곳'을 살고 있지만, 대부분의 사람들은 오쵸와 달리 상징적 질서에 적응하면서 삶의 질곡을 견뎌내고 있다. 하지만 주이상스 사회에서는 상징계의 간섭 자체를 부정함으로써 상상계의 타자인 자아(에고)가 상징계적 주체에 저항하면서 실재계 속으로 빨려 들어갈 위험성이 더욱 커지고 있다. 그런 실재계적 주체는 상징계의 어떤 구속력보다도 강력하다. 욕망이나 환상의 힘보다 더 강력한 주이상스의 주체가 그것이다. 주이상스의 주

체는 실재계의 트라우마를 내장한 모노노케와 쉽게 동화될 수 있다. 주이
상스는 매혹의 원천이면서도 동시에 실재계의 트라우마를 가리키는 다
른 말이기 때문이다. 모노노케에 대한 오쿄의 환영적 사랑은 실은 오쿄의
생령이 만들어낸 주이상스의 사랑이었던 셈이다.

3. 대상a(물)로서의 모노노케와 환상

그런데 주이상스에는 늘 환상의 흔적이 남아있게 마련이다. 주이상스
는 욕망으로부터의 완전한 자유를 추구하는 충동이지만, 불가능한 대상
에 대한 욕망과 마찬가지로 주이상스 또한 불가능한 쾌락에 속한다. 그래
서 우리는 늘 무언가 더 나은 것이 있을 거라는, 이게 전부가 아닐 거라는
느낌에서 벗어나지 못한다. 이런 '무언가 더'라는 환상의 찌꺼기에 해당
하는 것이 주이상스라 할 수 있다. 그렇다면 라캉이 말하는 환상이란 무
엇일까? 그것은 일반적인 의미에서의 허구적 환영이나 또는 현실 저편에
있는 판타지를 뜻하지 않는다. 욕망의 무대(미장센)인 환상은 주체가 욕망
을 구조화하고 조직화하는 방식, 혹은 주이상스에 대한 불만이나 실재계
의 불가능성에 대해 화해와 공존을 가능케 하는 방식을 의미한다. 달리
말하자면 그것은 욕망의 불가능한 대상이자 동시에 그럼에도 계속 욕망
을 유지시키는 원인 즉 라캉이 '물'(Ding) 혹은 '대상a'라고 칭한 것에 대해
주체가 불가능한 관계에 놓여있음을 말해주는 하나의 시나리오이다. 즉
환상은 "주체와 현실을 지탱시켜주는 것, 혹은 불가능한 욕망을 실현하고
자 하는 주체의 시나리오"(박시성: 2007, 318쪽)라 할 수 있다. 이런 환상을

통해 주체는 타자와 하나가 되는 착각을 지속시킨다.

가령 [자시키와라시]편에서 방안의 동자귀신들은 모두 어머니라는 타자를 갈망하여 그 타자와 하나가 되고 싶어 한다. 이들이 거하는 방은 곧 무의식의 세계, 실재계로 통하는 세계, 환상의 세계이다. 불가능한 욕망들이 모여 있는 장소이자 모노노케와 소통이 가능한 장소이기도 한 그곳은 예전에는 남자들이 환락을 추구하던 기방이었다. 창녀들은 임신을 하게 되면 대부분 태아를 죽여 방 벽 속에 서랍형 무덤을 만들어 은폐했다. 여관집 주인 할머니도 그런 창녀였을 것이다. 이는 한편으로 미즈코(水子)공양이라는 현대일본사회에 특유한 종교적 관습을 연상케 한다.

전통적으로 일본에서는 임산부나 출산 후 죽은 산모의 사령은 원령으로 간주되어 특별한 공양의식이 마련되었지만, 아이의 경우에는 그런 관념이 없었다. 그런데 현대일본에는 낙태아라든가 어릴 때 죽은 유아를 위한 공양이 성행하고 있다. 이를 미즈코공양이라 한다. 이처럼 새롭게 대두된 미즈코공양에 대한 평가는 매우 다양하다. 일반적으로 그것은 인간의 불행이 비정상적으로 죽은 미즈코에 의한 재앙이라고 보는 원령신앙의 관점에서 말해진다. 하지만 어떤 이는 중절, 유산, 사산 등이 함축하는 '죽임'과 그로 인한 '상처'를 치료하기 위한 메커니즘이 미즈코공양으로 나타난 것이라고 설명한다. 또 어떤 이는 이 공양이 근본적으로 불교적인 조망에서 생긴 현대적인 불교의례라고 주장한다. 이와는 반대로 미즈코공양은 살생을 금지하는 불교의 제일 계율에 모순된다고 하는 지적도 있다. 다른 한편 미즈코공양은 여성의 죄의식을 부추기는 일련의 여성차별 혹은 여성멸시의 이데올로기가 낳은 '차별의례'라는 비판이 제기되는가

하면, 낙태에 대한 일반인들의 자연스러운 감정 표출이 아니라 일부 영능자들에 의한 미디어 선전의 산물이라고 보는 관점도 있다. 이와 함께 미즈코를 하나의 '새로운 신'으로 볼 수도 있겠다. 오늘날 많은 일본인들은 이 미즈코에게 가족의 건강과 행복과 번창을 기원한다. 동자귀신 자시키와라시는 이런 미즈코공양을 배경으로 만들어진 캐릭터이기도 하다.

끝으로 환상의 본질과 관련하여 〈모노노케〉에 등장하는 흥미로운 매개 장치에 주목하지 않을 수 없다. 가령 퇴마사가 늘 가지고 다니는 약상자에는 눈(目) 모양의 문양이 그려져 있다. 그가 사용하는 부적에도, 모노노케와의 거리를 재는 천칭들에도 눈이 있다. 이는 퇴마사 약장수가 상징계의 대타자로서의 역할까지 담지한다는 사실을 암시한다. 한편 생선 모양의 바다 요괴가 치는 악기에도 세 개의 눈이 있다.[우미보즈] 어쨌든 〈모노노케〉에는 수없이 많은 눈들이 끊임없이 나타난다. 그것들은 모노노케를 추적하거나 또는 사람들의 마음속을 들여다보는 눈으로, 실재계로 이어지는 상징계의 미세한 틈새를 상징한다. 이처럼 틈새를 엿보는 눈은 환상의 본질을 간파함으로써 순간적으로나마 주체로부터 환상을 거두어들이기 위한 기본 장치로 기능한다.

더 나아가 이 눈들은 단지 '바라보는' 눈의 시선(eyes)에만 그치지 않고 '보여지는' 응시(gaze)로서의 대상a와 결부되어 나타난다. 가령 [놋페라보]편의 여우가면을 쓴 남자는 오쵸에게 "이들(모노노케)은 줄곧 당신을 지켜보고 있었소. 사람들은 모두 잊어버리지. 얼마나 많은 모노와 만나고 얼마나 많은 모노에 둘러싸여 있는지를."이라고 말하는데, 여기서 '모노'란 모노노케의 모노 즉 날뛰는 신이자 동시에 '물'(物)로서의 대상a를

(無私)의 마코토(誠)라는 신도적 윤리를 하나의 사회적 불문율로 요구하는 일본사회에 더 많은 주이상스가 있음은 분명하다. 이런 의미에서 일본은 '주이상스 사회'에 가깝다고 볼 수 있다.

하지만 이와 동시에 7백여 년에 걸친 혹독한 사무라이 통치와 메이지유신 이후 위로부터의 엄격한 엘리트지배에 길들여진 일본에는 여전히 '금지 사회'의 속성이 많이 남아있다. 사실 금지 사회와 주이상스 사회는 동전의 양면과 같다. 금지가 없다면 욕망도 없으며, 그 역도 마찬가지이기 때문이다. 금지 사회가 유지되기 위해서는 가혹한 금지가 주체에게 초래하는 불만족을 상쇄하고 보완하기 위해 다른 한쪽으로 상상계에 의존하지 않으면 안 된다. 영화, 잡지, 만화, 애니메이션, 게임, AV(포르노) 등과 같은 상상계적 욕망의 이미지가 차고 넘치는 '이미지의 제국' 일본은 실로 욕망과 담합하는 이런 금지 사회의 측면을 매우 인상적인 방식으로 보여준다.

이와 동시에 역설적이게도 금지 사회는 실재계적 주이상스와 상상계적 주이상스 모두를 규제하고 관리하고자 한다. 이것은 금지 사회와 주이상스 사회의 결정적인 차이 중 하나이다. 주이상스 사회는 능동적으로 상상적 주이상스를 증진시킨다. 반면에 금지 사회는 상상적 주이상스를 제한한다. 그러나 이는 주이상스를 제거하기 위한 것이 아니다. 오히려 금지 사회에서 상징계의 기능은 주이상스를 균등하게 만들려는 데에 있다. 이와 관련하여 라깡은 "법의 본질은 명확하다. 즉 주이상스를 구분하고 분배하고 재분배하는 데에 있다."(Lacan: 1998, 3쪽)고 말한다. 때문에 주체는 기꺼이 상징적 질서가 요구하는 주이상스의 금지를 받아들이는 것이다. 하지만 상징계에서의 주이상스는 어디까지나 순간적인 것이다. 상징계 안에서 우리가 주이상스를 경험할 때, 우리는 그 순간에 주이상스를 상실해버리기 때문이다.

전통적인 가부장제적 아버지의 부재는 주이상스 사회의 출현을 말해주는 중요한 징후이다. 금지로부터 주이상스로의 전환을 이해하기 위해 우리는 부성적 권위의 위상에서 일어나는 변화를 인식해야만 한다. 주이상스 사회의 출현은 부성적 기능 및 상징적 권위의 쇠퇴와 상당부분 일치하기 때문이다. 그렇다면 현대일본사회의 경우는 어떠한가? 1980년대 일본은 필요에 의해서가 아니라 이미지에 의해 물건이 매매되는 본격적인 소비사회였다. 가령 자가용을 구입한 자는 "여기에 탄 내가 타인에게 어떻게 보일까?"라는 것이 차를 선택하는 기준이 된다. 그런데 이런 소비시대의 향수자는 주로 젊은 여성들이었고 성인 남성의 사회적 지위는 저하되어 있었으며 아버지의 권위도 붕괴되고 있었다. 1980년대 말에는 베를린 장벽이 무너지면서 동서냉전이 일단 막을 내렸고 사상적으로 '이데올로기의 종언'이 상투어가 되었다. 이에 따라 이념이나 법으로 집단을 구속하는 '아버지'의 권위는 막다른 골목으로 몰렸다. 예컨대 1995년에 방영되기 시작한 안노 히데아키(庵野秀明) 감독의 『신세기 에반게리온』 TV시리즈는 그 난해함에도 불구하고 이런 시대적 배경을 등에 업고 엄청난 사회적 신드롬 현상을 낳았다. 이념, 법, 보편적 가치 등 '아버지의 이름'으로 상징되는 것들이 유효성을 상실한 시대를 반영한 이 애니메이션에서 강한 척하지만 실은 여성에게 의존적인 겐도(주인공 신지의 아버지)는 아버지가 단말마를 맞이한 시대의 상징이었다.

현대일본사회가 금지 사회로부터 주이상스 사회로 이동하고 있음을 보여주는 징후는 초월성이 소거된 일본 특유의 이른바 무종교(無宗敎) 개념과도 밀접한 연관성을 가진다.[9] 금지 사회는 무엇보다 '주이상스와 거리를 유지하는 사회'이다. 그런데 초월의 관념을 가능케 하는 것이 바로 주이상스에 대한 명시적인 금지이다. 이때의 초월이란 저 멀리 혹은 표면 밑이나 뒤에 무언가 근본적으로 다른 것이 존재한다는 관념을 가리킨다. "실재는 초월적인 것"(Lacan: 2013, 79쪽)이라는 라캉의 말처럼 초월은 실재계에 속한 관념이다. 그러니까 초월성이 소거된 무종교의 자리는 애초부터 주이상스의 금지 바깥에 존재했던 것이다.

금지는 우리가 위반해서는 안 되는 어떤 장벽을 설정한다. 이와 동시에 금지는 그 과정에서 장벽 너머의 어떤 공간(그 공간이 설령 우리의 상상력 안에서만 존재한다 해도)을 설정한다. 그것은 초월적 공간이다. 인간은 금지 행위를 통해 초월적 공간의 조각가로 거듭나는 것이다. 그런데 우리는 이 초월적 공간을 오직 부재를 통해서만 알 수 있다. 초월은 실재계에 속한 것이기 때문이다. 다시 말해 초월적 공간은 우리가 거기에 접근할 수 없다는 부정적인 방식으로만 존재한다. 우리는 초월적 공간이라는 욕망의 대상에 직접 접근할 수 없다. 따라서 이때 욕망하는 주체와 욕망의 대상

---

9) 아마 도시마로(阿滿利麿)에 따르자면 이때 무종교란 '무신론'을 뜻하지 않는다. 그것은 특정 교단종교의 신자가 아니라는 것을 뜻하며, 실제로는 '팔백만신'(八百萬神: 야오요로즈노카미)으로 표상되는 신도적 자연종교의 측면이 강하다. 그러니까 무종교란 단순히 '종교가 없음'을 말하는 것이 아니라, 기존의 종교 개념으로 잘 포착되지 않는 종교를 포괄한다. 또한 그것은 기존의 '종교'에 대한 공포심에서 비롯된 자기방어의 한 표현으로 초월적 구제의 프로그램을 결핍하고 있으며, 일본인의 인생관 혹은 일본인의 심층적인 심성과도 밀접한 관계가 있다. (아마 도시마로: 2000)

사이에는 거리가 존재할 수밖에 없다.

그러나 주이상스 사회가 확산됨에 따라 명시적인 금지가 부재하게 되면서 이런 거리가 사라지기 시작한다. 주목할 것은 이와 더불어 모든 깊이도 사라지고 있다는 점이다. 초월과 거리와 깊이가 사라지면서 그 결과 가장 가치 있는 대상조차 다른 것과 똑같은 대상이 되어 버린다. 그 결과 선과 악 등과 같은 대립적인 관념들의 경계가 무의미해지는 가치의 상대화가 초래되고 그 대신 상징화의 과정이 상징적 질서 안의 간극에 가득 채워진다. 그럴 때 사람들은 원래 상징화될 수 없는 것 즉 실재계를 가리키던 이 간극 또는 결여, 구멍, 틈새, 공(空), 무(無), 여백이 부재하는 세계에 살게 되고, 그들은 모든 욕망의 대상이 접근 가능한 것이 되었다는 착각에 사로잡힌다. 그 욕망의 대상들이 표면에 존재하게 되어 쉽게 손에 넣을 수 있다는 환상이 사람들을 지배하는 것이다. 이리하여 주이상스 사회에는 더 이상 어떤 초월도 거리도 깊이도 특별히 의미 있는 것으로 존재하지 않게 된다.

거기서는 즐기라는 명령이 동시에 모든 거리를 넘어서라는 명령으로 받아들여진다. 주이상스 사회에 사는 사람들은 욕망과 그 대상 간의 간극을 참고 견디기보다는 그 간극을 참을 수 없는 존재의 무거움으로, 다시 말해 즐기라는 명령에 대한 위반이라고 느낀다. 따라서 주이상스 사회에서 거리는 점점 더 사라져버리게 된다. 그렇다면 일본의 경우는 어떠할까? 애당초 모노(もの)와 모노(物)의 '사이'(경계)가 희석화되고 초월이 배제되기 십상인 무종교 관념은 거리나 깊이와는 무관한 것이었다. 대신 거리와 깊이를 무화시키는 '하나'에 대한 강박적인 모노노아와레(物の哀れ)

적 합일감정이 충만하게 흐르고 넘칠 따름이다. 가령 〈별의 목소리〉와 〈초속 5센티미터〉에서 최근의 〈너의 이름은〉에 이르기까지 신카이 마코토(新海誠)의 애니메이션 세계가 묘사하고 있는 것이 이런 모노노아와레의 세계이다. 이에 비해 원령신앙을 밑그림으로 하는 〈모노노케〉는 모노(요괴)와 모노(인간 및 사물) 사이의 거리에 왜곡된 환상으로서의 대상a(물)가 소환됨으로써 초월적 공간을 무화시키는 듯이 보인다.

금지 사회의 중요한 특징인 이미지에 의한 지배는 주이상스 사회에도 필수적이다. 하지만 양자는 상이한 맥락에 놓여있다. 초월성을 전제로 하는 금지 사회와 달리 주이상스 사회에서 이미지의 과잉 노출은 초월성의 부재를 보여줄 뿐이다. 우리가 이미지로부터 도출하는 주이상스는 오직 상상적인 것이라 해도, 이미지는 주체로 하여금 그가 즐기라는 명령을 따르도록 상상하는 것을 허용한다. 이런 의미에서 이미지에 대한 강조는 주이상스 사회에 현저한 특징이라 할 수 있다. 왜냐하면 그것은 전체적인 주이상스에 대한 환상뿐만 아니라, 사회구조에 위협적인 주이상스와는 무관한 자유를 제공하기 때문이다. 언어와 그 안에 내포된 주이상스의 부재가 금지 사회에 핵심적이듯이, 이미지와 그 안에 내포된 주이상스의 환상은 주이상스 사회에 핵심적이다. 바르트(Roland Barthes)에 의하면 "이미지는 더 이상 언어를 예시하지 않는다. 언어가 구조적으로 이미지에 기생하는 것이다."(Barthes: 1983, 204쪽) '언어로부터 이미지로'의 전환은 정신분석적 관점에서 볼 때 상징계에 대한 강조로부터 상상계에 대한 강조로의 변화에 상응한다. "일본의 역사는 인간과 요괴가 함께 빚어온 것"이라는 이른바 '요괴사관'에 입각한 '요괴입국'(田中聰: 2002, 7쪽)으로서의 일본에서 현재 진행 중인 요괴붐은 이처럼 금지 사회에서 주이상스 사회로, 언어로부터 이미지로, 상징계에서 상상계로의 전환과 변화를 가늠케 해 주는 하나의 바로미터일지도 모른다.

참고문헌

고마쓰 가즈히코, 2005, 「요괴를 즐기는 일본인, 요괴를 탐구하는 일본문화」, 『일본의 요괴문화: 그 생성원리와 문화산업적 기능』, 한누리미디어.

고마쓰 가즈히코, 박전열 역주, 2009, 『일본의 요괴학 연구』, 민속원.

구정호, 2005, 「고대 일본문학 속의 요괴」, 『일본의 요괴문화: 그 생성원리와 문화산업적 기능』, 한누리미디어.

김경순, 2009, 『라캉의 질서론과 실재의 텍스트적 재현』, 한국학술정보(주).

김용의, 2014, 「일본 요괴의 고향 이와테현 도노시 기행」, 『현대일본의 요괴문화론』, 제이앤씨.

金學鉉編, 1991, 『能: 노오의 고전 風姿花傳』, 열화당.

권익호, 2005, 「일상언어 가운데 약동하는 요괴 이미지」, 『일본의 요괴문화: 그 생성원리와 문화산업적 기능』, 한누리미디어.

권택영, 2001, 『감각의 제국: 라캉으로 영화읽기』, 민음사.

라캉ㆍ자크, 맹정현 외 옮김, 2008, 『세미나11 : 정신분석의 네 가지 근본개념』, 새물결.

마이어스ㆍ토니, 박정수 옮김, 2005, 『누가 슬라보예 지젝을 미워하는가』, 엘피.

무라사키 시키부, 전용신 옮김, 1999, 『겐지이야기』1, 나남출판.

박시성, 2007, 『정신분석의 은밀한 시선: 라깡의 카우치에서 영화 읽기』, 효형출판.

박전열ㆍ임찬수 외, 2014, 『현대일본의 요괴문화론』, 제이앤씨.

벨지ㆍ캐더린, 김전유경 옮김, 2008, 『문화와 실재 : 라캉으로 문화 읽기』, 경성대학교출판부.

백상현, 2017, 『라깡의 인간학 : 『세미나7』강해』, 위고.

변정은, 2010, 「일본 TV애니메이션의 그로테스크 캐릭터 표현을 통한 라캉의 정신분석 의미 연구」, 홍익대학교 영상대학원 석사논문.

아마 도시마로, 정형 옮김, 2000, 『일본인은 왜 종교가 없다고 말하는가』, 예문서원.

아사다 아키라, 이정우 옮김, 1995,『구조주의와 포스트구조주의』, 새길.

이재성, 2005, 「일본 대중문화에 나타난 요괴 이미지」, 『일본의 요괴문화: 그 생성원리와 문화산업적 기능』, 한누리미디어.

최경국, 2005, 「기발한 발상, 다양한 캐릭터, 에도의 요괴」, 『일본의 요괴문화: 그 생성원리와 문화산업적 기능』, 한누리미디어.

핑크 · 브루스, 이성민 옮김, 2010,『라캉의 주체 : 언어와 향유 사이에서』, 도서출판b.

호머 · 숀, 2006,『라캉 읽기』, 김서영 옮김, 은행나무.

池田龜鑑他校注, 1958,『枕草子·紫式部日記』(日本古典文學大系), 岩波書店.

大野晉, 2006,『語學と文學の間』, 岩波現代文庫.

大森亮尚, 2007,『日本の怨靈』, 平凡社.

小松和彦監修, 2015,『妖怪』, 角川ソフィア文庫.

齋藤英喜, 2010,『古事記: 成長する神』, ビイング·ネット·プレス.

齋藤英喜, 2011,『古事記神話を讀む』, 靑土社.

田中聰, 2002,『妖怪と怨靈の日本史』, 集英社新書.

谷川健一, 1984,『魔の系譜』, 講談社學術文庫.

東アジア怪異學會編, 2003,『怪異學の技法』, 臨川書店.

吉田敦彦, 2012,『日本神話の深層心理』, 大和書房.

和辻哲郎, 1992,『日本精神史研究』, 岩波文庫.

Barthes, Roland, 1983, *A Barthes Reader*, ed. Susan Sontag, Noonday Press.

Evans, Dylan, 1996, *An Introductory Dictionary of Lacanian Psychoanalysis*, London and New York : Routledge.

Homer, Sean, 2005, *Jacques Lacan*, London And New York : Routledge.

Lacan, Jacques, 1988, *The Ego in Freud's Theory and in the Technique of Psychoanalysis, 1954-55(Seminar II)*, trans. Sylvana Tomaselli, New York : Norton.

Lacan, Jacques, 1992, *The Ethics of Psychoanalysis(Seminar VII)*, ed. by Jacques-Alain Miller, trans. by Dennis Porter, New York and London :

        Norton.

Lacan, Jacques, 1998, *On Feminine Sexuality : The Limits of Love and Knowledge(Seminar X X, Encore)*, ed. by Jacques-Alain Miller, trans. by Bruce Fink, New York and London : Norton.

Lacan, Jacques, 2002, *Écrits*, trans. by Bruce Fink, New York and London : Norton.

Lacan, Jacques, 2007, *The Other Side of Psychoanalysis(Seminar X VII)*, trans. by Russell Grigg, New York and London : Norton.

Lacan, Jacques, 2013, *The Triumph of Religion*, trans. by Bruce Fink, Polity Press.

MacGowan, Todd, 2004, *The End of Dissatisfaction? : Jacques Lacan and the Emerging Society of Enjoyment*, New York : State University of New York Press.

Žižek, Slavoj, 1989, *The Sublime Object of Ideology*, London : Verso.

에도 문화 속 '요괴'

기바 다카토시(국제일본문화연구센터)

들어가며

본 논문은 '요괴'를 에도(江戶) 시대 문화의 반영이라는 시점에서 고찰하고자 한다. 요괴를 통해 에도 시대의 문화에 새롭게 접근하려는 시도이다.

이러한 시점에 착안한 이유는 문화는 그 시대 사회의 양상에 의해 많은 부분이 규정되는 것이라 생각하기 때문이다. 그렇다면 요괴 또한 사회와 연동된 문화적 표현이라고 할 수 있을 것이다. 에도 시대의 문화와 요괴를 연결시키면 어떤 모습이 드러나게 되는지 살펴보도록 하자.

여기에서는 '우부메'(ウブメ)라는 요괴를 사례로 고찰해 보고자 한다. '우부메'는 복수의 한자표기가 존재한다는 점에서 상징되듯이 여러 얼굴을 가지고 있다. 먼저 '産女'(孕女·産婦)라고 표기하는 경우이다. 이때는 난산으로 죽은 여성이 변한 모습, 혹은 밤중에 갓난아기를 안은 여성의 모습으로 나타나서 지나가는 사람에게 자신의 아이를 안아 줄 것을 강요한다. '우부메'에 관한 가장 오랜 된 사례인 『금석이야기집』[1] 권 제27 「요

---

1) 『금석이야기집』(今昔物語集)-일본 헤이안(平安) 시대가 끝날 무렵에 만들어 진 작자미상

리미쓰(賴光)의 종자(郎等)인 다이라노 스에타케(平季武)가 우부메와 만난 이야기」가 대표적인 예다. 또한 무로마치(室町) 시대의 '오토기조시'[2] 『무라마쓰노모노가타리』(むらまつの物がたり)에서는 밤에 들려오는 아기 울음소리의 괴이함을 '우부메'의 소리로 여기기도 했다. 이러한 것도 '우부메'의 연장선상에 있다고 할 수 있을 것이다.

한편, '고획조'(姑獲鳥)라고 쓰는 경우도 있다. 이것은 에도 시대 중국의 괴조인 '고획조'가 '우부메'와 동일시된 것에서 한자의 뜻을 빌려 표기한 것이다. '고획조'는 이시진(李時珍)의 『본초강목』(本草綱目) 등의 본초서(本草書)에 실려 있는 출산과정에서 사망한 여성이 변한 독조(毒鳥)로 '야행유녀'(夜行遊女)·'천제소녀'(天帝少女)·'유모조'(乳母鳥)·'귀조'(鬼鳥) 등과 같은 다양한 이름으로 불리기도 한다. 수컷만이 있으며 깃털을 덮어쓰면 새가 되고 벗으면 여자가 된다고 한다. 밤에 날아다니며 인간의 아이를 납치해 자신의 아이로 키우거나 아이의 옷에 피를 묻혀 '무고간'(無辜癇)이라는 간질병에 걸리게도 한다.

이처럼 '우부메'는 역사의 흐름 속에서 모습이 변이되는 요괴인 것이다. 이 '우부메'가 에도 문화 속에서 어떤 양상을 띠는지, '우부메'와 '고획조'의 동일시 과정도 포함해 복수의 시선에서 검토하고 싶다. 이 시각이라는 것은 구체적으로 ①출판물 ②학문 ③회화표현 ④민속을 의미한다.

의 설화집. 총 31권으로, 권1에서 권5까지 천축(天竺: 인도)편, 권6에서 권10까지 진단(震旦: 중국)편, 권11에서 31까지 본조(本朝: 일본)편으로 구성되어 있다. 1000여개의 설화가 실려 있으며 헤이안 시대 설화문학의 집대성이라고 할 만하다. (역자 주)

2) 오토기조시(御伽草子)-무로마치 시대에서 에도 초기에 걸쳐 만들어진 단편 모노가타리(物語)의 총칭이다. 공상적이고 교훈적인 동화풍의 작품이 많다. (역자 주)

이들은 개별적으로 독립된 것이 아니며, 상호간 관련되어 있다. 그러한 관련성에도 주의를 기울이면서 구체적으로 검토해 나가고자 한다.

I. 출판

에도 문화를 이야기할 때, 우선 언급하지 않으면 안 되는 것은 출판이다.[3] 정판인쇄기술의 발달에 의해 간에이기(寬永期: 1624-45) 이후 다양한 장르의 서적이 대량으로 생산되었다. 당시의 출판에 대해서 본 논문과 관련된 특징을 거론하자면, 다음의 세 가지가 있다.

첫 번째는 '고전'(古典)의 간행이다. 종래의 한정된 사람만이 읽을 수 있었던 『겐지이야기』(源氏物語), 『이세모노가타리』[4], 『마쿠라노소시』[5], 『쓰레즈레구사』[6] 등의 중고시대 문학이 출판되었다. 이 작품들은 베스트셀

---

3) 출판에 대해서는 横田冬彦, 2018, 『日本近世書物文化史の研究』, 岩波書店; 中野三敏, 2011, 『和本のすすめ』, 岩波書店; 倉地克直, 2006, 『江戸文化をよむ』, 吉川弘文館 등을 참조할 것.
4) 『이세모노가타리』(伊勢物語)-헤이안시대의 우타 모노가타리(歌物語: 노래를 중심으로 이야기를 풀어가는 모노가타리). 작자와 성립년도는 알려져 있지 않다. 125단으로 구성되어 있으며, 아리와라 나리히라(在原業平)로 여겨지는 남성의 생애와 연애담을 그리고 있다. (역자 주)
5) 『마쿠라노소시』(枕草子)-헤이안 중기의 수필집이다. 작자는 세쇼나곤으로 1000년경에 성립되었다. 작자가 이치조 천황(一条天皇)의 중궁(中宮) 데이시(定子)를 모시고 있던 시절의 체험을 담고 있다. 『겐지모노가타리』와 더불어 헤이안 여류문학의 쌍벽으로 불리는 작품이다. (역자 주)
6) 『쓰레즈레구사』(徒然草)-가마쿠라(鎌倉) 시대의 수필집. 작자는 요시다 겐코(吉田兼好)로 1330~1331년경에 성립된 것으로 보인다. 수필적 감상과 작가 자신이 보고 들은 풍문을 224단에 걸친 구성으로 풀어 낸 작품이다. 무상관(無常観)에 기초해 작자의 인생관과 세평(世評), 풍류관이 담겨 있으며, "마쿠라노소시"와 함께 수필문학의 대표작이다. (역자 주)

러가 되어 에도시대를 살아가는 사람들의 교양과 상식이 되었다. 이러한 과정을 거쳐 에도 시대에 접어들어 '고전'이 탄생한 것이다. 그러나 지금도 마찬가지지만 고전을 읽는 것은 어려운 일이다. 이러한 이유로 당시도 마찬가지로 고전 이해에 도움을 주는 입문서로서 많은 주석서가 만들어졌다. 『쓰레즈레구사』를 예로 들자면, 하타 소하(秦宗巴)의『쓰레즈레구사 주묘인쇼』(徒然草壽命院抄) · 하야시 라잔(林羅山)의『노즈치』(野槌) · 기타무라 기긴(北村季吟)의『쓰레즈레구사 분단쇼』(徒然草文段抄) · 아오키 소코(靑木宗胡)의『가나즈치』(鐵槌) 등이 작성 · 간행되었다. 이러한 서적들은 주석자의 사상을 반영한 것이지만, 고전에 대한 관심을 고양시키는 결과로 이어졌다. 이후 고전에 영향을 받은 문예도 많이 만들어지게 된다. 우키요조시(浮世草子)의 대표격인 이하라 사이카쿠(井原西鶴)의『호색일대남』(好色一代男: 1682년 간행) 역시도『겐지이야기』를 패러디해 만들어진 작품이다.

두 번째로는 '가나조시'[7]의 성립이다. 출판기술이 발달하기 시작한 당시에는 출판물의 대부분은 종교서적이나 학술서적 혹은 고전이었다. 이후 그러한 내용을 알기 쉽게 풀어 쓴 것 혹은 새로운 장르의 출판물이 다수 생겨났다. 한자와 일본문자를 병행해서 사용한 문장인 가나(假名)혼용문으로 쓰여 진 '가나조시'도 그 중 하나로 문자를 읽을 수 없는 사람들이 내용을 이해할 수 있도록 삽화가 많이 들어가 있었다. 삽화에는 많은 요

---

7) 가나조시(假名草子)-에도 시대 초기에 만들어진 소설류의 총칭이다. 아이들을 대상으로 해 평이한 가나문(假名文)으로 쓰여졌으며, 계몽과 오락을 중심 내용으로 한 작품들이 많다.(역자 주)

괴들이 그려져 있었기 때문에 가나조시는 요괴의 온상 중 하나가 되었다고 할 수 있을 것이다.

　세 번째는 다양한 장르의 출판물이 간행됨으로써 읽는 것만으로 정보와 기술을 습득할 수 있었다는 것이다. 그 예로 회화에서는 하야시 모리아쓰(林守篤)의 『가센』(畫筌: 1721년 간행)・오오카 슌보쿠(大岡春卜)의 『가코센란』(畵巧潛覽: 1740년 간행)・스즈키 린쇼(鈴木鄰松)의 『교가엔』(狂畵苑: 1776년 간행) 등의 그림교본(繪手本)이 수없이 많이 간행되어 가노파[8] 등과 같은 각 유파의 회화기법을 배울 수 있었다. 에도 요괴화의 대표작인 도리야마 세키엔(鳥山石燕)의 『화도 백귀야행』(畵圖百鬼夜行: 1776년 간행)도 가노파의 기법으로 그려진 요괴 두루마리그림(妖怪繪卷)을 판본으로 만들어 요괴 그림책으로 간행한 것이었다.

[그림 1] 『고테이 곤자쿠모노가타리』

　①~③은 '우부메'에도 크나큰 영향을 미쳤다. 각각에 대해서는 나중에 설명하겠지만, 상징적인 사례로써 이자와 나가히데(井澤長秀, 호는 반룡(蟠龍))의 『고테이 곤자쿠모노가타리』(考訂今昔物語: 1720년 간행) 권7 왜부(倭部), 권13 괴이전(怪異傳) 「다이라노 스에타케, 우부메와 만난 이야기」는 「요리미쓰의 종

---

8) 가노파(狩野派)-일본화의 유파 중 하나. 무로마치 중기에 발현하여, 무가정권의 비호 하에서, 일본화의 주류를 점하였다. 에도 시대, 쇼군 가문의 전속 화가로서 가업을 세습하였다. (역자 주)

자인 다이라노 스에타케가 우부메와 만난 이야기」를 원전으로 한 것이다
[그림 1]. 중요한 포인트는 '產女'에서 '姑獲鳥'로 '우부메'의 표기가 바뀐
점, 그리고 다이라노 스에타케에게 '우부메'가 아기를 안게 하는 장면의
삽화가 들어가 있는 점이다. 이는 에도 문화의 '우부메'의 존재양식을 정
확하게 나타내고 있다. 즉, '產女'에서 '姑獲鳥'로의 표기변경에는 학문의
영향이, 삽화에는 '우부메'의 회화표현의 진전이 반영된 것이다.

Ⅱ. 학문

본 절에서는 학문의 시점에서 '우부메'를 살펴보려고 한다. 에도 시대
의 '우부메'에 관련된 가장 큰 사건은 '우부메'와 '고획조'를 동일시 한 것
이다[9]. 그 동일시의 과정에는 학문의 성과가 크게 공헌하였다.

더 나아가 거기에는 학자라고 하는 지식의 매개자가 중국 학문인 본
초학(本草學)의 지식을 이해하기 쉽게 일본에 소개한 것에 근거하고 있다.

'우부메'와 '고획조'는 난산으로 죽은 여성 요괴라고 하는 점에서 출발
점은 동일하지만, '우부메'는 타인에게 자신의 아이를 안게 하고 '고획조'
는 아이를 납치한다는 정반대의 행동을 취한다. 그러면 양자를 누가 어떤
점에서 동일시한 것일까?

요괴의 역사를 더듬어 올라가 보면 '누가' 관여되어 있는지 구체적인

---

9) 고획조(姑獲鳥)는 이미 헤이안시대부터 일본의 문헌에 실려 있다. 深江輔仁(918)『本草和
名』, 丹波康長(984)『醫心方』와 같은 본초서(本草書)·의학서(醫學書)에 이미 실리지만, 이
단계에서는 아직 '우부메'라고 읽히지 않았다.

[그림 2] 『무카시바나시 우부메 아다우치』

인물로 귀결되는 경우는 거의 없다. 그러나 '우부메'에 관해서는 누가 관여되어 있는지 판명되어 있다. 그것은 에도 시대 초기의 유학자인 하야시 라잔 (1583-1657) 이다. 라잔은 유학자이면서 폭넓은 지식을 바탕으로 문학·본초학·신도(神道) 등, 다양한 학문영역에서 저술을 남겼다. 이러한 라잔은 『본초강목』에 실린 한자 이름에 일본식 명칭을 붙인 대조사전(對照辭典) 『신칸 다시키헨』(新刊多識編) 을 간행하였다(1631년). 「본초강목」 금부(禽部) 의 '고획조'에는 다음과 같은 일본식 이름이 붙여졌다.

고획조, 지금 생각해 보자면 '우부메도리' 또는 '누에'라고 한다. [10]

'지금 생각해 보자면'은 '지금 고획조에 해당하는 이름을 생각해 보면'이라는 의미다. 즉, 라잔은 이 때 '고획조'의 일본식 이름을 생각했던 것이다.

다만, 주의하지 않으면 안 되는 것은 '우부메도리'(うぶめどり)와 같은 열에 있는 일본이름 '누에'(ぬえ)다. '누에'(ぬえ-鵺) 에 대해서는 라잔의 『쓰레즈레구사』의 주석서 『노즈치』(1621년 성립) 에 언급이 보인다. 『쓰레즈레

---

10) 와세다대학도서관 소장, 인터넷 공개.

구사』210단은 고금전수[11]에 보이는 세 종류의 새 중 하나인 '요부코도리'(喚子鳥)가 '누에'(鵺)를 일컫는다는 내용의 단이다. 『노즈치』의 '누에'에 대한 주석을 살펴보면, 아래와 같은 설명이 있다.

> 요리마사가 활로 쏜 누에라고 하는 새를 살펴보았더니 그 모양새가 이상한 새였다. 『고메이쓰기』(皇明通紀)에 나오는 검푸른 요괴, 『본초강목』에 실려 있는 '고획조', '치조'(治鳥), '목객조'(木客鳥)와 같은 일종이 아닐까 한다.[12]

라잔은 '누에'라고 하는 이상한 새가 『본초강목』에 있는 '고획조' · '치조' · '목객조'류의 새라고 생각하고 있다. 현재 '누에'는 호랑지빠귀와 비슷한 새로 추정되고 있지만, '누에' · '고획조' · '치조' · '목객조'의 공통점은 모두 '밤에 우는 새'라는 점이다.

또한 라잔은 수필 『바이손사이히쓰』(梅村載筆)에서 "한 밤중에 갓난아이가 우는 소리와 같은 기괴한 것을 우부메라고 부르지만, 그것을 은밀히 알아보니 왜가리(靑鷺)라고 어떤 사람이 말하였다"[13]라고, 한밤중에 기괴하게 들리는 갓난아이의 울음소리를 '우부메'라고 이해하고 있다(『무라마쓰노모노가타리』에서도 마찬가지 기사가 보인다). 즉, '우부메'와 '고획조'와 '누에'를 '밤에 운다'라는 공통점을 기반으로, 라잔은 같은 종류의 새로 규정하

---

11) 고금전수(古今傳授)-일본 최초의 칙찬와카집(勅撰和歌集)인 『고킨와카슈』(古今和歌集)의 난해한 와카나 어구에 대한 해설을 스승으로부터 제자에게 비전(秘傳)하는 것. (역자 주)
12) 일본국립공문서관 소장, 인터넷 공개.
13) 『日本随筆大成』第1期第1巻(吉川弘文館, 1975).

고 있는 것이다.

『신칸 다시키헨』의 지식은 당시 라잔의 지적 권위와 연동하여 사회에 폭넓게 수용되어 갔다. 방금 전에 언급한 『고테이 곤자쿠모노가타리』나 도리야마 세키엔의 『화도 백귀야행』의 '고획조'가 그 대표적 예지만, 그 밖에도 사례를 확인할 수 있다. 불교설화 괴담집 『기이조탄슈』(奇異雜談集: 1684년 간행, 판본의 간행 전에 필사본으로도 만들어졌다(1640년대)) 권4「고획 이야기」에서는 도읍의 서쪽 언덕에서 마을 사람이 만난 '우부메'의 사례를 소개하고 있다. "당나라의 '고획'이라는 것은 일본의 '우부메'다. '고획'은 새다"[14]라고 언급한 후 『본초강목』의 '고획조'에 대한 해설을 붙였다.

또한 하이카이[15]에서도 '우부메' = '고획조'설이 퍼져 있었다. 마쓰오 바쇼(松尾芭蕉)의 제자인 기카쿠(其角)가 쓴 『시골의 구아와세』(田舍の句合: 1678 서문)에서는 "사람들 흔히 우부메라고 하네 요부코도리'라는 구가 있다.[16] 이에 대해서 바쇼는 "우부메는 이시진의 설(『본초강목』)에 의하면 고획조라고 적혀있다. 새라는 글자로 인해 요부코도리를 떠올린 것인가"라고 '우부메'와 '고획조', 더 나아가 '요부코도리'로 생각을 이어 나가고 있다. 시대가 내려와 분카(文化)3년(1806년)에는 난센쇼 소마히토(南杣笑楚滿人)의 글과 우타가와 도요히로(歌川豊廣) 그림이 어우러진 『무카시바나시

---

14) 『假名草子集成』21(東京堂出版, 1998).

15) 하이카이(俳諧)-하이카이렌가(俳諧連歌)의 약칭. 세련미와 기지, 또는 속어를 사용한 해학미 넘치는 렌가(와카(和歌)의 상구(上句, 5·7·5음)와 하구(下句, 7·7음)를 나눠 각각 서로 다른 사람이 번갈아 읊는 운문문학의 한 형식)의 한 장르.(역자 주)

16) "俗にいう うぶめ成べし よぶこ鳥"라는 원문은 『校本芭蕉全集』7(富士見書房, 1989)에서 인용.

우부메노 아다우치』(昔語姑獲鳥仇討)라고 하는 기뵤시[17]가 간행된다[18] [그림2]. 19세기 이르러 '고획조'가 마침내 모노가타리의 주역으로 발돋움하게 된 것이다. 이렇게 '우부메'를 통해서 학문적 지식이 일반상식화 되어 퍼져 나가는 흐름이 나타나게 된다.

다만 '고획조'는 어디까지나 새의 일종이었다. 나카무라 데키사이(中村惕齋)의 『도쇼조호 킨모즈이』(頭書增補訓蒙圖彙: 1695년 간행) 권13 금조(禽鳥)나 데라지마 료안(寺島良安)의 『와칸산사이즈에』(和漢三才圖會: 1712년 자서(自序)) 권44 산금류(山禽類) 등의 사전류 서적에서는 예외 없이 새로 소개되어 있다. 또한 니시카와 조켄(西川如見)이 쓴 괴이논단서(怪異論斷書)인 『와칸헨쇼 카이이벤단 · 덴몬세이요』(和漢變象怪異弁斷 · 天文精要: 1715년 간행) 권7 '들불 및 도깨비불 · 신불' 항목에는 "우부메라고 호칭되는 것이 있다. 이 또한 불이 있고 곡성을 낸다고 한다. 어떤 책에서는 우부메라고 하는 새라고도 한다. 밤에 출몰하며, 그 입에서는 불빛이 나온다. 일본 동쪽 지방에 있다고 전한다. 이 새를 본 사람을 아직 만난 적이 없기에, 차후에 다시 논해야 한다"라고 쓰여 있다.[19]

새 '고획조'는 여성이 변신한 새 즉, '바케모노(化物: 자기 본래의 모습을 바꾼 요괴)'라고도 이해할 수 있다. 그런 점에서 일본의 바케모노(요괴)인 '우부메'와 동일시되어 '고획조'로 인식되어 갔다.

---

17) 기뵤시(黃表紙)-책의 표지가 황색이었던 것에서 유래한 명칭. 에도 후기의 구사조시(草双紙:에도중기 이후 유행한 그림이 들어간 소설책의 총칭)중 하나. 세련미와 풍자를 특징으로 하며, 그림을 중심으로 나머지 여백에 문장을 적은 어른대상의 그림 모노가타리(繪物語)다. (역자 주)
18) 일본국회도서관 소장, 인터넷 공개.
19) 西川忠亮 編集, 1899, 『西川如見遺書』5(와세다대학도서관 소장, 인터넷 공개).

본초학 이외의 학문에서도 '우부메' = '고획조'설을 확인할 수 있다. 후 쿠오카번(福岡藩)의 번주(藩主)였던 구로다 나리키요(黑田齊淸: 1795~1851)는 난학[20]에 관심을 가진, 이른바 '난벽다이묘(蘭癖大名: 난학에 빠진 영주)'로 본초학 학자인 오노 란잔(小野蘭山: 뒤에서 언급)의 강의록『혼조코모쿠케이모』(本草綱目啓蒙)를 독자적으로 증보해서 쓴『혼조게이모호이』(本草啓蒙補遺)를 저술하였다. 그 중에서 '고획조'에 대해서 다음과 같이 기술하고 있다.

> 라쿠젠(나리키요)이 말하기를, 일본이름 '우부메도리'라는 것은 부엉이(鵄)의 암컷이 우는 소리를 일컫는 것이다. '구와시야'라는 새가 있다. 이와는 별개인 요괴 '구와시야(火車)'라고 하는 것은 죽은 사람을 잡아먹는다. 새 '구와시야'는 이 '구와시야'와는 다르다. 일종의 새로써 네덜란드 이름 '하루페이카'라고 한다. 항주(羽州)에는 '구와시야' 계곡이라고 하는 곳이 있다. 사람들이 두려워 해 가까이 가지 못 하는데, 이 새가 여기에 있기 때문에 '구와시야' 계곡이라는 이름이 되었다. 지쿠젠[21] 구라테군(鞍手郡) 이누나키(犬鳴) 마을과 시마군(志摩郡) 요시다(吉田) 마을에 예전에 나타났었다. 머리는 아름다운 부인과 같고 머리털이 심히 길며 나뭇가지에 거꾸로 매달려 있으며 몸은 심히 작다.[22]

여기에서 지쿠젠의 '구와시야'(죽은 사람을 잡아먹는 요괴 '구와시야(火車)'와는 다르다)와 함께 서양의 인면조인 harpyia(라틴어 하피 · 하루퓨이아)와 동

---

20) 난학(蘭學)-에도 중기이후, 네덜란드어로 서양의 학술, 문화를 연구한 학문.(역자 주).
21) 지쿠젠(筑前)-지금의 후쿠오카현(福岡縣) 중부지방.(역자 주)
22) 일본국회도서관 소장, 인터넷 공개.

일시되고 있다.

국학(國學)에서는 분고국(豊後國)의 하야미군(速見郡) 기쓰키(杵築-현재 오이타현 기쓰키시: 大分縣杵築市)의 국학자 모즈메 다카요(物集高世)가 『신시론』(神使論)에서 "이 세계에 있는 것들은 대부분은 모두 현명물[23]이다. …(중략)… 그 중에서 날짐승들 중에는 유명물[24]도 있다. 그것은 여우·너구리·고양이·고획조·호(封)[25] 등의 요상한 술법을 부리는 종류의 것들은 모두 유명물이다"[26]라고 기술하고 있다. 모토오리 노리나가(本居宣長)와 히라타 아쓰타네(平田篤胤)의 국학을 배웠던 모즈메 다카요다운 해석이다.

이처럼 다양한 학문·사상에서 '우부메'—특히, '고획조'로서의 '우부메'가 거론되고 있다. 그 근저에는 하야시 라잔의 지식이 깔려 있고 그것이 에도 시대에 널리 전개되고 수용되어 간 것이다.

Ⅲ. 회화

전 절에서는 학문상에서의 '우부메'의 지식이 사회에 퍼져 나가는 것을 확인했다. 본 절에서는 '우부메'의 정보를 알기 쉽게 사람들에게 전파하는 방법이 되었던 회화표현에 주목하고자 한다.

요괴 그림을 보면 도깨비에게는 뿔이, 덴구[27]에게는 긴 코와 부리, 그

---

23) 현명물(顯明物)-밝게 보이는 것. (역자 주)
24) 유명물(幽冥物)-희미하게 어두움을 품은 것. (역자 주)
25) 호(封)-누에(蠶). (역자 주)
26) 奧田惠瑞·秀, 2009, 「資料翻刻　物集高世著『神使論』」, 『國學院大學日本文化研究所紀要』99.
27) 덴구(天狗)-깊은 산속에 사는 요괴. 산악수도자(やまぶし)의 모습을 하고 있으며, 얼굴

[그림 3] 도미오 지센『도노이구사』   [그림 4]『센미쓰바나시』   [그림 5] 야마오카 겐린·야마오카 겐조『고콘 햐쿠모노가타리 효반』

리고 갓파[28]에게는 접시와 등껍질과 같은 특정 요괴를 표현하기 위한 기호(도상 코드)가 존재한다. 설사 이름이 없더라도 도상(圖像) 코드에 의해 기호를 이해할 수 있다면(문자를 읽을 수 없더라도) 그것이 어떤 요괴인지 알 수 있다. 그리고 '우부메' 역시도 많은 도상 코드가 존재한다. 그것들은 삽화 상에서 발전해 나갔다.

'우부메' 도상의 기본형은 위아래 흰 소복에 마치 도롱이를 걸친 듯이 허리 아래로 선들이 그려져 있는 여성이다[그림 3]. 위아래 흰 옷은 죽은 사람이 입는 수의 즉 죽음을, 허리 아래 도롱이처럼 보이는 선들은 출산 시의 출혈을 표현하고 있다. 현재 확인할 수 있는 가장 오래된 '우부메' 도

───────

이 붉고 코가 크며 등에는 날개가 있고 손에는 부채와 검, 지팡이를 들고 있다. 신통력이 있어서 자유롭게 하늘을 날아다녔다고 한다. (역자 주)

28) 갓파(河童)-물과 육지 모두에 서식하는 상상 속 동물. 신장은 1미터 내외로, 입이 튀어나와 있고, 머리 위에는 접시라고 불리는 함몰부위가 있어서 여기에 물을 담고 있다. 사람이나 동물을 물속으로 끌어들여 피를 빨고, 항문으로부터 장을 빼내 죽였다고 한다. (역자 주)

상인 『센미쓰바나시』(せんみつばなし)에서는 점이 박혀 있는 의복(교카타비라[29]로 역시 죽은 이가 입는 것)과 치마 형태로 하반신이 칠해져 있다[그림 4]. 이것이 간략화 되어 흰 소복과 선으로 정착된 것이리라 생각된다.

　'우부메'의 도상은 이 기본형에 다양한 정보가 추가되어 전개되어 갔

[그림 6] 『호색일대녀』

다. [그림 3]이나 [그림 5]에서는 얼굴에 손을 대고 지팡이를 짚고 있다. 이것은 『지장보살발심인연십왕경』(地藏菩薩發心因緣十王經)을 그림화한, 이른바 〈십왕도〉(十王圖)에서 보이는 중유(中有: 중음(中陰), 49일) 즉, 죽은 이의 영혼이 어둠 속(이승과 저승의 사이)을 헤매는 장면에 의거한 것이다. 또한 이하라 사이카쿠의 『호색일대녀』(好色一代女: 1686

년 간행)에서는 주인공인 이치다이온나가 '우부메'의 모습을 한 채로 낙태당한 갓난아이의 망령을 환시하고 있다[그림 6].

　연잎을 우산처럼 머리에 쓰고 있는 것은 종교화인 〈구마노관심십십계만다라〉(熊野觀心十界曼茶羅)의 모습을 모델로 한 것이다. 단 연잎에는 여러 의미가 담겨 있다. 그것은 에나(胞衣: 태아를 감싸고 있던 막 내지는 태반, 제대 등의 총칭)와 연잎 여자[30]이다. 이 장면은 연잎 여자가 되었던 경험이 있던

---

29) 교카타비라(經帷子)-승려의 모습을 본 따, 흰 면에 경문(經文)을 적어 놓은 수의다. 죽은 후 행여 지옥에 떨어지더라도 다라니(陀羅尼)의 힘으로 극락정토에서 태어날 수 있다고 믿었던 밀교에서 유래한 풍습이다. (역자 주)
30) 연잎 여자(蓮葉女)-일본어로 '하슷파온나'라고 읽으며 도매상이나 숙박업소에 소속되어

[그림 7] 에무라 조하쿠『세와요분쇼』 [그림 8] 에무라 쇼켄『오토기닌 교』 [그림 9] 산토 교덴『바케모노 쓰레즈레구사』

이치다이온나의 마음 속 풍경으로 그녀 자신 또한 '우부메'의 구성요소 중 하나가 되고 있다.

또 날개나 다리 등, 새의 신체부위가 달려있는 '우부메'도 보인다[그림 7] · [그림 8]. 이것은 '고획조'의 표현이다. 도상에서는 '우부메'가 주체고 어디까지나 '고획조'는 종속적이었음을 알 수 있다. 오른쪽의 갓난아기를 안은 '우부메'도 있지만[그림], 이것은 사람이 '우부메'의 갓난아기를 안게 되면 무거워진다는 설을 표현한 것이다.

18세기 이후, '우부메'에 어울리는 배경이 등장한다. 그것은 나가레칸조(流れ灌頂)다[그림 10] · [그림 11]. 나가레칸조라는 것은 강가에 장막을 세우고 범자(梵字)가 쓰여진 천 옆에

[그림 10] 도리야마 세키엔의『화도 백귀야행』

있던 매춘부를 지칭한다. (역자 주)

[그림 11] 덴메이로진 『교카 하쿠모 노가타리』

국자를 달아 놓음으로써 지나가는 사람들로 하여금 물을 뿌리게 하는 풍습으로, 18세기이후에는 출산 중에 죽은 여성을 위한 공양법으로 정착되었다. 4대 쓰루야 난보쿠(四代鶴屋南北)의 〈도카이도요쓰야카이단〉(東海道四谷怪談: 1825년, 초연)「뱀산의 암실 장면」(蛇山庵室の場)의 초연에서도 오이와(お岩)는 나가레칸조에서 '우부메'의 모습으로 등장한다. 그만큼 '우부메'와 나가레칸조가 한 쌍으로 당시의 사람들에게 인식되었던 것을 나타내고 있는 것이다.

여기까지 다양한 '우부메'의 도상을 살펴봤다. 중요한 것은 기본형이 세상에 받아들여졌다는 것이 전제되었을 때 비로소, 거기에 다양한 요소가 부가되더라도 이를 본 사람은 그것이 '우부메'라고 이해할 수 있었다는 것이다.

Ⅳ. 민속

마지막으로 민속 속의 '우부메'와 지금까지 살펴봤던 서적들에 실린 '우부메'가 어떻게 관련되어 있는지 생각해 보고자 한다. 당시의 민간전승에서 '우부메'에 관한 자료는 거의 남아 있지 않다. 하지만 그렇다고 하더라도, 단편적으로 남아있는 '우부메'의 전승에서 여러 가지 생각해 볼만

한 논점들을 발견할 수 있다.

우선 가와치국 이시카와군 다이가쓰카 마을(河內國 石川郡 大ヶ塚村), 현재 오사카부 가와치군 가와치정(大阪府南河內郡河南町)의 상층농민이자 상인이었던 가와치야 가세이(河內屋可正)로 불리는 인물이 남긴 기록인 『가와치야 가쇼큐키』(河內屋可正旧記)를 살펴보자. 그 속의 실려 있는 「소준모노가타리의 이야기」(宗順物語之事)에는 다음과 같은 기술이 있다.

> 난산으로 죽은 자는 성불하는 것이 불가하다. '우부메'라는 것이 되어서 구슬픈 소리를 내며 울며 소리치며 밤마다 나타난다는 이가 있다. 그 외 여러 가지 요상한 것들을 믿고 빠질 때가 있다. 실로 사람이 죽어 중유에 들어가 아직 미래의 생이 정해지지 않았을 때는, 죽은 영혼이 이승으로 돌아온다는 설이 불서에도 없지는 않다. 하지만 그 대부분은 자신의 마음으로부터 …(중략)… 몰두해 눈이 가려진 것을 그 사람의 망령이 실로 돌아왔다고 그럴 듯하게 말하는 것이다. 구슬픈 소리로 울며 소리치는 것을 들은 것은 개나 여우같은 것의 소리이다. 마음을 다잡고 신심을 견고히 한 사람 앞에서는 요상한 것은 나타날 수 없다. 어리석은 이의 이야기는 쓸모없는 것이다[31].

난산으로 죽은 사람이 성불하지 못 한 채로 '우부메'가 되어 구슬픈 소리를 내며 밤마다 찾아온다는 것은 모두에서 설명했던 '우부메'와 일치하고 있다. 다만 가세이는 괴이·요괴에 대해서 부정적으로, 그 외에도 '괴물은 다름 아닌 자신의 마음 속 광란에 의해서 죽은 자의 모습이 눈을 가려

---

31) 『清文堂史料叢書一 河内屋可正旧記』(清文堂, 1955).

이 상한 모습을 한 것들이 나타나는 것이라고 한다.'(「세이베 늙은 여우에게 미혹당하는 이야기」(清兵衛老狐に魅せらる事))라고도 하고 있다. 다시 말해, 유심론적인 입장에서 요괴를 논단하고 있는 것이다.

그러나 이러한 가세이의 유심론적인 주장은 그만의 독창적인 것은 아니다. 병학자(兵學者)인 안도 소운켄(安藤掃雲軒)의 『난보쿠부쿄』(南木武經: 1681년 서발) 「제마가 굴복한 이야기」(諸魔降伏之事)의 내용을 「세이베 늙은 여우에게 미혹당하는 이야기」에서 그대로 인용하고 있다[32]. '우부메'의 논단은 그 응용편으로 거론된 것이다. 가세이는 그 외에도 「요유인흥」(妖由人興, 妖は人に由りて興る: 요는 사람으로 인해 생겨난다)이 실린 진북계(陳北溪)의 주자학 해설서인 『성리자의』(性理字義)나 「괴이한 일을 보더라도 괴이하게 여겨지지 않을 때, 괴이함은 오히려 없어진다」(206단) 등이 실린 『쓰레즈레구사』를 읽고 괴이·요괴를 유심론적으로 해석한 견해들을 접하고 있었다. 앞에서의 가세이의 주장은 그 발로인 것이다.

가세이는 서적을 통해 자신의 지역에 뿌리내린 민속에 대항하여 극복하려고 시도했다. 이는 상층농민인 그가 문화적인 헤게모니를 획득하려고 한 일면을 보여주고 있다. 가세이의 경우는 민속 지식(民俗知)과 서적 지식(書物知)이 길항하고 있는 예지만, 반드시 양자 간에 길항관계만 있었다고 할 수는 없다.

미마사카국(美作國: 현재 오카야마현 북부(岡山縣北部))의 지리지인 『산요도 미마사카기』(山陽道美作記) 권8의 「우부메 이야기」(産女の事)에서는 다음과

---

32) 若尾政希, 2012, 『『太平記讀み』の時代 近世政治思想史の構想』, 平凡社.

같은 기술이 있다.

　　1. 지난 해 야스오카 마음에 '우부메'가 나타났다고 한다. 하지만 누
　　군가 봤다고 하는 사람도 없다. 우는 소리가 갓난아기와 같고 초야
　　시간대[33]에 나타난다고 한다. 임산부가 죽어서 부처님을 만날 수 없
　　게 된 것이 '우부메'가 된다고 한다. 당나라에서는 이를 '고획'이라고
　　한다. '고획'은 새다. 『본초강목』의 조부(鳥部)에 나온다. 또 다른 글
　　에서 이르기를 일명 유모조(乳母鳥), 또는 그 중 기록에는 일명 은비
　　(隱飛), 또는 야행(夜行)이라고도 한다[34].

　이것은 지역의 정보를 편집자가 서적의 지식(『본초강목』에 실린 '고획조')
에 의거해 보충한 것이다.
　또한 18세기 후기 이후에 활약했던 본초학자 오노 란잔(小野蘭山: 1729
~1810년)의 강의용 노트인 『본초강목초고』(本草綱目草稿)에서는 '고획조'에
대해서 다음과 같이 해설하고 있다.

　　'고획조' '우부메' 비젠 지쿠젠 지방에서도 모두 조그맣다고 한다. 심
　　야에 이 소리가 들려 다가가면 물로 뛰어드는 소리가 난다. 수달(獺)
　　과 비슷한 종류라고 하거나, 지쿠젠 지방에서는 아즈키토기(アズキ
　　トギ)[35]라고 부르는 사람도 있다. 비젠(備前)과 아와(阿波)지방에서
　　는 아즈키아라이(アヅキアラヒ)라고 부르는 사람도 있다. 밤에 우는

---

33) 초야 시간대-지금의 오후 8시경. (역자 주)
34) 木下浩, 2005, 「資料紹介『山陽道美作記卷之八』について」, 『岡山縣立博物館研究報告』25.
35) 아즈키토기(アズキトギ)-팥을 물에 씻는 소리를 내는 요괴. 사람이 강가에 다가가면 "팥
　　을 씻을까요?, 아니면 사람을 잡아 먹을까요?"라고 물었다고 한다. (역자 주)

소리가 날카롭게 들리는데 마치 팥을 씻는 소리 같다. 어린아이를 절대 밖에 내 보내서는 안 된다. 미마사카 지방에서 '우부메'라고 하는 것은 작은 아이가 우는 소리 같다고 한다."[36]

'고획조'에서 아즈키토기(아즈키아라이), 수달의 소리와 같이 밤에 들려오는 소리의 괴이함에 관한 일본각지의 정보가 담겨 있다. 이것들은 전국에서 란잔의 거처로 모여든 문인들로부터 수집한 정보로 란잔은 그것들을 상대화하고 자신의 지식으로 체계화했다. '우부메'는 란잔의 지식 체계의 일부가 되었다.

이상, 에도시대의 민속에 있어서 '우부메'를 살펴보았는데 서적을 핵심으로 한 새로운 지식의 등장은 민속에도 영향을 미치고 있었다. 그것은 가세이와 같은 대항적인 태도를 취한 이들뿐만 아니라, 외부세계(일본 국내만이 아니라 중국이나 제2절에서 보았던 하루퓨이아(harpyia)를 포함한다면 서양에 이르기까지)와도 연결된 것이었다. 이는 지(知)를 둘러싼 길항과 융화의 양면성, 그리고 다양한 병존을 보여주고 있는 것이다.

나가며

에도문화와 요괴의 관계성을 '우부메'의 사례를 통해 생각해 봤다. 논점을 정리하자면, 첫 번째로 에도시대의 요괴는 출판문화와 분리해 생각할 수 없다. 출판에 의해 '고전'과 학술서와 같은 다양한 장르의 출판물이

---

36) 일본국회도서관 소장, 인터넷 공개.

때때로 삽화가 들어간 이해하기 쉬운 내용으로 간행되어 일본각지로 유통되고 소비되었다. 도상 코드나 중국의 '고획조'라고 하는 다종다양한 정보도 서적에 의해 퍼져 나갔고 상식화되어 갔다.

두 번째로 당시의 학문·사상에서 요괴를 연구대상으로 삼았다. 본고에서는 본초학을 거론했지만, 유학에서의 '귀신론'이나 국학 등 요괴는 학문으로 생각해야 할 대상이었다. 또한 '다른(異)' 것을 생각함으로써 일상과 상식을 역설적으로 생각하는 것으로도 이어졌다. 그것은 종래의 우리들이 가지고 있는 당시의 학문상(学問像)을 재고하는 것이기도 하다.

세 번째로 지식 간의 관계성이다. 민속과 서적의 관계를 살펴보았지만, 어느 쪽이 더 우월하다는 것이 아니라 그 존재양식-길항이나 융화, 병존등-의 다양성을 바라보는 것이 중요하다.

이처럼 요괴는 당시 사회의 문화를 생각해 볼 수 있는 소재로서 유용한 것이며, 이후 연구에서의 적극적인 활용이 필요하다.

참고문헌

木場貴俊, 2003, 「林羅山と怪異」, 『怪異學の技法』, 臨川書店.

木場貴俊, 2010, 「歷史的産物としての「妖怪」─ウブメを例にして」, 『妖怪文化の傳統と創造』, せりか書房.

木場貴俊, 2012, 「近世學藝と怪異」, 『怪異學入門』, 岩田書院.

木場貴俊, 2018, 「怪異から見る神話(カミガタリ)─物集高世の著作から」, 『アジア遊學217「神話」を近現代に問う』, 勉誠出版.

[그림1] 『고테이 곤자쿠모노가타리』(考訂今昔物語)(新典社, 1990).

[그림2] 『무카시바나시 우부메노 아다우치』(昔話姑獲鳥仇討) 일본국회도서관 소장.

[그림3] 도미오 지센(富尾似船)『도노이구사』(宿直草)(1677년 간행)『西鶴と浮世草子研究』2(笠間書院, 2007)附錄CD-ROM

[그림4] 『센미쓰바나시』『近世子どもの繪本集 上方篇』(岩波書店, 1985)

[그림5] 야마오카 겐린(山岡元隣)·야마오카 겐조(山岡元恕)『고콘 햐쿠모노가타리 효반』(古今百物語評判)(1686년 간행) 『西鶴と浮世草子研究』2(笠間書院,2007)附錄CD-ROM

[그림6] 『호색일대녀』 와세대대학도서관 소장.

[그림7] 에무라 조하쿠(苗村常伯)『세와요분쇼』(世話用文章)(1692년 간행)『近世文學資料類從 參考文獻編』9(勉誠社,1976)

[그림8] 에무라 쇼켄(苗村松軒)『오토기닌교』(御伽人形)(1705년 간행)『西鶴と浮世草子研究』2(笠間書院, 2007)附錄CD-ROM.

[그림9] 산토 교덴(山東京傳)『바케모노 쓰레즈레구사』(怪物徒然草)(1792년 간행)『山東京傳全集』3(ぺりかん社, 2001).

[그림10] 도리야마 세키엔『화도 백귀야행』(1776년 간행)『鳥山石燕畵圖百鬼夜行全畫集』(角川書店, 2005).

[그림11] 덴메이로진(天明老人)『교카 햐쿠모노가타리』(狂歌百物語)(1853년 간행)『狂歌百物語』(古典文庫, 1999).

'요괴'를 어떻게 그릴 것인가
- 도리야마 세키엔의 방법 -

곤도 미즈키(슈토 다이가쿠 도쿄)

들어가며

에도시대 중기의 화가 도리야마 세키엔(鳥山石燕)의 요괴화집 4부작
—『화도 백귀야행』(畵圖百鬼夜行: 1776년 간행, 수록화 총 51점), 『금석화도 속
백귀』(今昔畵圖續百鬼: 1779년 간행, 수록화 총 54점), 『금석 백귀습유』(今昔百鬼
拾遺: 1781년 간행, 수록화 총 50점), 『화도 백귀 쓰레즈레부쿠로』(畵圖百鬼徒然
袋: 1784년 간행, 수록화 총 48점)—는 미즈키 시게루[1]의 요괴만화 등을 통해
서 오늘날 일본인이 가지고 있는 '요괴' 이미지 원형의 일부가 되었다. 세
키엔의 요괴화(妖怪畵)에 대해서는 지금까지 미술사, 국문학, 민속학 등의
여러 방면에서 연구가 이루어졌으며, 필자도 근세문학을 연구하는 입장
에서 논한 적이 있다.[2] 본 논문에서는 '아속융화'[3], '언어유희', '판화기술'

---

1) 미즈키 시게루(水木しげる)-<게게게의 기타로>(ゲゲゲの鬼太郎) 등을 발표한 일본 요괴
   만화의 거장. (역자 주)
2) 近藤瑞木, 2010, 「石燕妖怪畵の風趣—『今昔百鬼拾遺』私注」, 『妖怪文化の傳統と創造』, せりか
   書房; 近藤瑞木, 2012.3, 「石燕妖怪畵私注」, 『人文學報』462號, 首都大學東京人文科學研究科;
   近藤瑞木, 2018.3, 「石燕妖怪畵の方法」 『怪』 vol.52, 角川書店 등.
3) '아속융화'(雅俗融和)는 나카노 미쓰토시(中野三敏)가 사용한 용어이다. 근세문화에는 '아

의 세 가지 관점에서 세키엔 요괴화의 특색을 파악하고, 요괴문화사에 있어서의 의의에 대해 논하고자 한다.[4]

I. 석연 : 돌 제비

본론에 들어가기에 앞서 도리야마 세키엔(1713~1718)이라는 화가에 대해 간단히 소개하도록 하겠다. 세키엔은 에도 네즈[5]에 살던 사람으로 원래의 성은 사노(佐野), 이름은 도요후사(豐房)이다. 1774년 간행된 세키엔의 화보『도리야마비코』(鳥山彦)에 실린 하야시 보하쿠(林戀伯)의 서문에 "첫 번째 업을 가노 지카노부(狩野周信)에게 받고"라고 적혀 있듯이, 가노파[6]의 흐름을 잇는 민간풍속화가로 활약하며 문하에서 기타가와 우타마로(喜多川歌麿), 우타가와 도요하루(歌川豐春), 에이쇼사이 조키(榮松齋長喜) 등의 유키요에[7] 화가를 배출했다. 하이카이[8] 시인으로는 에도좌[9]의

(雅: 전통문화)'와 '속(俗: 신흥문화)'이라는 두 가지 영역이 동시에 존재한다(나카노 미쓰토시『江戶文化再考』등). 회화의 경우, 도사(土佐)와 가노(狩野) 등의 전통적 일본화는 '아', 우키요에(浮世繪)는 '속'에 해당한다.

4) 요괴 4부작의 기본정보에 대해서는『鳥山石燕 畵圖百鬼夜行』(高田衛監修, 稻田篤信・田中直日編, 國書刊行會, 1992年)에 수록된 이나다 아쓰노부(稻田篤信)의 해설을, 도리야마 세키엔의 전기에 대해서는 나가타 세이지(永田生慈)가 2005년에 쓴 논문(「鳥山石燕とその一門について」,『宗敎社會史硏究』3, 立正大學史學會創立八十周年記念事業實行委員會編)을 참조바람.

5) 네즈(根津)-현재 도쿄도 분쿄쿠(東京都 文京區)의 일부에 해당. (역자 주)

6) 가노파(狩野派)-무로마치 후기, 가노 마사노부(狩野正信)로부터 시작된 일본화의 최대 유파. (역자 주)

7) 유키요에(浮世繪)-에도시대에 유행한 서민적 풍속화. (역자 주)

8) 하이카이(俳諧)-하이카이렌가(俳諧連歌). 알기 쉽고 골계적인 내용이 주를 이루는 일본의 전통 정형시. (역자 주)

9) 에도좌(江戶座)-에도중기부터 막부말기까지 에도를 중심으로 활동한 하이카이 유파. (역자 주)

아즈마 엔시(東燕志) 등과 교류하고, 오타 난포(大田南畝)와 야시로 히로카타(屋代弘賢) 등의 고케닌[10] 지식인과도 가까웠으며, 쓰타야 주자부로[11]가 간행한 교카에혼[12]과도 관련이 있었다. 이러한 세키엔은 18세기 에도 아속문단에서 저명한 인물이었음에 틀림없지만, 그의 사적을 전해주는 정보는 의외로 적다. 에혼이나 요미혼[13]의 삽화에 참여하기는 했지만, 세키엔은 제자 고이카와 하루마치(戀川春町)나 우타마로와는 달리 기뵤시[14]와 니시키에[15]는 만들지 않았다. 이는 세속적인 일을 꺼리는 가노파 문하생 교육의 영향이 컸다고 생각된다.[16] 『금석 백귀습유』에 실린 서문 역시 "화가 세키엔은 은자(隱者)이다. 성품이 온아해 정원에 정성을 다하고 연못에 물을 가득 채워 …(중략)… 그저 취미가 같은 사람이 오면 흔연히 맞아 차를 끓이고 열심히 그림에 대해 이야기를 나눈다"라고 속세에서 벗어난 그의 사람됨을 전하고 있다.

본 논문에서는 화가의 자의식을 파악하기 위한 하나의 실마리로 '세키엔'이라는 화호에 착목하고자 한다. 호에 대해서는 가노 지카노부의 '고쿠엔'(國燕)' 또는 가노 스에노부(狩野季信)의 '교쿠엔'(玉燕)이라는 스승의 이름에서 글자 하나를 물려받았다고 보는 설이 유력하며, 아즈마 **엔**

---

10) 고케닌(御家人)-에도막부에 소속되어 쇼군을 섬기는 하급무사. (역자 주)

11) 쓰타야 주자부로(蔦屋重三郎)-에도후기 에도에서 활동한 출판업자. (역자 주)

12) 교카에혼(狂歌繪本)-비속골계적인 내용을 담은 단가(短歌)인 교카(狂歌)를 그림과 함께 엮은 그림책(에혼). (역자 주)

13) 요미혼(讀本)-이야기 서술 중심의 소설책. (역자 주)

14) 기뵤시(黃表紙)-에도시대 출판된 소설책의 한 종류. 그림의 비중이 높고 해학적인 내용이 많다. (역자 주)

15) 니시키에(錦繪)-우키요에의 일종인 다색판화. (역자 주)

16) 예를 들어 에도막부 말기 고비키초(木挽町)에 위치했던 가노파의 그림교습소는 서화모임 참석이나 우키요에 제작 등을 금지했다(橋本雅邦, 1982.12, 「木挽町畵所」, 『國華』3號).

[그림1] 『와칸산사이즈에』 제61권 「잡석류」 「石燕 돌제비 시쓰엔」 삽화. 일본국회도서관 소장본 (1824년 발행본)

시(東燕志)와의 관련도 지적된 바 있다.[17] 그런데 '세키엔'(石燕) 즉 석연이라는 사물의 의미를 이 단어를 이름으로 사용하는 당사자가 의식하지 않았을 리가 없다. 세키엔의 또 다른 이름인 '레이료도'(零陵洞)의 유래에 대해서는 일찍이 호시노 아사히(星野朝陽)가 "영릉동에 돌 제비가 있어, 그것이 비오는 날에는 날아오르고 맑은 날에는 돌이 되어 머문다는 중국의 고사에서 붙여진 이름"[18]이라고 지적했다. 본 논문에서는 이에 대해서 조금 더 자세히 살펴보도록 하겠다.

'석연'이라는 사물의 실체에 대해서는 미나카타 구마구스[19]의 「석연고」(燕石考) 등에서 자세히 다루고 있는데, 단적으로 말하면 완족동물의 화석이며 이름은 제비가 날개를 펼친 것처럼 보이는 형상에서 유래했다. 1778년 간행된 『야쿠힌 테비키구사』(藥品手引草) 하권에서 "석연(石燕) 세키엔, 돌 제비, 약으로 쓰이는 중국의 돌"이라고 설명하고 있는 것처럼, 약용으로 귀하게 여겼다. 도리야마 세키엔은 요괴화를 구상할 때 종종 사용한 『와칸산사이즈에』(和漢三才圖會: 1712년 성립)의 제61권 '잡석류'(雜石類)에 수록된 "석연(石燕) 돌 제비 시쓰

---

17) 앞의 주석 4) 나가타 세이지의 논문에서 지적.
18) 星野朝陽, 1932. 11, 「鳥山石燕に就いて」, 『書畵骨董雜誌』, 293號.
19) 미나카타 구마구스(南方熊楠)-미국과 영국에서도 활동했던 일본의 박물학자 겸 민속학자. 1867-1941. (역자 주)

엔"[그림 1]의 항목 등을 보았을 것으로 추정된다. 이 항목에는 다음과 같은 기사가 실려 있다.

『본초강목』(本草綱目)의 석부(石部), 석류(石類), 석연(石燕)의 집해(集解)에 "석연은 호남성 영주 기양현(湖南省 永州 祁陽縣)에 있다. 모습은 조개와 비슷하고 색은 흙과 같다. 돌처럼 단단하다. 둥글고 큰 것이 수컷, 길고 작은 것을 암컷이라 한다. 이것은 돌의 일종이다"라고 적혀있다. 그 한 종류로 종유굴 안에 생기는 석연이 있다. 모양은 박쥐와 비슷하고, 유즙(乳汁)을 먹으며 잘 날아다닌다고 한다. 다시 말해 짐승이다. 금부(禽部)에 기록이 보인다. 『고잣소』(五雜組)의 지부1(地部一)은 다음과 같은 내용을 전한다. 영릉(零陵, 호남성 기양현)에 석연이 있다. 전해져 내려오는 이야기에 따르면 잘 날아다니며 날 때는 비바람이 친다고 한다. 그러나 돌이 잘 날아다닐 리가 없다. (이하 생략)[20]

'레이료도' 즉 영릉동이라는 화호 역시 위의 기사에서 기인했을 것이다. 『와칸산사이즈에』는 '석연'을 '잡석류'는 물론이고 제42권 '원금류'(原禽類)의 '토연'(土燕)에도 싣고 있다. 이처럼 석연의 광물설과 동물설은 혼동되었고, 돌이 새로 '화생'(化生)하여 빗속을 날아다닌다는 속설도 존재했다. 하이쿠 시인 로산 마키 도에이(老蚕 牧冬映)가 쓴 『화도 백귀야행』서문의 "범물(凡物)이 화하여 돌 제비가 된다"라는 표현도 이러한 속설을 바탕으로 하고 있다. 오타 난포는 한시집 『난포슈』(南畝集)의 「비 오는데 세

20) 寺島良安著・島田勇雄ほか譯, 1987, 『和漢三才圖會 8』, 平凡社.

키엔 옹의 고류안(梧柳庵)을 지나가다」에서 "돌이 춤추는 영릉의 오래된 동굴 그늘"(石舞零陵古洞陰)이라고 읊었다. 세키엔은 영릉의 동굴 안에 있는 돌이며 비바람이 불 때만 제비로 화하여 춤을 추는 것이다. 요괴를 그리는 사람에게 실로 어울리는 이름이라 할 수 있다. 본래 제비는 복을 가져다주는 새로서 사랑받은 화조화의 모티프이다. 도키와야마(常盤山) 문고가 소장 중인 가노 단유(狩野探幽)의 명작 〈하토군엔즈〉(波濤群燕圖) 등이 유명하다. 어쩌면 세키엔의 호에는 진짜 제비(를 그리는 화가)가 아니라 결국에는 돌조각으로 돌아갈 수밖에 없는 화생의 제비라는 화가의 자기비하가 담겨있는 것이 아닐까?

Ⅱ. 아속 융화

세키엔의 그림에 대한 "그는 당대의 풍속을 그렸기에 근본적으로 속(俗)의 성격이 있다고 할 수 있지만, 그 화법과 화풍은 여전히 가노이다. '속'이면서 속에 들어가지 않고, '아'(雅)이면서 아에 치우치지 않는다"[21]라는 평가에 관해서는 이미 앞에서 언급한 졸고에서 논한 바가 있다. 간안 도진(頑庵道人)이 쓴『금석화도 속백귀』의 제사(題辭)에서도 "옛사람이 옛 그림을 그리면 자기 자신이 아(雅)이기에 아가 필요치 않다. 요즘사람이 옛그림을 모사하는, 무엇보다 그 속된 안이함을 걱정할 뿐"이라고 적고 이어지는 문장에서 세키엔 요괴화의 우아한 풍취(雅味)를 칭송하고 있다.

---

21) 飯島虚心, 1984,「歌川豊廣傳」,『浮世繪師歌川列傳』.

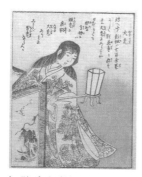

[그림 2] 오카부로(『금석화도 속백귀』 하권)스미소니언 박물관 소장본

[그림 3] 기름핥는 가부로(『요카이시우치 효반키』 하권) 일본국회도서관 소장본

[그림 4] 가노 단유 〈기쿠지도즈〉(菊慈童圖)의 족자 부분(『조슌카쿠칸쇼(長春閣鑒賞) 제 2 집)일본국회도서관 디지털컬렉션에서 전재

그러나 세키엔은 '아'에 머물지 않고 한 걸음 더 나아가는 정신의 소유자였다. 이는 일본의 전통시가인 와카(아)를 모체로 하는 하이카이(속)라는 문예가 그의 근간에 자리 잡고 있었던 것과 관련이 있을 것이다.

이러한 점에 대해서 '그림의 제재'라는 측면에서 살펴보기로 하겠다. 세키엔은 『화도 백귀야행』에서 가노파의 요괴 밑그림[22]을 거의 다 사용해버렸다. 『금석화도 속백귀』나 『금석 백귀습유』와 같은 속편을 제작할 때는 "『겐지이야기』(源氏物語)와 『헤이케모노가타리』(平家物語) 등의 고전, 고전을 바탕으로 만들어진 요쿄쿠[23], 각종 두루마리그림"[24]을 이용했

---

22) 세키엔이 직접 쓴 『화도 백귀야행』의 발문(跋文)에 "모토노부(元信)의 백귀야행"이라고 적고 있다.

23) 요쿄쿠(謠曲)-일본 전통 가면극 노(能)의 대본, 또는 그 대본에 가락을 붙여 부르는 것을 말한다. (역자 주)

24) 두루마리그림(繪卷: 에마키)-그림과 설명을 두루마리 종이나 비단에 연속적으로 배열하는 일본의 회화형식. (역자 주)

다.[25] 예를 들어 『금석화도 속백귀』 하권에서는 '쓰치구모'[26]를, 『금석 백귀습유』 하권에서는 '라쇼몬의 오니'[27]를 그리고 있다. 이렇게 유명한 '요괴'뿐 아니라 요괴의 표현에서도 '아'의 요소를 확인할 수 있다.

예를 들어 『금석화도 속백귀』 하권에는 '오카부로'(大禿)라는 병풍보다 거대한 '가부로'[28]의 [그림 2]가 있다. 이 요괴는 1777년 간행된 『요카이시우치 효반키』(妖怪仕內評判記) 등의 삽화가 수록된 소설, 이른바 '속'의 요괴화에서 볼 수 있는 '가부로' 요괴[그림 3]에서 아이디어를 얻었다고 추정된다.[29] 그러나 세키엔은 이것을 도상화하는 과정에서 요괴화가 아니라 '국자동'[30]이라는 정통 일본화 소재의 이미지를 매개로 삼았다[그림 4]. 1721년 하야시 모리아쓰(林守篤)가 편찬한 사노파의 그림본(本) 모음집 『가센』(畵筌)에서 '국자동'의 모티프를 확인할 수 있다는 점에 대해서는 졸고에서 논한바 있다. 예를 들어 사노파가 제작한 교토대학부속도서관 소장본 「니조온시로교코노고텐 오에쓰케오사시즈」(二條御城行幸之御殿

---

25) 稻田篤信, 2006, 「妖怪の名」, 『名分と命祿』, ぺりかん社.

26) 쓰치구모(土蜘蛛)-『일본서기』 등에 전해지는 고대의 이민족. 중세 이후 거미 요괴로 묘사되는 경우가 많았다. (역자 주)

27) 라쇼몬의 오니(羅城門鬼)-헤이안쿄(平安京)의 남단에 위치한 라쇼몬에 살고 있다고 전해지는 오니. (역자 주)

28) 가부로(禿)-머리카락 끝을 가지런히 잘라 묶지 않고 늘어트리는 어린아이의 머리모양 또는 그 머리를 한 어린아이. (역자 주)

29) 『요카이시우치 효반키』는 『금석화도 속백귀』가 간행되기 2년 전에 세키엔의 제자 고이카와 하루마치(戀川春町)가 만든 일종의 요괴열전이다. '기름핥는 가부로'(あぶらなめの禿)는 오가부로와 구도가 유사하며, 아오사기(靑鷺)와 도후코조(豆腐小僧)처럼 세키엔의 요괴화집과 중복되는 모티프가 확인된다. 이러한 점들을 고려하면, 세키엔의 요괴 구상에 힌트를 주었을 가능성이 높은 책이라고 할 수 있다.

30) 국자동(菊慈童)은 국화의 이슬을 마시고 불노불사의 몸이 된 소년 팽조(彭祖)의 중국고사에 바탕을 두고 있다.

御繪付御指圖)는 나카노마의 산노마[31]에 '국자동'이라는 이름을 붙였다. [32]
'오카부로'는 '국자동'의 요소인 '국화꽃'이 그려진 옷도 입고 있다. 이것을
'국자동'의 야쓰시에[33]로 생각할 수도 있지만, 반대로 속의 측면에서 본다
면 비속한 '가부로'를 아로 표현했다고도 할 수 있다. 어느 쪽이든 이 그림
에서 요괴소설의 '가부로' 그리고 정통 일본화의 '국자동'과는 다른 화풍
의 회화가 탄생했다는 점에 주목할 필요가 있다.

[그림 5] 아야카시(『금석 백귀습유』 중권)
스미소니언 박물관 소장본

예를 하나 더 들어보겠다. 『금석 백귀습
유』 중권의 '아야카시'(あやかし)[그림 5]는
거대한 바다뱀처럼 보이는 요괴를 그리고
있다. 또한 "서쪽지방 바다 위에 배가 떠 있
을 때, 긴 물체가 배를 타고 넘는 일이 이삼
일이나 계속되는 경우가 있다. 나오는 기
름의 양이 엄청나다. 뱃사람들이 힘을 다
해 이 기름을 건져 치우면 해가 없다. 그렇
지 않으면 배가 가라앉는다. 이 아야카시

가 붙어있는 것이다"라는 글이 적혀있다. 본문에서 설명하고 있는 요괴
의 성질은 1795년 서문이 쓰인 수필 『단카이』(譚海) 9권, 1900년 전후로
집필된 수필 『미미부쿠로』(耳袋) 3권 등에 보이는 '이쿠지'(いくじ) 또는 '이

---

31) 나카노마(中の間)의 산노마(三の間)-'나카노마'는 집의 중앙에 위치하는 방. '산노마'는
　　 여자들이 거주하던 방. (역자 주)
32) 武田恒夫, 1995, 『狩野派繪畵史 Ⅲ』, 吉川弘文館 1장의 「2. 그림의 제재와 격식」 참조.
33) 야쓰시에(やつし繪)-고사와 설화 등에서 소재를 취하면서 풍속이나 설정을 당대풍으로
　　 고친 그림.

쿠치'(いくち)라는 괴이한 짐승의 전승과 비슷하다. 그러나 필자가 확인한 바에 따르면, 유사한 전승 중에서 괴이한 현상을 '아야카시'의 소행으로 설명하는 예는 없었다. 오히려 '아야카시'라는 단어에서 연상되는 것은 미나모토노 요시쓰네(源義經) 일행과 헤이케(平家) 일족, 그 중에서도 '다이라노 도모모리'(平知盛)의 원령과의 대결을 그린 요쿄쿠『후나벤케이』(船弁慶) 이다.[34] 도모모리의 '유령'이라는 소재는 1747년 처음 공연된 조루리[35]와 가부키[36] 히트작 〈요시쓰네 센본자쿠라〉(義經千本櫻) 2막에도 사용되었다. 공연이 반복되면서 자기 몸에 닻줄을 휘감고 물속으로 들어가는 도모모리의 이미지가 보급되었다. [그림 5]의 배위에 그려진 '닻'은 이에 대한 암시처럼 보이기도 한다. '서쪽지방 바다 위' '아야카시' 등의 단어와 함께 그림에 '헤이케의 원령'을 중첩시키고 있는 것이다. 다시 말해 바다뱀 형태의 괴이한 짐승(민간전승적 요괴, 속의 세계)을 모티프로 삼고 있지만, 동시에 이 그림에는 고전 세계의 원령담(아의 세계)이 함께 담겨있다.

Ⅲ. 언어유희

세키엔의 요괴화에는 단어에서 아이디어를 얻은 것이 적지 않다. 모티프가 되는 것은 세키엔이 흥취를 느낀 속담(예를 들어『금석 백귀습유』중권의 '오니히토쿠치'[37]), 유행어(예를 들어『금석 백귀습유』하권의 '교코쓰[38]'), 지명(예

---

34) "이 배에는 아야카시가 붙어있습니다"라는 요시쓰네의 종자(從者)의 대사가 있다.
35) 조루리(淨瑠璃)-반주에 맞춰 이야기를 읊는 형태의 공연.(역자 주)
36) 가부키(歌舞伎)-에도시대에 성립된 일본 고유의 연극.(역자 주)
37) 오니히토쿠치(鬼一口)-'오니(鬼)의 한입'이라는 뜻. 일본의 요괴 오니가 사람을 한입에 잡아먹었다는 설화에 바탕을 둔 표현으로, 위험한 일이나 간단한 일을 의미한다.(역자 주)
38) 교코쓰(狂骨)-우물 안에서 나타나는 백발의 해골 요괴.(역자 주)

를 들어 『금석화도 속백귀』 하권의 '도도메키'[39]) 등이다.[40] 어떤 이유에서든 세키엔의 관심을 끈 단어가 요괴로 형상화되었다고 할 수 있다. 또한 발음이 같은 단어를 이용해 이미지를 중첩시키는 방법도 자주 보인다. 가가와 마사노부(香川雅信)는 세키엔의 단어에 대한 높은 관심과 유희적 감성이 하이카이 시인으로서의 자질에 기인한다고 지적했다.[41]

[그림 6] 도로타보(『금석 백귀습유』 상권)
스미소니언 박물관 소장본

속담에서 힌트를 얻은 요괴의 예로는 『금석 백귀습유』 상권의 '도로타보'(泥田坊)를 들 수 있다[그림 6]. 이 그림에는 북쪽지방에 사는 노인이 소중히 여기던 밭이 노인이 죽은 뒤에 다른 사람의 손에 넘어가자, 밤바다 외눈박이 검은 요괴가 나타나 큰 소리로 밭을 돌려달라고 떠들게 되었다는 이야기가 적혀있다. 그러나 이런 전승의 존재는 확인되지 않는다. 교교쿠 나쓰히코[42]가 소설 「도로타보」[43]에서 지적했듯이, '도로타보'는 속담 '진흙밭(도로타)을 봉(보)으로 치다'[44]에서 아이디어를 얻었다고 보아도 무방할 것이다. 이 속담은 하이카이 용어사전(『雜俳語辭典』明

---

39) 도도메키(百々目鬼)-팔에 무수히 많은 눈이 붙은 여자 요괴. (역자 주)
40) '교코쓰'(狂骨)와 에도 유행어 '오쿄코쓰'(おきゃうこつ)의 관련성 및 '도도메키'(百々目鬼)와 에도 우시고메 에노키초(牛込榎町)와 벤텐초(弁天町) 부근의 지명 '도도메키'(とゞめき)의 관련성에 대해서는 주석 2)의 『石燕妖怪畵私注』를 참조바람.
41) 香川雅信, 2005, 『江戸の妖怪革命』第三章, 角川學藝出版.
42) 교교쿠 나쓰히코(京極夏彦)-일본의 소설가 겸 요괴연구가. 1963년생. 대표작으로 '백귀야행 시리즈' 등이 있다. (역자 주)
43) 京極夏彦, 2000.5, 『小説現代增刊 メフィスト』, 講談社(後 『今昔續百鬼 雲』收載).
44) 터무니없는 일, 무익한 일의 비유. 뒤에는 둔하다는 의미로도 사용하게 되었다. '泥田을 棒으로 打つ'泥田に棒'泥田棒'.

治書院)과 에도시대 국어사전(『江戸語大辭典』講談社) 등에도 등재되어 있으며, 용례로는 "맑을지 비가 올지는 알 수 없다. 헛수고를 하는 것은 바로 당신들"[45], "그만두시오. 지금 머리를 깎고 중이 되어도 헛수고요"[46] 등이 있다. 『금석 백귀습유』 중권에는 글자유회 '헤마무시뉴도'[47]를 요괴로 만든 '히마무시뉴도'(火間虫入道)의 그림도 있다. 이런 요괴들은 한마디로 '데쿠노보'와 '기칸보'[48]처럼 의인적 단어를 요괴로 만든 것이다.

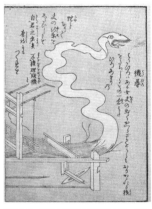

[그림 7] 하타히로(『금석 백귀습유』 중권) 스미소니언 박물관 소장본

『금석 백귀습유』 중권의 '하타히로'(機尋) [그림 7]는 남편을 원망하는 부인의 마음이 베틀(機: 하타)로 짠 천에 담겨 뱀으로 변한 요괴를 그리고 있다. 그러나 '하타히로'라는 요괴 전승 역시 존재하지 않는다. 책의 본문에 "그 강한 원망은 길이 하타히로(機尋) 정도의 뱀이 되어"라고 적고 있듯이, 요괴의 이름은 조루리나 가부키에서 사람과 신이 큰 뱀으로 변할 때 사용하는 '하타히로'[49]라는 정형적 표현에서 아이디어를 얻었다고 생각된다. 하타히로의

---

45) "日よりとも雨ともこれは知れぬ也・こなた衆こそどろた棒たち"(雜俳書『湯だらひ』1706年刊).
46) "またつしゃれ今こそげては泥田坊"(雜俳書『輕口頓作』1709年刊). 도로타보의 본문표기 '泥田坊'.
47) 헤마무시뉴도(へまむし入道)-가타카나 'ヘマムシ' 네 글자로 그린 사람의 옆얼굴에 초서체로 흘려 쓴 '入道'로 몸통을 그린 글자유회. (역자 주)
48) 데쿠노보(木偶の坊)・기칸보(利かん坊)-사람의 이름 뒤에 붙이는 애칭 '보'(坊)를 사용한 언어유회. '데쿠노보'는 인형(데쿠)처럼 쓸모없는 사람을, '기칸보'는 손을 쓸 수 없는 (기칸) 개구쟁이를 뜻한다. (역자 주)
49) 하타히로(二十尋)-'히로'(尋)는 일본에서 사용하던 길이의 단위. 뱀의 크기를 표현할 때 자주 사용되던 표현인 '하타히로'는 20히로, 약 36미터에 해당한다. (역자 주)

용례로는 다음과 같은 것들이 있다.

[그림 8] 게우케겐(『금석 백귀습유』 하권)
스미소니언 박물관 소장본

"이제 본모습을 드러내 잡배들을 퇴치하겠다"고 **하타히로(廿尋)**의 큰 뱀이 되어 악인을 멸하고 히가와(氷川) 신사의 제신으로 모셔지니 훌륭하도다. (작자미상 가부키 <간토 오로쿠>(關東小祿). 초연 1698년 3월 상순 에도 나카무라좌(中村座). 4막)

어디 한이 있겠냐고 기도를 올리다 털썩 쓰러지는가 싶더니, **하타히로(二十尋)** 정도의 큰 뱀이 되어 눈에 쌍심지를 켜고 비늘을 울리며 남편을 노리니, 종을 향해 내뿜는 숨결은 맹렬한 불길이 되어 피어올랐다. (조루리 <요메이텐노 쇼쿠닌카가미>(用明天王職人鑑). 지카마쓰 몬자에몬(近松門左衛門) 지음. 초연 1705년 11월 오사카 다케모토좌(竹本座). 3막)

이렇게 연극에서 사용되는 상투적인 표현을 바탕으로, '하타'라는 동일한 발음 그리고 연상되는 얇고 긴 형상을 '베짜기'와 연결 지은 것이 바로 하타히로라는 요괴라고 할 수 있다.

연극대사를 가져온 비슷한 예로 『금석 백귀습유』하권의 '게우케겐'(毛羽毛現)[그림8]이 있다. 이름 그대로 털북숭이 모습으로 그려진 요괴이다. 책의 본문은 "게우케겐은 전신에 털이 난 것이 모녀(毛女)와 같아 이렇게 부르는가?"라고 중국의 『열선전』(列仙傳) 등에 기록된 '모녀'(毛女)를 언급하고 있다. 한편 "또는 게우케겐(希有希見)이라 적는다. 대단히 보기 드문

일이기 때문이다"라고 적고 있는 것처럼, 이것은 '가사네모노'⁵⁰⁾ 괴담극에서 사용하는 표현인 '게우케겐'을 사용한 말장난이기도 하다. 다시 말해 언어유희를 통해서 '모녀'와 '가사네'를 하나로 합친 것이다.

'가사네' 괴담은 본래 17세기 중반, 지금의 이바라키현 조소시(茨城縣常總市)에 해당하는 시모사 지방의 하뉴 마을(下總國羽生村)에 살던 요에몬(与右衛門)에게 살해당한 추녀 가사네의 원한전승에 뿌리를 두고 있다. 소설, 조루리, 가부키 등 다양한 장르에서 소재로 채용되며 전개되었다.

[그림 9] 〈미타테 산주롯카센노우치 후 지와라노 도시유키아손〉 일본국회도서관 소장본

1841년 간행된 『에혼 햐쿠모노가타리』(繪本百物語) '29 가사네'의 삽화 본문에 "가사네가 사령(死靈)인 것은 세상 사람들이 다 알고 있다"고 적혀 있듯이, 에도시대 대단히 인기가 많은 괴담이었다. 『금석 백귀습유』가 간행되기 2년 전, 에도의 히젠좌(肥前座)에서 상연된 조루리 〈다테쿠라베 오쿠니 가부키〉(伊達競阿國戱場: 초연 1779년)는 가사네모노 중에서도 호평을 얻은 작품이었다. 8막에는 외모가 추하게 변한 가사네가 기루의 주인에게 "좀처럼 보기 힘든 괴이한 용모"(けうけげんな御面相)라는 말을 듣는 장면이 있다. 『일본국어대사전』은 단어 '게우케겐 けう－けげん【希有怪訝】'의 초출용례로 1772~81년 사이에 성립된 것으로 추정

---

50) 가사네모노(累もの)-한을 품고 남편과 일족을 죽였다는 여인 '가사네'(累)의 이야기를 각색한 연극의 총칭.(역자 주)

참고문헌

[그림1] 『와칸산사이즈에』 제61권 「잡석류」 「石燕 돌제비 시쓰엔」 삽화. 일본국회도서관 소장본(1824년 발행본. 031.2-Te194w-s)

[그림2] 오카부로 (『금석화도 속백귀』 하권) 스미소니언 박물관 소장본(Identifier-bib 39088017934142)

[그림3] 기름핥는 가부로 (『요카이시우치 효반키』 하권) 일본국회도서관 소장본 (207-15 부분)

[그림4] 가노 단유 〈기쿠지도즈(菊慈童圖)〉 (족자 부분)『조카쿠칸쇼(長春閣鑒賞)』 제 2 집 일본국회도서관 디지털컬렉션[嵩別4-6-2-1] 에서 전재

[그림 5] 아야카시 (『금석 백귀습유』 중권) 스미소니언 박물관 소장본(Identifier-bib 39088018214429)

[그림6] 도로타보 (『금석 백귀습유』 상권) 스미소니언 박물관 소장본(Identifier-bib 39088018214379)

[그림7] 하타히로 (『금석 백귀습유』 중권) 스미소니언 박물관 소장본(Identifier-bib 39088018214429)

[그림8] 게우케겐 (『금석 백귀습유』 하권) 스미소니언 박물관 소장본(Identifier-bib 39088018214460)

[그림9] 〈미타테 산주롯카센노우치 후지와라노 도시유키아손〉 일본국회도서관 소장본 (嵩別2-5-1-1)

[그림10] 사라카조에 (『금석화도 속백귀』 중권) 스미소니언 박물관 소장본(Identifier-bib 39088017934100)

＊한국어 번역 김영주(한국외국어대학교)

화가의 상상력이 뛰노는 즐거운 놀이터
- 가와나베 교사이의 요괴그림 -

김지영(한양대학교)

들어가며

가와나베 교사이(河鍋曉齋: 1831~89)는 막부말 메이지(幕末明治)라는 근세에서 근대로 넘어가는 시대의 경계에서 에도(후의 도쿄)에서 활동한 일본화가로, 가노파양식의 정통일본화부터 서민의 정서를 유쾌하게 녹여낸 우키요에(浮世繪: 풍속화)에 이르기까지 폭넓은 장르에서 다양한 작품을 남긴 인물이다.

본고는 '요괴'가 일본을 설명하는 하나의 중요한 문화코드라는 명제를 미술사의 관점에서 바라보고자 한 것이다. 따라서 본고는 일본미술사에서 요괴가 고대부터 현대까지 시대를 초월하여 즐겨 그려져 온 중요한 모티브였음을 개관하고, 그 중에서도 근세 근대기의 화가 가와나베 교사이의 요괴그림을 자세히 살펴보기로 한다. 교사이를 굳이 다루는 이유는, 필자의 전공이 근대미술사인 것도 있지만, 막부말 메이지초라는 격동의 전환기를 살았던 교사이 스스로가 시대와 장르의 경계를 넘어 활약하는 '요괴'와 같은 초월성을 보이며, 그만의 기량과 상상력으로 독특한 요괴

159

그림의 세계를 구축해 나간 대표적인 화가였기 때문이다.[1]

아직 국내에는 교사이는 물론 일본미술에 대해 한국어로 출간된 자료가 많지 않은 상황에서 본고는 교사이를 소개하는 수준이라고 말씀드리고 싶다. 본고를 통해 독자들이 일본미술사에서 요괴가 어떻게 시각화 되어왔는지 이해하고, 교사이가 만들어낸 위트넘치고도 정교한 요괴세계를 같이 여행하면서 일본의 미술에 대해서도 흥미를 느끼는 계기가 된다면 더할 나위 없이 기쁘겠다.

I. 요괴의 정의와 범주

먼저, 요괴란 무엇인가. 요괴연구의 대표적인 인물인 문화인류학자 고마쓰 가즈히코(小松和彦)에 따르면[2], 요괴란 인간계(人間界)에 대비되는 이계(異界)의 존재들로, 또한 그 초월적인 존재가 개입했다고 생각되는 여러 '괴이현상' 자체를 통칭하는 것이다. 이계의 존재들 중, 사람들에게 신앙의 존재로 받들어진 존재가 '신'(神), 받들어지지 않은 존재를 '요괴'라

---

1) 미술사학자 최재혁과 박현정이 같이 쓴 일본미술관에 대한 에세이집 『아트, 도쿄 -책으로 떠나는 도쿄 미술관 기행』(북하우스, 2011)에는 가와나베 교사이의 위트와 에너지 넘치는 작품들과 함께 사이타마에 위치한 가와나베 교사이기념미술관이 소개되어 있다. 한국어로 출간된 서적으로는 유일하지 않을까싶다. 동서는 일본미술과 미술관에 대해 국내의 독자들이 정확하면서도 쉽고 재미있게 접근할 수 있는 좋은 안내서이다. 또한 학위논문에서 교사이가 연구된 바가 있다. 손정아, 2018.2, 「模倣と創造からみる日本視覺文化: 草双紙と浮世繪を中心に=모방과 창조의 일본시각문화:구사조시와 우키요에를 중심으로」, 경북대학교대학원 일어일문학과 박사학위논문.

2) 小松和彦, 1994, 『妖怪學新考－妖怪からみる日本人の心－』, 小學館; 小松和彦, 2011, 『妖怪學の基礎知識』, 角川學藝出版.

고 한다. 요괴는 초월적 존재에 대한 불가사의, 불안, 공포라는 인간이 가진 심성에서 발현된 것으로, 도깨비(鬼)나 불교적 개념인 마(魔), 유령은 넓은 의미에서 요괴에 포함된다. 요괴의 종류에는 텐구나 갓파와 같은 자연유래의 것부터 인간이 만든 기물의 요괴인 쓰쿠모가미(付喪神: 오래된 물건에 깃든 정령)나 유령과 같은 인간 유래의 것이 있다. 우시미쓰시(丑三つ時: 오전2시~3시)라는 밤과 새벽의 경계 시간에, 주로 마을 외각이나 쓰지(辻: 길가, 가두)라는 공간의 경계에서 출현했다는 요괴는 늘 '경계'와 밀접해 있는 존재이다.

II. 일본미술사에서의 요괴표현

그렇다면 일본미술사에서 확인되는 요괴 표현의 역사를 간단히 살펴보도록 하자.

일본미술에서 요괴는 고대부터 현대까지 불사조처럼 존명해왔다. 우선, 헤이안(平安) · 가마쿠라(鎌倉)시대에 걸쳐서 불교의 육도(六道)사상이 보급되어 지옥의 양상을 묘사하는 소시(草紙 · 草子)(草紙)나 지옥그림(地獄繪)이 유행하였다. 여기에서 요괴는 옥졸이나 악귀로서 조형화되었다.

대표적인 예로서, 생물을 죽인 적이 있는 승려가 떨어진다는 해신지옥을 그린 두루마리그림(繪卷) 〈사문지옥 소우시 해신지옥〉(沙門地獄草紙 解身地獄:13세기, MIHO MUSEUM소장)에서 옥졸역할을 하는 요괴를 발견할 수 있다. 머리를 산발한 근육질의 옥졸요괴가 칼과 젓가락을 이용하여 사람의 신체를 해체하고 있다. 미물이라도 생명을 중시하는 불도에서, 네가 죽인 개미의 아픔을 어디한번 느껴보라는 듯, 칼로 팔다리를 자르고 젓가락으로 관절을 빼내는 모습이다. 잔인한 내용이지만, 신체의 묘사는 오히려 도형처럼 간결하고도 담백하게 표현되어 있다. 그림의 한쪽에는 조각조각 난 인체 옆에서 무릎꿇고 빌고 있는 인간들이 그려져 있는데, 그림에 붙은 설명문(詞書)에 따르면, 신체가 다 잘리어도, 요괴가 도마를 두드리며 "살아나라"(活々)고 말하면 다시 사람의 모습으로 복원되어, 다시 모래알갱이가 될 때까지 다져진다고 하는 장면이다.[3] 지옥에서의 고통이 무한 반복되는 것임을 이야기해 준다. 이 시기 불교그림에서 등장하는 요괴들은 지옥의 생명체로서 그곳의 무시무시함을 강조하는 역할을 담당하곤 하였다.

무로마치(室町) 시대에는 소위 요괴에마키(妖怪繪卷)라고 불리는 많은 요괴들이 한꺼번에 등장하는 두루마리그림이 많이 만들어졌다. 쓰쿠모가미 두루마리그림〉(付喪神繪卷)에는 쓰다가 버려진 고도구들이 요괴가 되어 등장하는데, 자신들을 버린 인간들에 대한 복수를 꿈꾸며 악행을 일삼다가, 마지막에는 개심하여 수행을 거쳐 성불한다는 스토리가 담겨 있다. 악동처럼 등장하는 요괴들의 귀엽고도 잔망스러운 묘사가 눈길을 끄는 이 에마키는 물건의 소중함을 일깨우는 교훈을 설파하는 작품이기도 하다.

마찬가지로 수많은 요괴캐릭터들이 등장하는 〈백귀야행 두루마리그림〉(百鬼夜行繪卷)에는 밤거리를 퍼레이드하는 기물, 동물, 식물의 요괴들

---

3) 미호뮤지엄 홈페이지의 작품설명참조. http://www.miho.or.jp/booth/html/artcon/00000011.
htm

이 코믹하게 그려져 있다[4]. 쓰쿠모가미 두루마리그림과 다른 점은 기물 요괴 뿐 아니라 동물, 식물의 형태를 한 요괴들도 있다는 점이다. 쓰쿠모가미 두루마리그림과 백귀야행 두루마리그림은 작가에 따라 여러 버전으로 제작되어 각기 다른 소장처에 보관되어 있다. 이 시기의 요괴두루마리그림에 나오는 요괴표현의 특징은 이전과 달리 요괴가 친근한 존재로서 귀엽게 표현되어 있다는 점을 꼽을 수 있을 것이다.

그리고 드디어 에도(江戶) 시대에 들어서면 감히 요괴의 전성기라 말할 수 있다. 서민문화의 하나로서 요괴에 대한 대중들의 관심이 더욱 높아지고 인쇄기술과 미술제작기법의 발달에 따라 여러 장르에서 요괴물이 생산되어 활발히 유통되었기 때문이다.

먼저, 고래부터 전해오는 여러 요괴들을 생식지와 형태 및 특성에 따라 분류한 『기코쿠 센가이로쿠』(姬國山海錄: 1762년, 도호쿠(東北) 대학부속도서관소장)을 비롯하여 많은 요괴도감이 제작되었다. 여태까지 산과 들에 비밀스럽게 산재해있던 요괴들은 마치 범죄자들이 머그샷(Mug Shot)을 찍듯, 인간이 붙여준 낯선 명찰과 몽타쥬를 입고 종이위로 소환되었다.

또한 서민들의 풍속화인 우키요에에서는 다색목판화기법으로 만들어지는 니시키에(錦繪) 덕분에 대량제작과 유통이 가능해졌다. 요괴 이미지는 많은 서민들의 손으로 전해져 흥미진진한 오락거리이자 이야깃거리가 되었다. 우키요에는 요괴가 에도의 서민층에서 대중적인 인기를 끌게 되는 중요한 매개체였다.

---

4) 대표적인 작품으로는 도사 미쓰노부(土佐光信)작품으로 전해지는 교토 신쥬앙(真珠庵) 소장의 중요문화재 〈百鬼夜行繪巻〉가 있다.

또한 종이나 비단 위에 먹으로 그리는 일본화(日本畵)에서도 요괴표현
은 발견된다. 특히 벽에 거는 축(軸)그림 중에 미인유령화가 다수 제작되
어, 하나의 장르로 성립되었다. 근세의 유명한 일본화가로, 서양화기법
의 응용을 통해 사실적인 자연묘사를 구사한 사생화의 대가 마루야마 오
쿄(圓山應擧: 1733~1795)의 작품으로 전해지는〈유령도〉(幽靈圖: 18세기, 젠쇼
우앙(全生庵)소장)는 이후, 히레자키 에이호(鰭崎英朋: 1880~1968)의〈모기장
앞의 유령〉(蚊帳の前の幽靈: 1906, 젠쇼우앙소장)이나 우에무라 쇼엔(上村松園:
1875~1949)의〈불꽃〉(焰: 1918, 도쿄국립박물관소장) 등 여러 일본화에서 보이
는 일련의 '머리를 산발한 채로 홀연히 서 있는, 발이 없는 미인 유령' 표현
의 원조로 여겨진다. 이처럼 에도시기에는 요괴의 캐릭터와 스토리가 대
량으로 양산되어 도감, 우키요에, 일본화, 판본 등 여러 분야에서 요괴표
현의 정점을 맞이했고, 이러한 분위기는 메이지유신 이후로도 이어졌다.

다이쇼・쇼와기(大正・昭和期)에 시작된 서구 현대미술의 유입으로, 일
본미술사에서도 전통적인 요괴를 주제로 한 그림들은 사그라드는 듯 했
지만, 곧 다른 맥락을 통해 요괴들은 다시 얼굴을 내밀었다. 1920년대의
사회운동그림이나 1930년대 후반에 왕성했던 초현실주의회화, 그리고
종전 후의 아방가르드(전위) 미술, 1950년대의 르포르타쥬(ルポルタージュ,
reportage: 사회고발) 회화에서 요괴는 '공포'나 '고통'이라는 감정 혹은 '부패
한 권력'이나 사회적 폭력에 대한 '불평등'과 '분노'를 표현하는 수단으로
서 등장하였다.[5]

---

5) 미술사학자 아다치 겐(足立元)은 20세기 초엽의 신문삽화나 만화와 같은 분야의 프롤레
타리아회화에서 부패한 자본주의 기득권자들이 요괴로 표현되었음을 지적하고, 1950년

종전 전의 대표적인 초현실주의화가이자 종전 후의 사회현실을 고발하는 르포르타쥬회화를 다수 남긴 야마시타 기쿠지(山下菊二: 1919~1986)의 〈아케보노 마을 이야기〉(あけぼの村物語: 1953, 도쿄국립근대미술관 소장)는 당시 야마나시현(山梨縣) 아케보노마을에서 실제로 일어난 사건에 취재한 그림이다. 비인도적인 산림지주에게 맞서 싸우다 매를 맞고 강에서 익사한 노동자가 화면아래에 흐르는 빨간 강물 속에 그려져 있다. 그 뒤로 이 남자를 운반한 듯 한 바구니를 어깨에 맨 남자가 시체를 묻으려는 듯 삽을 들고 서있다. 화면 중앙에는 농로건설로 자신의 보리밭이 없어진 시골처녀가 고개를 숙이고 서있고, 그 옆에는 은행부도로 인하여 목메어 자살했다는 노파가 그려져 있다. 죽은 사람들 사이사이에 노파의 코에서 흘러내리는 분비물을 핥는 암컷 개와 시골처녀 양옆에서 인간의 옷을 걸치고 요사를 부리는 듯한 사시 눈의 개들이 음흉하게 표현되어 있다. 이 동물들은 비밀스럽고 억울한 죽음을 당한 사회적 약자의 현실이 마치 비현실적으로까지 비참하고 잔인한 것이었음을 강조하고 있다.

그렇다면, 현재의 일본미술에서는 어떠할까.

정통일본화에서는 그 수는 적지만 개인작가에 의한 미인유령화의 계보가 이어지고 있다. 특히 마쓰이 후유코(松井冬子: 1974~)의 그림은 '미인이 그린 미인유령화'로 화제가 되어 미디어를 통해 대중의 인기를 얻은 케이스이다. 또한, 망가(マンガ)의 〈게게게의 기타로〉(ゲゲゲの鬼太郎)나

대 사회운동회화에서는 원폭에 대한 공포라든가 미군으로 상징되는 사회적 폭력의 구조에 대한 불평등과 분노를 표현하기 위해 요괴가 소환되었다고 말한다. 아다치 겐(足立元), 2018, 「사회운동의 '유령'(幽靈)그림: 프롤레타리아 미술운동, 르포르타주 회화, 그리고 반(反)예술」, 『미술사학보』제50호, 미술사학연구회, 59~72쪽.

애니메이션의 요괴워치 에서도 확인 할 수 있듯이, 하이컬쳐와 서브컬쳐의 양쪽에서 '요괴'의 이미지가 대중적인 인기를 끌고 있다[6]. 한편, 일본 특유의 오타쿠문화와 결합하여 근세의 마루아먀 오쿄가 그린 미인유령화 속의 발없는 유령이 손바닥만한 피큐어의 형태로 출시되어 현대인의 오락거리로 부활한 예도 있다. 이처럼 일본미술사에서 '요괴'는 고대부터 현재까지 시대를 초월하여 존명한 모티브이자, 나아가 빼놓을 수 없는 주요한 일본의 문화코드의 하나라 할 수 있을 것이다.

Ⅲ. 가와나베 교사이의 요괴그림

그렇다면 유구한 요괴그림의 계보위에서 막부말 메이지초라는 시대의 경계에서 자신만의 독특한 요괴그림을 성립한 가와나베 교사이를 살펴보기로 하자.

교사이는 이바라키현에서 태어나 에도(후의 도쿄)에서 활동한 일본화가로, 유년시절 2~3년간은 당시의 유명 우키요에 화가였던 우타가와 구니요시(歌川國芳: 1798~1861)에게 사사하였고, 이후 도쿠가와가(德川家)의 어용회사(御用繪師)였던 가노파의 화가에게 재입문하였다. 서민들의 자유분방한 정서를 담은 우키요에와 지배계층의 고상한 정서를 담은 가노파(狩野派)의 전통회화라는 상반된 이력을 소유한 그는, 한마디로 클래식에

---

6) 민속학자 박전열은 현대일본사회에서의 요괴 붐이 미즈키 시게루(水木しげる: 1922~2015)의 만화 게게게의 기타로가 애니메이션화된 1968년경에 시발되어 2018년 현재까지 일본사회의 사회 경제적 상황과 맞물려서 4차례의 붐이 있었다고 보고 있다. 박전열, 2018,「현대 일본사회의 요괴 붐」『일본비평』제 18호, 서울대학교 일본연구소, 68~99쪽.

서 팝까지 자유롭게 경계를 넘나드는 파격적인 인물이었다. 따라서 남긴 그림의 장르도 다양하여, 정적인 풍경화나 미인화는 물론, 성스러운 관음도(觀音圖)와 지옥그림(地獄繪)과 같은 종교적 그림(聖畵), 그리고 왁자지껄한 요괴유령화와 풍속화, 유머와 풍자가 담긴 희화광화(戲畵狂畵)와 적나라한 춘화(春畵)까지, 한 사람의 화가가 그렸다고는 상상할 수 없을 정도의 다양한 스타일과 폭발적인 에너지를 보였다. 생존당시부터 그 화풍이 외국인에게도 큰 인기여서 서구의 다수의 미술관과 콜렉션에 작품이 소장되어 있었으나, 근대에 이루어진 일본미술사의 성립과정에서는 소외되어 근년에 와서야 제대로 된 평가가 이루어졌다.

미술사학자 사토 도신(佐藤道信)은 교사이를 가리켜 에도가 도쿄로 바뀌며 승자와 패자가 전복되고 천재지변이 일어나던 불안정한 격동기를 몸으로 체현한 인물로, 서민측의 불안한 심리와 사회상황을 가장 단적으로 비주얼화한 화가였다고 말한다[7]. 또한, 신앙의 대상인 관음(神)과 서민의 정서에 깃든 요괴를 모두 그려, '이계의 성과 속'(異界の聖と俗) 양자를 현출시킨 유일한 화가라고 평가하였다. 시대와 장르의 경계를 초월하여 다양한 화풍과 비범한 화력(畵力)을 자랑한 교사이는 자신 스스로를 '화귀'(畵鬼)라고 호를 칭한 바와 같이, 이계와 인간계의 경계를 넘나들며 여러 가지로 화(化)하는 요술을 부리는 요괴의 존재와 닮아있는 듯하다.

---

7) 佐藤道信, 2008, 「河鍋曉齋 觀音と妖怪―異界の聖と俗」, 『美術フォーラム21』제 18호. 메이지 3년(1870)에 교사이는 사람들 앞에서 즉흥적으로 그리는 석화(席畵)로 제작한 그림이 메이지의 체제를 비판하고 풍자하는 내용이라고 하여 투옥되는 등, 시대전환의 변화를 몸으로 체험하였다. 출소 후, 그는 자신의 이름을 미칠 '광'을 쓴 '교사이-狂齋'에서 새벽 '효'를 쓴 '교사이-曉齋'로 바꾸었다.

교사이가 그린 수많은 회화장르 중에서도 특히 요괴그림은 화가로서의 기량과 상상력 그리고 유머감각을 마음껏 발휘한 장르였다. 교사이만의 예민한 감성과 매력을 느낄 수 있는 몇 작품을 감상해보자.

〈유령도〉(幽靈圖)[그림 1]에서는 그로테스크한 분위기를 뿜어내는 섬세하고도 치밀한 연출력이 엿보인다. 발밑이 흐릿하게 홀로 서있는 핏기

[그림 1] 교사이, 〈유령도〉, 비단에 채색, 105.7×32.0cm, 1868~70년, 후쿠토미 타로(福富太郎)콜렉션자료실 소장

없는 얼굴의 여성은 다른 유령화의 주인공들과 다를 바 없다. 그러나 잘 살펴보면, 여성에게 드리워진 등불의 빛을 경계로 하여 그녀의 신체와 옷은 미묘하게 다르게 표현되어 있음을 알 수 있다. 얼굴과 귀, 손목 등 어두운 그늘에 있는 부분은 더욱 수분없이 야윈 모습으로 주름지게 표현되어 있고, 그녀가 입은 민무늬의 유카타(浴衣)는 어둠가운데에서 오히려 흐릿한 식물문양을 드러내며 여성이 누구인지 귀띔 해 주려하고 있다. 어두운 밤, 등불을 비춰진 이 여자를 발견한 이는 누구인가. 보통의 노파인줄 알고 잠시 안도했을지도 모르는 발견자(그림의 감상자)는 이내 자신을 노려보는 그녀의 양쪽 눈의 색깔이 푸른색과 노란색으로 다른 빛을 내고 있음을 눈치 채고, 다시 한 번 닭살이 돋을 것이다. 마치 공포영화의 한 장면과 같은 미장센을 이루는 이 그림은, 화면 안에 등불을 배치하고 빛과 어둠으로 양분

함으로써 미스테리한 분위기를 연출하는 동시에 현세와 이계의 경계를 암시하며, 그 어느 쪽에도 속하지 못한 채 방황하는 원혼의 스토리를 미루어 짐작하게 한다.

한편, 요괴그림은 아니지만, 죽음 직후의 사체들을 하오리(羽織) 안감에 그린 〈처형장적묘회 하오리〉(處刑場跡描繪羽織)에서도 그로테스크한 화면을 만들어내는 탁월한 연출력을 확인할 수 있다. 이 그림에는 인체에 대한 정확한 뎃상으로 화가로서의 기량이 엿보일 뿐 아니라, 십자가형에 처해져 눈코입귀를 비롯한 몸의 모든 구멍에서 피를 흘리는 여자와 교수형에 처해져 혀를 내밀고 죽은 남자, 죽은 사람의 머리(生首)를 물고 주변을 배회하는 개[8], 사체의 눈알을 파먹고 있는 새까지, 다양한 캐릭터들이 유기적으로 조합되어 리얼하게 묘사되어 있다. 화면 구석구석까지 닿아 있는 잔혹한 묘사와 섬세한 연출은 보는 사람으로 하여금 현장의 생생한 섬뜩함을 느끼게 한다.

교사이는 화면구성과 운용에 있어서도 탁월한 기량과 대범함을 발휘한다. 만취한 채로 4시간 만에 즉흥적으로 완성했다는 〈신토미자 요괴막〉(新富座妖怪引幕)[그림 2]은 극무대의 막으로 쓰인 그림으로 그 크기가 무려 높이 4미터에 너비가 17미터에 이른다. 자신의 키의 5~6배는 족히 될 막막하고도 광활한 화면 앞에서 교사이는 주눅 들지도 않았던 모양이

---

8) 참고로, 교사이의 일련의 유령화에서는 목이 잘린 사람의 머리(生首)가 종종 등장한다. 이는 그가 우키요에를 수련하던 9살의 때에 인체학습에 열중한 나머지 강에서 주운 목 잘린 남자의 머리까지 들고 와 사생하였다는 일화를 떠올리게 한다. 어린 시절에 목격한 갓 현세를 떠난 인간의 머리는, 교사이에게 있어 종생에 걸쳐 이계로의 상상여행을 하게 하는 안내자가 되었던 것일지도 모른다.

[그림 2] 가와나베 교사이, 〈신토미자 요괴 막〉, 천에 먹과 채색, 401.0×1704.0cm, 1880년, 와세다대학 츠보우치(坪内)박사기념연극박물관 소장

다. 화면을 과감히 양분하여, 마주 보는 가부키 배우 두 명의 얼굴을 필두로 양쪽으로 크고 작은 요괴들의 얼굴을 대항하듯 그려 넣었다. 경계는 중앙에서 조금 빗겨난 왼쪽으로 설정하여 지루하지 않게 힘을 분배하고, 길항하는 양자의 팽팽한 에너지를 대비시켰다. 오른쪽에서 화면중앙으로 꿈틀거리는 길다란 목과 혀는 화면에 리듬감을 주고 있는데, 특히 중간에 화면을 뚫고 밖으로 나간 목의 표현은 직사각형 화면에 갇히지 않는 열린 공간을 선사한다. 종종 교사이는 화면 밖 장정 부분까지 인물의 신체를 대담하게 끌고나가곤 했는데, 마치 자신의 자유분방한 정신은 답답한 사각 틀에 옭아 멜 수 없다고 외치고 있는 듯하다. 대화면 앞에 주저하지 않는 필력과 지루하지 않게 화면을 운용해내는 순발력을 확인할 수 있는 작품이다.

작은 화면의 요괴그림에서도 교사이의 연출력과 구성력은 확인된다. 너비 17센티 남짓한 화첩『세이세이 교사이 화첩(三)』(惺々狂齋畵帖)의 그림인 〈바케네코〉(化猫)에서 교사이는 화면을 사선으로 양분하고, 오른 쪽 위에 비현실적으로 커다란 고양이를, 왼쪽 아래에 매우 작은 크기의 인간들을 배치했다. 괴이한 묘사 하나 없이, 역전된 크기와 대항하는 인물배

치만으로 작은 화면에서 요괴의 커다란 존재감을 효율적으로 표현해낸 것이다. 초연한 표정으로 까꿍하는 마네키네코(招き猫) 포즈의 고양이와 뒤로 자빠지는 인간의 묘사에서는 교사이 특유의 유머감각이 빛을 발하는 작품이다.

한편, 무로마치시대의 백귀야행 두루마리그림을 본으로 하여 제작한 『교사이백귀화담』(曉齋百鬼畵談)을 보면, 요괴들이 밤길을 행진한다는 설정과 등장 캐릭터들의 묘사에 있어 모본과 공통되는 부분이 많다. 익살스러운 표정의 대머리 인면마(人面馬)나 뒷통수가 엄청 큰 음흉한 표정의 누라리횬(ぬらりひょん) 등 보통 백귀야행 두루마리그림에 등장하지 않는 캐릭터를 추가하는 등의 약간의 변주는 있다. 그러나 가장 큰 차이점은 화면의 구성에 있을 것이다. 판본책자의 형태로 보관되어 있는 이 작품은 오른쪽에서 왼쪽으로 읽을 수도 있고 반대 방향으로 읽을 수도 있지만, 종래의 백귀야행 두루마리그림처럼 오른쪽에서 왼쪽방향으로 감상하다 보면, 마지막장면에 가서 커다란 '불덩어리'에 쫓겨 도망가는 요괴들을 만날 수 있다[그림3]. 이것은 많은 백귀야행 두루마리그림에서 볼 수 있는 라스트 씬의 패턴으로, '불덩어리'는 '솟아오르는 태양'이나 '존승다라니의 영험'으로 해석되어 왔다. 그러나 교사이의 그림에서는 불덩어리 주변에서 옅은 핑크색 빛이 방사되고 있는 것을 확인할 수 있는데, 고마쓰 가즈히코는 이것을 두고 '방귀'가 아닐까라고 조심스레 추측한다. 그 근거로써 방귀가 요괴를 격퇴하는 모티브였던 점과 교사이가 방귀를 주제로 한 두루마리그림 〈방귀합전〉을 그렸던 점을 들고 있다[9]. 소설가 후지노 가

---

9) 小松和彦, 2009, 「〈妖怪的なるもの〉の氣配－『曉齋百鬼畵談』を讀み解く」, 安村敏信監修・解説, 『河鍋曉齋 曉齋百鬼畵談』, ちくま學藝文庫.

[그림 3] 가와나베 교사이, 『교사이 백귀화담』의 마지막 페이지, 종이에 채색, 21.3×12.2cm, 1889년, 국제일본문화연구센터 소장

오리(藤野可織)는 이 설을 받아, 그렇다면 '불덩어리'는 사람의 '엉덩이'가 아닌가라는 재미있는 해석을 내놓고 있다[10]. 그렇다면 이 그림은 인간도시의 밤거리를 위풍당당하게 활보하는 요괴들이 아니라, '방귀'에 깜짝 놀라 혼비백산하는 요괴들을 그린 것이 된다. 그것을 증명하듯이, 교사이가 그린 요괴들이 행진하는 방향은 불덩이를 기준으로 대부분 왼쪽에서 오른쪽으로 향해있다. 다수의 백귀야행 두루마리그림에서 요괴들이 오른쪽에서 왼쪽으로 행진하다가 마지막에 가서 불덩어리를 맞닥뜨린 소수의 선진주자들만 휙하고 몸을 돌리는 모습인 것과 반대이다. 이 차이를 염두에 두고 다시 교사이의 그림을 자세히 살펴보면, 요괴들 전체의 움직

---

10) 藤野可織, 2015.7, 「屍に追いたてられる魑魅魍魎」『藝術新潮―特集とてつもない繪師、河鍋暁齋』, 60~61쪽.

임이 의연하게 '행진'하는 행위가 아니라, 화면 위쪽으로 보이지 않는 존재를 쳐다보며 놀라거나 다급히 쫓기는 듯 한 뉘앙스의 몸짓을 취하고 있음을 알 수 있다. 이처럼 교사이의 백귀야행은 퍼레이드의 마지막에 가서야, 실은 '방귀로부터 도망치는 요괴들의 긴 행렬을 그린 것이지요!' 라는 유머로 화(化)하는 반전의 가능성을 선사한다.

마지막으로 교사이의 요괴그림의 매력으로서 사후세계(死界)에 대한 기발한 상상력을 꼽을 수 있을 것이다. 『지옥극락순례도』(地獄極樂めぐり圖): 1869~72, 세이카도(靜嘉堂)문고미술관 소장)는 교사이의 후원자였던 니혼바시(日本橋)의 대형방물상 가쓰타 고헤이(勝田五兵衛)의 딸 다쓰(田鶴)가 14세의 나이로 요절하자, 그녀의 추선공양(追善供養)을 위하여 제작을 의뢰받아 그린 화첩이다. 총 40개의 그림으로 이루어진 이 화첩은 주인공 소녀인 다쓰가 임종 후에 아미다 여래들에게 보호받으며 명계(冥界)를 둘러본 후, 극락에 도달한다는 스토리로 구성되어 있다. 교사이가 그리는 명계는 종교적이고 엄숙한 공간이 아니라, 오히려 생명력 넘치는 활기찬 공간으로 설정되어 있다. 극락으로 이르는 여정을 즐기는 소녀 다쓰는 사이노 가와라(賽の河原: 죽은 아이가 저승에서 부모의 공양을 위해서 돌을 쌓아 탑을 만든다는 삼도(三途)내의 모래 강변)에서 아이들에게 장난감을 건네고, 인간계의 시장바닥과 별 다를 바 없는 명계의 번화가에 들려 활기찬 공기를 마신다. 또 이미 타계하여 명계에 머무는 유명 화가의 화실에 앉아 그림을 감상하거나 염라대왕과 함께 극장에 앉아 가부키를 관람한다. 또 길을 가다가 가부키배우가 탄 마차를 발견하고 망원경으로 그의 얼굴을 확대하여 엿보기도 한다.

여기서 교사이는 어린 나이에 세상을 떠난 소녀의 사후가 외롭지 않길 바라며, 기발한 상상력을 발휘하여 기존의 불교의 육도세계에 더하여 인간계에 흡사한 시장과 극장, 연회장 등 활력 넘치는 장소를 설정하고, 다쓰가 다양한 문화생활을 즐기며, 만취한 염라대왕을 보고 몰래 웃고, 생전에 좋아했던 가부키배우와 유사혼례도 치르는 등[11], 재미나고 상징적인 사건들을 중층으로 쌓아올렸다. 두려운 미지의 세계가 아닌, 희노애락이 넘치는 세계, 마치 사계의 풍속화를 보고 있는 듯하다.

　　특히 화첩 중에서도 교사이의 상상력이 돋보이는 장면은 제 37도 〈극락행 기차〉(極樂行きの汽車)[그림4]로, 극락으로 향하는 이동수단을 당시의 신문물인 '기차'로 설정한 부분이다. 지금으로 말하자면, 신형의 신칸센을 타고 극락가는 꼴을 그린 것이 될까. 종이위에 먹으로 그린 전통적인 회화에 갑작스럽게 등장한 기차. 게다가 더욱 정확히 말하자면, 이 그림은 일본에 처음으로 신바시(新橋)~요코하마(橫浜)간에 철도가 처음 개통하기 2개월 전에 그려진 그림이다. 교사이는 서양 책에서만 보던 기차의 사진에 상상력을 더하여 달리는 기차를 휘황찬란하게 그려낸 것이고,

---

11) 제 23도 〈三代歌川豊國描く歌舞伎役者〉에는 타계한 우타가와 구니요시(三代歌川豊國: 1786~1865)의 화실에 앉아 가부키배우의 초상을 감상하는 다쓰의 모습이 그려져 있다. 그려진 배우가 이치가와 단주로(八代目市川團十郎: 1823~1854)를 그린 것이라는 종래의 연구에 대하여, 최근의 연구에서는 그 생김새와 옷의 문장으로부터 오노에 기쿠고로(五代目尾上菊五郎: 1844~1903)를 그린 것이라는 지적이 나왔다. 기쿠고로가 당시 아직 살아있는 사람이었지만, 가쓰타 가문의 열렬한 후원을 받은 배우로, 다쓰의 생전에 호의를 가졌던 대상으로서 그의 얼굴과 두 가문의 문장을 작품의 곳곳에 넣음으로써 두 사람간의 유사혼례의 의식을 올린 것이라는 해석이다. 曽田めぐみ, 2013.10, 「河鍋曉齋筆「地獄極樂めぐり圖」再考－幕末明治の表象と追善供養のかたち」, 『美術史』제 175호, 美術史學會, 57~59쪽.

[그림 4] 가와나베 교사이, 〈극락행 기차〉, 종이에 채색, 24. 8×40. 1 cm, 1872년, 세이카도(靜嘉堂)문고미술관 소장

기차의 실물을 직접 본적 없는 당시의 감상자 즉, 그림을 주문한 유가족들은 이러한 파격적인 그림을 눈 앞에 두고 대단한 위화감과 충격을 느꼈을 것이다. 오래된 불교적 관념의 사후세계 속에 위풍당당히 그려진 기차라는 신문물. 이것은 사계에 대한 교사이의 상상력이 극대화된 결과물이고, 기차의 개통이라는 희대의 화젯거리를 보지 못하고 타계한 소녀를 위로하는 독특한 방식이었을 것이다. 한편, 아이러니컬하게도 사계(死界)를 그린 이 그림은 급속한 문명개화를 이루어내던 메이지 초기의 현세풍경을 잘 보여주는 그림이 되기도 하였다.

한편, 근년의 연구에서는 이 그림에 대하여 다쓰가 기차를 타고 극락에 가는 장면이 아니라, 이미 극락왕생한 다쓰의 후일담으로서, 그녀의 사후에 죽은 두 명의 사촌 동생들-수면인(獸面人)이 끄는 인력거를 타고 오는 두 명의 인물-을 마중나오는 장면이라는 해석이 제기되었다[12]. 극락에서 살면서 훌륭한 어른으로 성장한 다쓰가 친척 아이들을 맞이한다는 설정에는 아이들의 사후에도 안락과 보호가 약속되어 있을 것이라고 유족들을 위로하는 교사이의 따뜻한 마음씨를 느낄 수 있다. 자신이 사생한 물고기도 죽이지 않고 방생하던, 미물의 생명도 소중히 여기던 교사이었으니까 말이다.

참고로, 교사이의 요괴그림에서는 수유하는 엄마와 젖먹는 아기의 조합을 종종 발견할 수 있다. 그것은 지옥에서 고통받으며 혼이 쏙 나간 인간이던, 이계에서 기타를 치며 노래를 부르고 있는 요괴이던, 양자를 불문하고 등장하는 모티브이다. 마치, '모성'은 인간계와 이계의 경계를 넘어서 공통적으로 존재하는 불가침의 영역이라는 듯 말이다.

이처럼, 교사이는 불교의 사후개념에 얽매이지 않고 자신만의 사계를 구축해 갔다. 공간, 사건, 인물의 설정에 있어 기존의 관념들을 활용하면서도 기발하고 독특한 자신만의 상상을 더하여 흥미로운 하나의 세계를 만들어간 것이다. 임종으로부터 극락에 도착하기까지 사이노 가와라나 지옥의 처형장과 같은 기성의 관념적 장소 외에, 시장이나 가부키극장, 연회장 등의 현세의 익숙한 장소들을 추가하고, 그 안에서 간발의 차로 배를 놓치는 사건, 가부키배우와의 만남, 타계한 친척들을 맞이하는 일 등 다양한 사건을 설정하여 구체적인 네러티브를 만들었다. 더하여 등

---

12) 제 37도가 다쓰의 일 주기에 헌납되어진 다른 그림들보다 나중에 추가 된 사실과 이 그림이 그려지기 한 달 전에 가쓰타 고헤이의 조카 두 명이 타계한 점, 이 즈음에 타계 한 가쓰타 가문의 아이가 딱 두 명으로 기록되어 있는 점이 근거로 쓰였다. 위 논문, 61~63쪽.

장인물에 있어서는 부모를 위해 강가의 돌을 옮겨 탑을 쌓는 아기들, 만취하여 몸을 가누지 못하는 염라대왕, 시장을 돌아다니는 인면견(人面犬), 수유하는 엄마요괴와 젖먹이 요괴 등 귀엽고 사랑스런 캐릭터들을 곳곳에 배치하여 친근하고도 해학이 있는 세계를 만들었다. 또한, 극락으로 향하는 수단으로 등장하는 인면마와 수면인(獸面人)이 끄는 인력거, 그리고 기차까지. 고래의 이미지부터 신문물까지 과감히 조합하여 사계의 이미지를 다채롭게 만들었다.

여기에서 우리는 '사계는 도대체 어떻게 생긴 것일까'라는 교사이의 집요하기까지 한 호기심과 참신한 발상이 결국 공간, 사건, 인물들의 창조와 조합을 통해 하나의 섬세하고 탄탄한 세계를 구축해내고 있음을 확인할 수 있다.

나가며

요괴그림은 재현(再現)의 대상이 있는 인물화나 산수화 등과는 달리, 눈에 보이지 않는 세계와 존재를 그리는 그림으로, 화가의 상상력은 무한대가 될 수 있다. 대상, 공간, 사건의 연출에 있어 특정 이미지에 구애받지 않는 '미정의 세계'에서, 기발한 상상력의 소유자 교사이는 섬뜩함과 유머를 넘나드는 자신만의 이계를 창출해나갔다. 잔인하고 섬뜩한 그림이던, 유머가 가득한 우스꽝스런 그림이던, 교사이의 요괴그림에서는 그리는 이의 '쾌'(快)가 느껴진다. 그것은 그에게 있어 요괴그림이라는 것은 화가로서의 기량, 즉 조형감각과 연출력과 사생력, 그리고 개인의 상상력을 유감없이 발휘할 수 있는 무한대의 놀이터였기 때문일 것이다.

교사이가 그려낸 요괴그림에는 생명을 소중히 하는 그의 다정한 성정과 눈에 보이지 않는 것들에 대한 엉뚱한 호기심이 그대로 배어있다. 다른 화가가 그려낸 요괴는 또 그 화가를 꼭 닮은 모습을 하고 있을 것이다. 이처럼 요괴는 그것을 '만들어 낸' 일본인들을 닮아 있다. 그들이 현세의 시간과 공간을 바라보는 눈, 일상의 빈 곳을 채우는 공상과 유머의 방식, 사람을 위로하는 법, 사물을 대하는 태도 등을 이야기해 준다. 언제부터일지 모르는 까마득한 선조대부터 일본인들과 함께 살아 온 요괴는 '현재'의 일본인들이 태생적으로 가지게 된 사고방식과 관습을 이해하게 하는 은밀한 열쇠가 아닌가 싶다.

아동용 그림책으로 보는 요괴관의 변천

마쓰무라 가오루코(오사카대학)

들어가며

일본의 서점에 가면 요괴를 테마로 한 그림책이 책장에 많이 진열되어 있다. 이것은 다른 나라에서는 별로 볼 수 없는 풍경이 아닐까. 매해 여름이 되면 공립 도서관에서도 〈요괴 그림책 코너〉과 〈귀신 도서 코너〉가 마련될 정도로 요괴와 귀신에 관한 그림책은 일본 어린이들에게 상당히 인기가 많다.

아동용 그림책은 부모가 아이에게 들려주기도 하기 때문에 유아 때부터 눈으로 쉽게 접하게 된다. 그림책에 그려져 있는 다양한 요괴의 그림과 문장에 의해 도깨비는 빨갛고 뿔이 나 있다는 이미지와 갓파[1]의 머리에는 접시가 있고 좋아하는 오이를 먹는다는 이미지 등, 어린이의 요괴에 대한 이미지가 그림과 함께 형성되어 간다. 이와 같이 유소년기에 형성된 요괴의 이미지는 어른이 되어도 변하지 않는 것이 아닐까. 그렇기 때문에

---

1) 갓파(河童)-일본의 상상의 동물로 강에 산다. 머리에는 접시를 얹은 것 같은 민머리 모양을 하고 등에는 등딱지가 붙어있다. (역자 주)

여러 아동용 그림책에 묘사된 요괴의 그림과 문장은 일본인의 요괴관 형성에 큰 영향을 준다고 할 수 있다.

　일본에서 아동용 그림책을 대상으로 한 연구는 지금까지 많이 이루어져 왔지만 요괴와 관련된 아동용 그림책에 대해서 분석한 것은 그다지 많지 않다. 몇 가지 대표적인 연구를 들면 이노쓰메 나나에 「그림책『섬을 끄는 도깨비』로 보는 도깨비 및 개인이라는 문제」[2], 가토 야스코 「에도기 아동용 그림책의 매력: 아카혼『이것은 알고 계시는 요괴입니다』에 관해서」[3], 가토 야스코 「에도기 아동용 그림책의 매력(승전(承前)) : 아카혼『도깨비의 사계절 놀이』,『귀신의 시집가기』에 대해서」[4], 요코야마 야스코 「현대 아동용 그림책과 갓파」[5] 등이 있다. 그러나 이들 선행연구에서는 아동용 그림책 중 일부만 분석한 것이 많고 다른 시대의 아동용 그림책과 비교 분석한 것은 거의 없다. 일본인의 요괴관의 변천에 대해서 생각해 보기 위해서는 요괴에 관한 아동용 그림책의 시대별 변천을 비교 고찰할 필요가 있을 것이다.

　그렇기 때문에 이 글에서는 에도시대(江戶時代: 1603~1868) 중기 이후에서 2017년까지 간행된 약 200점의 요괴에 관한 그림책을 분석하여 이것을 제작하는 작자와 화가가 요괴를 어떻게 인식하여 그림책에 표현했는지, 어떤 메시지를 요괴를 통해 전달하려고 했는지 등에 대해서 고찰하고

---

2) 猪爪七重, 1978, 「繪本『島ひきおに』に見る鬼および個の問題」, 『目白兒童文學』15, 日本女子大學.

3) 加藤康子, 2004, 「江戶期子ども繪本の魅力: 赤本『是は御ぞんじのばけ物にて御座候』をめぐって」, 『梅花女子大學文化表現學部紀要』第1號.

4) 加藤康子, 2005, 「江戶期子ども繪本の魅力(承前) : 赤本『おにの四季あそび』,『ばけ物よめ入』について」, 『梅花女子大學文化表現學部紀要』第2號.

5) 横山泰子, 2007, 「現代の子供繪本とカッパ」, 『小金井論集』第4號.

아동용 그림책에서의 요괴관의 변천에 대해서 생각해 보고자 한다.

I. 에도시대 아동용 그림책에서의 요괴

일본의 어린이들이 '요괴에 관한 그림책'을 언제부터 읽기 시작했는지에 대한 구체적인 연대는 알 수 없다. 어른들이 좋아하는 요괴에 관한 이야기를 어린이용으로 만들고 이야기에 삽화를 붙인 것으로는 에도시대 중기의 아카혼[6] 등 구사조시[7]를 들 수 있다. 에도시대 이전에도 요괴전승에 그림을 붙인 것으로는 두루마리그림(繪卷)[8]과 나라에혼[9]이 있었는데 이것은 부유층의 일부 어린이들만 볼 수 있었기 때문에 많은 서민 아이들이 아동용 그림책을 볼 수 있게 된 것은 에도시대 중기 이후의 구사조시부터라고 할 수 있다. 어린이용 구사조시의 간행은 간분 엔포기(寛文 延宝: 1661~1681) 무렵 교토 부근과 에도[10] 양쪽에서 시작되었고[11] 특히 에도시대 중기 무렵 교토 부근에서 출판된 '가미가타에혼'[12]과 에도에서 출판된 구사조시는 어린이들이 읽었다고 추정된다. [13] 아카혼은 에도에서 출판된

---

6) 아카혼(赤本)-에도시대 구사조시(草双紙)의 일종으로 그림 위주의 아동용 동화책. (역자 주)

7) 구사조시(草双紙)-에도시대에 출판된 그림을 중심으로 하여 이야기를 전개해 나가는 소설의 총칭. (역자 주)

8) 두루마리그림(繪卷: 에마키)-차례로 펼치면서 그림과 이야기를 읽을 수 있게 되어있는 두루마리. (역자 주)

9) 나라에혼(奈良繪本)-무로마치시대(室町時代: 1336~1573) 후반부터 에도시대 초기까지 유행한 새로운 이야기를 제재로 하여 그림을 넣어서 엮은 책. (역자 주)

10) 에도(江戸)-현재의 도쿄. (역자 주)

11) 川戸道昭·榊原貴教, 2008, 『圖説 繪本·挿繪大事典』, 大空社, 16쪽.

12) 가미카타에혼(上方繪本)-교토를 중심으로 한 관서(關西)지방에서 출판된 그림책. (역자 주)

13) 叢の會編, 2006, 『江戸の子どもの本—赤本と寺子屋の世界—』, 笠間書院, 2쪽.

목판인쇄를 한 그림책으로, 내용은 어른용인 부분도 있지만 다양한 형태로 변용되면서 메이지시대 초기까지 계속되었다.[14]

에도시대 아동용 그림책에는 흥미로운 요괴들이 많이 등장한다. 내용도 다채로운데 크게 분류해 보면 '옛이야기물'(昔話もの), '퇴치물'(退治もの), '혼인물'(婚姻もの) 등이 있다.

'옛이야기물' 중 대표적인 것으로는 『모모타로 옛이야기』(桃太郎昔話)와 『모모타로』(桃太郎)가 있다. 복숭아에서 태어난 모모타로가 성장하여 원숭이, 꿩, 개를 데리고 도깨비를 퇴치하러 간다는 유명한 옛날이야기이다. 에도시대의 『모모타로 옛이야기』에 묘사된 귀신은 머리에 뿔과 털이나 있고 다양한 무늬의 옷을 착용하고 있다. 이 옛날이야기를 읽음으로서 어린이들에게 도깨비라는 것은 머리에 뿔이 달려있다는 이미지가 형성되었음에 틀림없다. 도깨비는 아동용 그림책 중에서 인기가 있었던 요괴로, 옛날이야기 이외에도 『도깨비의 사계절놀이』(おにの四季遊び), 『무사의 거울』(武者鏡), 『미나모토 집안의 네 손잡이 가마』(源家四津車) 등을 비롯한 다양한 그림책에서 등장하고 있다. 이러한 그림책에서는 무서운 존재로서의 도깨비뿐만 아니라 『도깨비의 사계절놀이』등의 예와 같이 도깨비가 구름 위에서 물을 뿌려 비를 내리게 하거나 바람이 불게 하거나 눈을 만들거나 하는 등 유머스러운 모습으로도 등장하고 있다.

'옛이야기물'에는 일본의 어린이들이 잘 알고 있는 『긴타로』(金太郎) 이야기도 보인다. 긴타로[15]는 산속 마귀할멈의 자식으로 곰과 싸워도 이길

---

14) 위의 책, 2~3쪽.
15) 긴타로(金太郎)-일명 가이도마루(怪童丸), 사카타노 긴토키(坂田金時)의 어렸을 때의 이

정도의 괴력을 가지고 있었다. 이후 긴타로의 괴력은 미나모토노 요리미쓰(源賴光: 헤이안시대 중기의 무장) 등에게 전해져 그의 부하가 되어 사카타노 긴토키(坂田金時)로서 사천왕 중 한 명이 된다. 에도시대 긴타로에 관한 옛날이야기는『긴타로』이외에『가이도마루』(怪童丸)와『긴토키오사나다치』(きんときおさなだち)라는 타이틀로도 간행되었다. 이러한 그림책에는 어머니인 산속의 마귀할멈과 가이도마루의 힘겨루기 상대로서 덴구[16]도 등장한다.『긴토키오사나다치』에 등장하는 산속의 마귀할멈은 뿔이 두 개나 나 있어 마귀할멈다운 모습을 하고 있다.『가이도마루』에 묘사된 산속의 마귀할멈은 상냥한 어머니의 모습을 하고 있어서 언뜻 보면 마귀할멈처럼 보이지는 않지만 중간부터 마귀할멈다운 모습으로 묘사되기 시작한다. 어느 마귀할멈이나 가이도마루를 굉장히 아낀다. 미나모토노 요리미쓰와 함께 사천왕이 된 사카타노 긴토키는 후에 슈텐동자[17]를 퇴치하는 그림책에서도 빈번히 등장한다.

또한『혀 잘린 참새』(したきれ雀)도 유명한 옛날이야기이다. 이 이야기는 할아버지가 귀여워했던 참새의 혀를 심술궂은 할머니가 가위로 잘라버리는 것에서부터 시작된다. 할아버지는 도망간 참새를 찾으러 나가고 그곳에서 참새의 둥지를 발견하여 참새와 재회한 후 보물이 들어있는 고리짝을 선물로 받는다. 후에 할머니도 그 둥지를 찾아가는데 할머니도 고

름. (역자 주)

16) 덴구(天狗)-상상의 요괴로 산속에 살며 얼굴이 붉고 코가 긴 것이 특징. (역자 주)

17) 슈텐동자(酒呑童子)-교토부(京都府) 오에야마(大江山)라는 산에 산다고 전해지는 도깨비의 두목. (역자 주)

리짝을 받아온다. 그러나 그 고리짝 안에서는 미코시뉴도[18] 등의 요괴가
나타난다.

   에도시대 아동용 그림책에는 옛날이야기뿐만 아니라 인간이 요괴를
퇴치하는 '퇴치물'도 많이 실려 있다. 에도시대 구사조시에 묘사된 요괴에
대해서 연구한 애덤 커버트가 기뵤시[19] 에 묘사된 요괴에 대해서 "호걸에
의한 요괴 퇴치담이 압도적으로 많다. 요괴는 퇴치해야만 하는 존재로, 끊
임없이 인간과 대립하는 입장에 놓여있다는 것을 의미한다."[20] 라고 지적
한 것처럼, 아동용 그림책에서도 요괴는 인간이 퇴치해야 하는 존재로 자
주 묘사된다. 요괴를 퇴치하는 이야기 중에서 유명한 것은 앞서 기술한 미
나모토노 요리미쓰를 포함한 사천왕이 슈텐동자를 퇴치하는 것으로, 에
마키 등에서도 자주 등장한다. 오에야마(大江山)라는 산에 사는 슈텐동자
라는 도깨비가 교토에서 사람을 납치했기 때문에 미나모토노 요리미쓰를
필두로 한 사천왕이 천황의 명을 받아 슈텐동자를 퇴치하러 나선다. 미나
모토노 요리미쓰 일행은 수행자의 옷을 입고 산으로 수행하러 와서 머무
를 곳을 찾고 있다고 속이고 슈텐동자의 집으로 숨어든다. 그리고 슈텐동
자를 비롯한 도깨비들과 함께 술을 마실 때 슈텐동자에게 도깨비가 취하
는 강한 술을 먹이자 결국 슈텐동자는 취기가 돌아 잠들어 버린다. 슈텐동
자가 자고 있는 곳으로 미나모토노 요리미쓰 일행이 숨어들어 그의 목을
잘라 퇴치한다는 내용이다. 이 슈텐동자의 이야기는 당시 아동용 그림책

---

18) 미코시뉴도(見越し入道)-쇠몽둥이를 치켜든, 키다리 승려의 모습을 한 괴물. (역자 주)
19) 기뵤시(黄表紙)-에도시대 중기인 1775년 이후에 유행한 구사조시의 한 종류. (역자 주)
20) アダム・カバット, 2017, 『江戸化物の研究―草双紙に描かれた創作化物の誕生と展開』, 岩波
   書店, 78쪽.

중에서도 인기가 있었던 것으로, 『라이코 산으로 들어가다』(らいこう山入)에서는 슈텐동자의 목을 치는 유명한 장면이 묘사되어 있고, 『사천왕이 다 모였다』(四天王揃)에서도 슈텐동자의 목이 묘사되어 있다.

또한 인간이 요괴와 싸우고 퇴치할 뿐만 아니라 요괴끼리도 싸우는 『이것은 알고 계시는 요괴입니다』라는 아동용 그림책도 있다. 이것은 에도시대에 유행했던 '하늘다람쥐'(ももんが)를 좋지 않게 생각한 미코시뉴도가 동료들과 함께 '하늘다람쥐'를 상대로 싸운다는 이야기이다. 미코시뉴도가 이끄는 구세력의 요괴들로는 근세 이전으로 계보를 거슬러 올라갈 수 있는 요괴들이 등장하고, 하늘다람쥐 측의 신세력으로는 기물(器物) 요괴가 등장한다는 점을 아동용 그림책 연구가인 가토 야스코가 지적하였다.[21] 미코시뉴도가 이끄는 요괴로는 외눈박이(一つ目), 네코마타[22], 갓파, 여우 등이 있고, 하늘다람쥐가 이끄는 요괴로는 쓰치뉴도[23], 야칸텐구[24], 누리오케[25] 등이 있다.

이와 같이 인간이 퇴치하는 요괴, 싸우는 요괴에 관한 그림책이 등장하는 한편, 『귀신 시집가기』(化物おめ入り)와 『오시마다이 고양이의 시집가기』(大島台猫の嫁入), 『센슈라쿠 쥐의 시집가기』(千秋樂鼠之嫁入) 등 '시집가기물'도 등장한다. 『귀신 시집가기』도 슈텐동자과 마찬가지로 에마키에도 등장하는, 당시 사람들이 좋아했던 이야기이다. 『귀신 시집가기』는

---

21) 加藤康子, 2004, 「江戸期子ども繪本の魅力 : 赤本『是は御ぞんじのばけ物にて御座候』をめぐって」『梅花女子大學文化表現學部紀要』第1號, 44쪽.
22) 네코마타(猫股)-꼬리가 두 개로 나뉜 고양이. (역자 주)
23) 쓰치뉴도(槌入道)-망치모양의 대머리 요괴. (역자 주)
24) 야칸텐구(やかん天狗)-주전자 모양을 한 텐구. (역자 주)
25) 누리오케(塗り桶)-옻칠을 한 통 모양의 요괴. (역자 주)

미코시뉴도가 맞선을 주선하여 긴 목이 자유자재로 움직이는 오로쿠(お ろく)와 외눈박이인 겐페이(見平)가 선을 보고 결혼을 하게 된다는 이야기 이다. 그리고 아이가 태어나 오미야마이리[26]를 하는 장면까지 묘사한 매우 독특한 내용의 그림책이다. 혼수를 옮기는 장면에서는 등롱과 양초의 요괴가 밤길을 밝히고 혼수를 넣은 큰 상자에는 다리가 달려 있어 요괴가 그것을 운반하고 있는 것을 알 수 있다. 혼수 옆에는 여우와 이무기가 함께 하고 있다. 혼례의 음식을 만드는 장면에서는 칼 모양을 한 요괴가 생선을 자르고 덴구가 자신의 긴 코를 봉으로 하여 절구 안의 된장을 섞고 찢어진 부채 요괴가 도미구이를 부치고 있다. 결혼식이 시작되어 갓파가 "내 머리처럼 물도 새지 않는 끈끈한 사이가 되어 주세요."[27]라고 말하는 장면도 흥미롭다. 결혼식 후에는 외눈박이 겐페이에게 인사도 받지 못하고 술자리에도 초대받지 못한 빗자루와 들통 등 도구 모양을 한 요괴들이 겐페이의 집에 돌을 던지는 장면이 나온다. 이 장면에서 등장하는 기물 요괴처럼 에도시대 아동용 그림책에 등장하는 요괴들에게 주목해야 할 점은 기물 요괴, 즉 그릇 모양의 요괴들이 빈번하게 등장한다는 점이다. 앞에서 언급한 『이것은 알고 계시는 요괴입니다』에서도 그릇 모양의 요괴가 '하늘다람쥐'와 함께 등장하고, 『도구 귀신 총집합』(道具の化物盡し)에서도 등불과 술병, 나무통, 잔, 두레박, 쓰레받기, 목욕통, 들통, 지우산, 큰 솥이라는 에도시대 서민 생활에 등장하는 도구를 중심으로 한 기물 요

---

26) 오미야마이리(お宮参り)-아이가 태어난 것을 그 지역의 신에게 보고하면서 아이의 건강과 행운을 기원하는 행사. (역자 주)
27) 갓파의 머리가 접시를 쓴 모양을 하고 있는 데에서 온 비유. (역자 주)

괴가 등장하고 있다. 또한 그 밖에도 『귀신 담배』(化物たばこ) 와 『귀신 덴목산』(化物天目山)[28] 이라는 아동용 그림책에도 기물 유형의 요괴가 등장하고 있다.

일본에서는 중세에 성립되었다고 추정되는 『쓰쿠모신 에고토바』(付喪神繪詞)[29] 와 『백귀야행 두루마리그림』(百鬼夜行繪卷) 에서 표현하고 있듯이 100년 이상 된 도구에는 혼이 깃들어 쓰쿠모신이 된다는 기물 요괴라는 관념이 있다. 『쓰쿠모신 에고토바』는 고호(康保) 연간(964~968) 의 연말 대청소 때문에 집에서 버림받은 오래된 도구들이 인간에게 버림받은 원한으로 요괴가 되어 갖은 악행을 저지르고 복수를 한다는 이야기이다. 오래된 도구의 요괴들은 도구의 신을 모시게 되어 4월 첫 5일 한밤중에 이치조거리(一條通り) 에서 동쪽으로 향하는 제례 행렬을 이루었다. 마침 그곳을 관백[30] 이 지나가게 되었는데 그가 몸에 지니고 있었던 존승다라니의 부적이 불꽃이 되어 기물 요괴들을 덮쳤고 요괴들은 도망치게 되었다. 그 후 요괴들은 반성하여 출가하고 승려가 되어 수행한 끝에 깨달음을 얻어 부처가 되었다는 것이다. 이 『쓰쿠모신 에고토바』에 나타난 기물 요괴라는 관념은 에도시대에도 전승되어 아동용 그림책에 등장하게 되었다는 것을 알 수 있다.

---

28) 덴목산(天目山: 덴모쿠잔)-야마나시현(山梨縣)에 있는 산.(역자 주)
29) 에고토바(繪詞)-이야기를 그림으로 그린 책.(역자 주)
30) 관백(關白: 간파쿠)-천황을 보좌하여 정무를 수행하는 중요한 직책.(역자 주)

Ⅱ. 메이지 다이쇼시대 아동용 그림책에 나타난 요괴

에도시대의 구사조시는 메이지시대(明治時代: 1868~1912)에도 이어졌는데 에도시대 말기부터 흑백으로만 되어 있던 판본에 색을 입힌 것이 판매되기 시작하여 메이지시대가 되면 색이 들어간 아동용 그림책이 늘어난다. 메이지시대에 간행된『모모타로 이야기』(桃太郎噺)에 등장하는 도깨비는 노란색 호피를 걸치고 있다. 에도시대에 간행된『모모타로 옛날이야기』(桃太郎昔話), 『모모타로』(桃太郎)와 같이 흑백으로만 되어 있던 판본과는 달리 요괴의 그림에 색을 입혔기 때문에 어린이들의 머릿속에서 도깨비의 이미지는 보다 구체적이고 선명해진다. 앞에서 언급한 에도시대의『귀신 시집가기』이야기는 메이지시대가 되어도 꾸준한 인기를 얻어서『귀신 시집가는 이야기』(化物嫁入咄)에는 요괴의 맞선 장면과 혼수를 운반하는 장면이 선명하게 묘사되어 있다.

다이쇼시대(大正時代: 1912~1926)가 되면 스즈키 미에키치(鈴木三重吉)가 1918년 7월부터 간행한『빨간새』(赤い鳥)와 다카미 규타로(鷹見久太郎)가 1922년 1월부터 간행한『어린이 나라』(コドモノクニ)와 같이 어린이용 이야기에 삽화를 넣은 아동잡지가 많이 간행되기 시작한다.『빨간새』는 동화와 동요, 어린이가 쓴 작문과 어른들의 민간전승에 대한 보고서 등 다양한 내용을 게재하고 있고, 그 중에서도 요괴 이야기는 16개가 확인되어 아동용 요괴 이야기를 게재하고 있었던 것을 알 수 있다. 한편『어린이 나라』는 동요와 시, 동화를 선명한 그림과 함께 게재하고 있는데 요괴 이야기는 거의 싣지 않아서 두 개의 동화와 한 개의 동요가 보이는 정도이다. 노구치 우조의 〈귀신의 행렬〉[31] 이라는 동요의 삽화에는 외눈박이 동자(一つ目小僧), 우미보즈[32], 목이 긴 요괴(ろくろ首), 다이뉴도[33], 갓파가 어둠을 배경으로 하여 다양한 색상의 선으로 묘사되어 있다. 또한 잡지 『새 어린이』(新子供)에 게재된 하나마타 가스이의 「도깨비의 싸움」[34]에는 빨간 도깨비와 파란 도깨비가 입거나 신으면 자유자재로 하늘을 날 수 있는 신발과 옷을 잘 구별하지 못하여 싸우고 있던 터에 중재하러 온 인간이 그 신발과 옷을 입고 하늘로 날아가 버렸다는 이야기가 실려 있다. 거기에는 2명의 빨간색과 파란색의 도깨비가 싸우는 모습과 인간에게 하늘을 나는 도구를 빼앗겨 어안이 벙벙해진 도깨비들의 모습이 삽화로 실려 있다. 이 이야기처럼 어린이 잡지에서는 '도깨비'에 관한 다수의 이야기를 확인할 수 있는데 『빨간새』에 등장하는 요괴와 관련된 동화에서도 도깨비가 가장 많이 등장하고, 그 다음으로는 갓파가 많이 보인다. 그리고 흰여우, 덴구, 유령, 기지문[35] 등이 한 작품씩 등장한다. 이 예를 봐도 알 수 있는 것처럼 일본의 아동용 그림책에서는 도깨비를 중점적으로 다루고 있다. 오노 히로시의 「도깨비 반지」[36]는 부자로 고생을 모르는 젊은이가 여행을 떠나 도깨비에게 쫓기는데 도깨비가 준 반지를 손가락에 끼고 있었기 때문에 도깨비는 젊은이가 어디에 있는지를 알 수 있어서 그 젊은

31) 野口雨情, 1927, 〈お化の行列〉, 『コドモノクニ』6卷5號.

32) 우미보즈(海坊主)-배가 가는 길목에 나타나는 허깨비. (역자 주)

33) 다이뉴도(大入道)-대머리로 몸집이 큰 도깨비. (역자 주)

34) 花又花醉, 1917, 「オニノケンクワ」, 『新子供』7月號附錄.

35) 기지문(キジムン)-오키나와와 그 주변 섬에서 산다고 전해지는 요괴. 수목의 정령. (역자 주)

36) 小野浩, 1924, 「鬼の指輪」, 『赤い鳥』13卷4號.

이는 결국 자신의 손가락을 잘라서 도망칠 수밖에 없었다는 내용이다. 이 작품의 삽화에서 도깨비는 뿔이 난 무서운 표정을 하고 있어서 어린이가 이것을 보면 도깨비는 무서운 모습을 하고 있다고 인식했을 것이다. 또한 스스로 손가락을 잘라서라도 도망쳐야만 할 정도로 도깨비는 무서운 존재라는 것도 이 작품을 통해서 인식할 수 있다. 우노 고지의 『도깨비의 짚신』[37]에서도 도깨비는 곤봉을 든 무서운 모습으로 등장하고, 내용도 칼을 들고 나타나는 등 두려운 존재로 묘사되고 있다. 어느 작품이나 도깨비는 인간을 먹는 무서운 존재라는 점을 인식시키고 있다. 이들 도깨비 그림은 에도시대부터의 흐름을 잇는 방법으로 묘사되고 있는데 이 이외의 몇 개인가의 작품에서는 서양으로부터 영향을 받은 것이라고 추정되는 도깨비가 등장한다. 이것이 에도의 요괴 그림과는 다른 특징을 가지고 있다. 니조 기누코의 「사람 먹는 도깨비」[38]와 에구치 간의 「도깨비가 왔다」[39], 오키 아쓰오의 「도깨비 의형제」[40]가 그에 해당된다. 그 중에서도 「도깨비 의형제」의 도깨비는 검은 얼굴에 날카롭게 솟은 귀를 가지고 양복을 입고 있어 에도시대까지 이어져 온 일본의 도깨비와는 완전히 다른 모습을 하고 있다.

그렇다면 갓파는 어떻게 묘사하고 있을까? 야마모토 준조의 「갓파 축제」[41]는 200년 동안 종이 속에 갇혀 있던 갓파가 화상(和尙)의 주문으로

---

37) 宇野浩二, 1924, 「鬼の草鞋」, 『赤い鳥』13卷6號.
38) 二條絹子, 1919, 「人くひ鬼」, 『赤い鳥』3卷1號.
39) 江口渙, 1924, 「鬼が來た」, 『赤い鳥』13卷1號.
40) 大木篤夫, 1927, 「鬼の兄弟分」, 『赤い鳥』18卷6號.
41) 山本純三, 1928, 「河童祭」, 『赤い鳥』21卷2號.

풀려나 그 대가로 금과 은을 가지고 온다는 내용으로, 갓파의 삽화는 인간의 몸에 머리만 갓파의 모습을 하고 있어 무서운 인상을 주지는 않는다. 또한 호리 우타코의「갓파」[42]에서는 갓파가 아이의 엉덩이에서 피를 뽑아 목숨을 빼앗는 특성을 보이는 한편, 논의 수호신인 갓파가 인간에게 행운을 불러다주는 경우도 보인다. 삽화는 무서운 갓파의 모습이 아니라 귀여운 남자아이의 모습으로 묘사하고 있다. 그렇다면 다른 요괴들은 어떻게 그리고 있을까? 도요시마 요시오의「흰여우 이야기」[43]는 흰여우가 어부의 총에 맞을 위험에서 벗어나기 위해 아이를 다른 사람 집에 맡기고 어부를 혼쭐내어 그가 여우를 총으로 쏘는 것을 그만두게 한 후 다양한 방법으로 마을 사람들을 구한다는 이야기이다. 삽화에서는 흰여우 2마리가 아이를 맡긴 집 안에서 등장하고 있다. 흰여우의 삽화는 무서운 인상을 주지 않고, 이야기의 내용도 흰여우가 나쁜 여우가 아니라는 것을 드러내고 있다. 오키 아쓰오의「기지문과 젊은이」[44]에 실려 있는 기지문의 삽화는 장난꾸러기 같은 남자아이의 모습을 하고 있지만 내용은 인간의 혼을 빼앗는 무서운 존재로 묘사되어 있다.

　에도시대부터 이어져 온 퇴치물은 메이지시대 이후에도 확인되는데 다이쇼시대가 되면 인간이 요괴를 퇴치한다는 내용에 전의(戰意)를 고양시키는 것을 목적으로 한 내용이 더해진『훌륭한 두 소년』(えらい二少年: 1914)과 같은 그림책도 출판된다. 이 그림책에서는 소라오(空雄), 우미오

42) 堀歌子, 1932,「河童」,『赤い鳥』3巻6號.
43) 豊島與志雄, 1920,「白狐の話」,『赤い鳥』4巻4號.
44) 大木篤夫, 1927,「キジムンと若もの」,『赤い鳥』19巻4號.

(海雄)라는 두 명의 소년이 각각 하늘의 세계와 바다의 세계로 나가는데 소라오는 구름 위의 도깨비를 정벌하고 우미오는 바다 세계의 용왕과 싸운다. 소라오는 별의 왕에게 칭찬의 뜻으로 훈장을 받고 두 사람은 고향으로 돌아온다는 이야기이다. 두 사람의 복장이 군복인 것과 일장기가 등장하는 것에서 전의의 고양을 목적으로 한 그림책이라는 것은 분명하며, 도깨비와 용왕을 요괴라고 상정하여 정벌의 대상으로 삼고 있는 것을 알 수 있다.

또한 에도시대의 아동용 그림책에 자주 보이는 기물 요괴는 메이지시대까지는 등장하였으나 다이쇼시대가 되면 적어지고 쇼와시대(昭和時代: 1926~1989)가 되면 기물 요괴를 그리는 아동용 그림책은 거의 사라지게 된다. 중세 이후부터 이어져 온 기물 요괴는 근대화에 의한 일본인의 생활도구의 변화 탓인지 점차 줄어든 것으로 보인다.

Ⅲ. 쇼와시대 이후 아동용 그림책에서 보이는 요괴①
- 인간과의 관계에 의한 변화 -

쇼와시대에는 강담사(講談社)의 그림책 시리즈와 복음관서점(福音館書店)의 『어린이들의 친구』(こどものとも) 시리즈 등과 같이 책 전체가 컬러화된 그림책이 판매되기 시작한다. 『어린이들의 친구』 시리즈 등에도 많은 그림책을 수록한 작가 아카바 스에키치는 『도깨비의 팔』[45]에서 와타나베

---

45) 赤羽末吉, 1976, 『鬼のうで』, 偕成社.

노 쓰나[46]와 미나모토노 요리미쓰가 도깨비를 퇴치하는 이야기를 그리고 있다. 아카바는 '도깨비의 아카바'(鬼の赤羽)라고 불릴 정도로 도깨비를 그리는데 정평이 나 있었고 도깨비가 공격할 때의 표정 등 전체적으로 박력이 넘치는 도깨비의 모습을 그렸다. 마찬가지로 아카바가 그림을 그리고 후나자키 요시히코가 글을 쓴『도깨비가 줄줄이 나온다』[47]에서도 두루마리그림에 나오는 듯한 무서운 표정의 도깨비가 등장한다. 내용은『금석이야기집』[48]에 나오는 도깨비의 침을 맞는 이야기를 바탕으로 하고 있다.『도깨비의 팔』과『도깨비가 줄줄이 나온다』는 모두 옛날부터 전해 내려오는 이야기를 바탕으로 하고 있다. 아카바가 옛날이야기를 그릴 때에는 야마토에[49]의 수법을 의도적으로 사용하고 있는 것에서도 알 수 있듯이 이 책들은 옛날부터 전해 내려오는 도깨비의 무서움을 전면적으로 내세운 것이라고 할 수 있다.

쇼와시대에도 도깨비 다음으로 많은 등장 횟수를 자랑하는 것은 갓파이다. 사네토우아키라 글 이노우에 요스케 그림의『갓파의 눈알』[50]에 나오는 갓파는 바위 위에서 등딱지를 말리면 인간이 될 수 있다는, 자신의 등딱지를 노리는 나쁜 상인의 말에 속는다. 결국 갓파는 말라 비틀어져 눈알만 남는데 등딱지를 가지러 온 나쁜 상인을 눈알이 바위에서 밀어버린다는 이야기이다. 그림은 내용에 따라 박력 있게 표현되어 보통 상냥한

---

46) 와타나베노 쓰나(渡辺綱)-헤이안시대(798~1186) 중기의 무장. (역자 주)

47) 舟崎克彦(作)·赤羽末吉(繪), 1978,『鬼ぞろぞろ』, 偕成社.

48)『금석이야기집』(今昔物語集)-헤이안시대의 설화집. (역자 주)

49) 야마토에(大和繪)-일본적 전통을 담은 화풍의 그림. (역자 주)

50) さねとうあきら(作)·井上洋介(繪), 1973,『かっぱのめだま』, 理論社.

193

표정을 짓고 있는 갓파가 속은 것을 알고 복수하는 장면에서는 굉장히 무서운 표정으로 변한다.

　이와 같이 요괴의 무서움을 묘사하는 한편, 쇼와시대 이후의 큰 변화로 지적할 수 있는 것은 요괴가 인간과 관계하는 가운데 인간과 같은 마음을 가지게 된다는 점이다. 니시모토 게이스케의 『도깨비와 아기』[51]에서는 마을 사람에게 나쁜 짓을 하는 도깨비가 사실은 외로움을 탄다는 것과 아기의 표정을 보고 마음을 고쳐먹은 후 나쁜 짓을 하지 않게 되는, 사실은 착한 마음씨를 가지고 있다는 것이 묘사되어 있다. 이 책에서 우메다 사쿠가 그리는 도깨비는 무서운 표정뿐만 아니라 부드러운 표정과 풀이 죽은 모습 등을 보여주고 있어 이전까지의 도깨비의 표현법과 비교해 보면 인간의 표정과 동작에 가깝다고 할 수 있다. 도게 헤이타 글 다카다 이사오 그림의 『도깨비의 축제』[52]에서는 치요(千代)라는 아가씨가 구해준 도깨비가 마을 사람들을 위해서 일하고 자신을 구해준 치요를 사랑하게 되지만 그녀가 시집을 가게 되자 눈물을 흘리는 모습이 보인다. 이 그림책에서는 도깨비는 무서운 존재가 아니라 인간에게 좋은 일을 하는 존재로 등장한다. 치요가 시집을 가자 도깨비가 그녀가 만들어준 옷을 손에 쥐고 눈물을 흘리는 장면은 인간의 모습 그 자체로, 읽고 있는 아이들의 공감을 얻을 수 있을 것으로 생각된다. 또한 다카하시 추지 글 무라카미 쓰토무 그림의 『도깨비의 아이 다보라』[53]는 다보라라고 하는 도깨비의

---

51) 西本鶏介(作)・梅田俊作(繪), 1987, 『おにとあかんぼう』, 金の星社.
52) 峠兵太(作)・高田勳(繪), 1990, 『鬼まつり』, 佼成出版社.
53) 高橋忠治(作)・村上勉(繪), 1992, 『鬼の子ダボラ』, 佼成出版社.

아이가 자신을 키워준 할머니를 구하는 이야기이다. 이 그림책의 다보라도 슬플 때는 눈물을 흘리고 인간과 같은 마음을 가진 착한 도깨비로 묘사되어 있다.

에도시대부터 다이쇼시대까지의 아동용 그림책에서는 인간이 요괴를 퇴치하는 내용이 많았다. 간다 스미코 글 다나카 로쿠다이 그림의 『괜찮아 괜찮아 헤노갓파!』[54](2011)는 '헤노갓파'(へのかっぱ)라는 아이를 구하는 영웅 갓파가 곤경에 처한 인간 친구를 구한다는 내용으로, 요괴가 인간을 구하는 친구로 묘사되어 있다. 인간인 남자아이가 곤란에 처했을 때 "헤노갓파"라고 외치면 "헤이 헤이, 헤노갓파!"하고 헤노갓파가 와서 도와준다는 이야기이다. 유노 세이이치의 『갓파 칼』[55]도 칼이라고 하는 이름의 갓파가 히카루(ヒカル)라고 하는 인간 남자아이와 친구가 되어 강에 빠진 여자아이를 구해준다는 내용이다. 더 이상 요괴는 퇴치와 배제의 존재가 아닌 인간과 똑같은 마음을 가진, 인간을 구하는 친구로 등장하고 있다. 이와 같은 내용의 요괴에 관한 그림책이 증가한 이유는 연대적으로 볼 때 그림책 작가들이 미즈키 시게루(水木しげる)의 〈게게게의 기타로〉[56]에 등장하는 요괴에 적잖은 영향을 받았기 때문이라고 생각된다.

---

54) 油野誠一(作)・田中六大(繪), 2011, 『へいきへいきのへのかっぱ!』, 教育畫劇.
55) 油野誠一, 2002, 『カッパのカルくん』, 福音館書店.
56) 〈게게게의 기타로〉(ゲゲゲの鬼太郎)-일본의 만화로 요괴의 이미지를 침투시킨 미즈키 시게루의 대표작. (역자 주)

IV. 쇼와시대 이후 아동용 그림책에서 보이는 요괴②

-아이들을 둘러싼 환경의 변화와 요괴-

또한 요괴 그림책의 전개에서 특징으로 지적할 수 있는 것은 아이들의 생활환경에 관한 이야기가 많아진 것이다. 아베 나쓰마루 글 와타나베 유이치 그림의『갓파의 진수성찬』[57]은 남자아이가 강에서 빠질 뻔 했을 때 갓파가 구해주는 이야기로 시작된다. 갓파는 강에서 즐겁게 노는 아이들의 마음이 '자신(갓파)의 진수성찬'으로, 아이들이 강에서 놀면 배가 가득 차지만 아무도 강에서 놀지 않게 되면 자신은 비쩍 말라서 사라져 버릴 것이라고 이야기한다. 그러자 남자아이가 친구들을 데리고 강으로 놀러오려고 생각한다. 이 작품이 간행됐을 때에는 이미 아이들이 강에서 놀지 않게 되어 작자가 자연 속에서 노는 즐거움을 요괴의 대사를 통해 전달하고자 한 것을 알 수 있다. 또한 아오야마 구니히코의『덴구의 나무 은신처』[58]는 학교 친구들과 가족과 잘 지내지 못하는 슌(しゅん)이라는 아이가 나무에 은신처를 만들려고 하자 덴구와 요괴들이 도와줘서 커다란 은신처가 완성되고 그곳으로 친구들을 데려와 요괴들과 논다는 이야기이다. 은신처를 완성하자 덴구가 "우리들은 지루해서 견딜 수가 없어. 옛날에는 많은 아이들과 여기에서 놀았는데. 그런데 지금은 아무도 오지 않아. 마을에는 진짜로 재미있는 것들이 있나봐. 우리들은 다시 모두 다 함께 놀고 싶어!"라고 말하는 부분과 이 데려온 친구들이 덴구에게 놀라서 돌아가려고 할 때 덴구가 "어 얘들아 이대로 가면 아까울 거야! 마을보

---

57) 阿部夏丸(作)・渡辺有一(繪), 2004,『かっぱのごちそう』, 童心社.
58) 靑山邦彦, 2010,『てんぐのきのかくれが』, 教育畵劇.

다도 재밌는 게 많이 있어!"라고 외치는 부분에서 도시화로 인해 자연에서 놀 수 없게 된 아이들에 대한 작자의 마음이 드러나 있다. 여기에서 요괴들은 아이들과 자연 속에서 함께 노는 존재로 그려지고 있는 것이다.

또한 요괴에 관한 그림책은 가정환경의 변화에도 경종을 울리고 있다. 앞서 언급한 『괜찮아 괜찮아 헤노갓파!』(2011)에서는 '헤노갓파'의 가족이 사이좋고 단란하게 지내고 있다. '헤노갓파'의 집은 강 속에 있고 할아버지, 아빠, 엄마와 애완견인 페로(ペロ)와 함께 살고 있다. 헤노갓파의 가족은 싱글거리면서 원탁을 둘러싸고 오이를 먹는다. 가전제품은 현대와 똑같이 두께가 얇은 텔레비전인데도 불구하고 서랍장과 원탁은 쇼와시대의 분위기를 자아낸다. 이 그림책은 헤이세이시대(平成時代: 1989~)인 2011년에 간행되었는데 당시의 가정의 모습이 아니라 쇼와 40년대 (1965~1975)의 가족의 단란한 모습을 상정하고 있다. 요괴에 관한 그림책 중에서 이와 같이 가족의 단란한 모습을 그리는 작품은 1990년대부터 보이기 시작한다. 일본에서는 1995년 이후 고도경제성장과 함께 아버지는 기업전사가 되어 연일 힘들게 일하고 밤늦게 귀가하여 가족과 함께 생활하는 시간은 줄어든다. 게다가 어머니까지 일하러 나가는 가정이 늘어났다. 그와 함께 1980년대부터 '고식'(孤食)이라는 집에서 혼자 밥을 먹는 아이들의 상태가 사회문제로 대두되었다. '가족이 모여서 식사를 한다'는 '가족이 단란'했던 모습으로 돌아가자는 이야기를 자주 하게 된 시기부터 갓파의 가족이 단란하게 지내는 모습이 그림책에 등장하게 되었다. 이와 같이 갓파의 그림책에서 가족의 단란한 모습이 등장하게 된 것은 1952년에 『갓파 가와타로』(かっぱ川太郎)에서 갓파 가족이 등장하고, 기자쿠라(黃

櫻)라는 주조회사의 CF에 시미즈 곤(淸水崑)이 그린 갓파 가족의 캐릭터가 등장한 영향도 있었기 때문이라고 생각된다.

또한 요괴에 관한 그림책에서는 아이들을 둘러싼 자연환경의 문제에 대해서 비판하는 내용도 찾아볼 수 있다. 예부터 전해내려 오는 요괴 전승에서는 요괴가 좋은 환경을 만들어낸다는 내용은 보이지 않으나 요괴에 관한 그림책에서는 자연환경보호를 주장하기 위해서 요괴를 자주 활용하고 있다. 히사쿠니히코의『갓파의 생활도감』[59]은 갓파의 일상생활을 도감처럼 그린 그림책이다. 그림책 서두에서 작자는 "일본 각지에는 예부터 갓파에 대한 다양한 이야기와 전승이 남아있습니다. …(중략)… 그러나 최근에는 갓파의 목격담은 거의 들을 수 없습니다."라고 말하고 있다. 그리고 마지막 페이지에 갓파의 숫자가 줄어든 것에 대해서 이야기하고 있다. "그런 갓파들의 숫자가 점점 줄어들게 된 것은 역시 인간의 삶의 발전과 관계가 깊다고 할 수 있습니다. …(중략)… 특히 메이지시대가 된 이후 일본은 근대화를 위해서 끊임없이 강을 바꿔왔습니다. 강가는 콘크리트로 굳어졌고 강물 속은 파헤쳐져 평평해지고 여러 목적으로 여기저기에 댐을 건설했습니다. 산속의 강까지 수력발전을 위해 댐을 만들었습니다. 논에서 사용할 물을 위해서, 도시 사람들이 사용할 물을 위한 커다란 저수지도 강을 완전히 바꿔버렸습니다. 게다가 일본 곳곳의 강가에 만들어진 마을과 공장에서는 더러운 물이 계속해서 강과 호수로 흘러들어가고 있습니다."[60]라고 하여 '인간 중심으로 강과 물을 바꾼 것이 원인'이

---

59) ヒサクニヒコ, 1993,『カッパの生活圖鑑』, 國土社.
60) ヒサクニヒコ, 전게서, 38~39쪽.

라고 정리하였다. 또한 나카가와 치히로의 『갓파의 허물』[61] 은 주인공 겐타(ゲンタ)가 수영이 금지된 강에서 수영을 하다가 갓파에게 붙잡혀 며칠 동안을 함께 보낸다는 이야기이다. 갓파는 겐타에게 "10년전 까지는 강에 갓파가 많이 있었는데 지금은 점점 살기 어려워졌어. 전에는 어둠 속을 틈타 밭의 오이를 많이 먹었는데 요즘은 어디나 훤해져서 오이도 먹을 수 없게 되어 모두 다른 곳으로 가버렸어. 인간이 된 갓파도 있다고 하는데 강을 버리다니 쓰레기 같은 갓파야. 아마 우리가 마지막 갓파일 거야"라고 말한다. 그 후 겐타는 갓파의 허물을 입고 갓파로 변신하여 며칠간 갓파와 함께 지낸다. 어느 날 태풍이 와서 강에 인간이 버린 여러 물건들이 흘러들어온다. 그것을 주우면서 겐타는 갓파에게 물건의 이름과 사용법을 가르친다. 작자는 이 그림책에서도 자연환경이 나빠지자 갓파가 줄었다는 점, 도시화로 인해서 어두운 곳이 줄었다는 점, 인간이 버린 물건으로 강이 오염되었다는 점을 메시지로 담고 있다.

다테마쓰 와헤이의 유작이 된 다테마쓰 와헤이 글 요시나가 고우타쿠 그림의 『신 · 곤자쿠모노가타리그림책 도깨비의 회의』[62] (2011)는 인간이 논을 만들기 위해서 소중한 나무를 잘라버린 것에 화가 난 백귀(百鬼)들이 인간을 멸망시키고자 회의를 한다는 이야기이다. 주니히토에[63]를 입은 여자와 세눈박이 도깨비 등 많은 요괴들이 모여 인간들에게 다양한 방법으로 나무들이 화가 나 있는 사실을 알린다. 겨우 잘못을 깨달은 인간

61) なかがわちひろ, 2000, 『カッパのぬけがら』, 理論社.
62) 立松和平(作)・よしながこうたく(繪), 2011, 『新・今昔物語繪本鬼のかいぎ』, 新樹社.
63) 주니히토에(十二單)-옛날 여성 관인들의 정장. (역자 주)

들이 나무의 혼을 달래기 위해 불제(祓除)를 시행한다. 그러나 시간이 지나자 멈추지 않는 인간들은 다시 나무를 베고 강을 더럽혀 많은 생물들을 죽인다. 자연파괴가 진행된 현대에 만약 백귀가 보인다면 여기저기가 백귀로 가득 차 있을 것이다, 그들은 모두가 함께 사는 숲과 강과 바다와 하늘을 더 이상 파괴하지 말라고 호소하고 있다는 내용이다. 요시나가 고우타쿠의 박력 넘치는 그림과 함께 자연환경을 파괴해 온 인간들에 대한 경종을 울리는 책이다.

일본에서는 고도경제성장의 급속한 흐름 속에서 공해대책을 미룬 결과 기업이 흘려보낸 오염물질에 의해 대기오염과 수질오염의 문제가 심각해졌다. 그로인해 1967년에 공해대책기본법을 제정하여 공해를 규제하게 되었다. 이와 같은 자연환경파괴에 대한 비판의식을 배경으로 인간생활의 변화에 의해 발생한 환경오염 때문에 요괴가 살지 못하게 됐다는 점을 비판하고 있는 것이다.

이상과 같이 아동용 그림책에서 보이는 요괴는 어린이의 생활환경의 변화와 인간이 자연을 오염시킨 것에 대해서 경종을 울리는 작자들의 다양한 메세지를 대변하고 있는 것이다.

나가며

일본의 아동용 그림책에 묘사된 요괴를 시대별로 살펴보면 문장과 그림 안에서 흥미로운 점을 발견할 수 있다. 요괴에 관한 그림책의 전개는 근대화라는 커다란 시대의 변화 속에서 일본인의 생활이 변한 것과 당시 일본인의 사물에 대한 사고방식이 변한 것이 함께 맞물려서 이루어진 것이다.

에도시대에 요괴는 인간과는 완전히 다른 존재로 인식되어 인간이 퇴치해야 할 대상으로 묘사되었다. 그리고 인간과는 그 모습이 완전히 다른 기물 요괴도 중세시대 에마키의 흐름을 이어받아 많이 등장하였다. 그러나 그 후 근대화에 의해 사람들의 생활이 변화함에 따라 기물 요괴의 등장은 줄어든다. 그리고 그 후의 요괴는 1970년대 무렵부터 인간과 관계를 맺는 가운데 인간과 같은 마음을 가지고 같은 생활을 하는 친구로 등장한다. 시라토 아쓰코의 『요괴 유치원으로 오세요』[64]와 같이 유치원 생활을 하는 요괴들의 모습과 도미야스 요코 글 오시마 다에코 그림의 『도깨비 샐러리맨』[65]과 같이 샐러리맨인 도깨비의 모습을 그리는 작품들은 요괴에 대한 생각이 에도시대와는 완전히 달라진 것을 드러낸다. 즉 이들 작품은 요괴를 인간과 가까운 존재라고 인식하게 된 것을 나타낸다.

또한 1990년경부터 작가들은 요괴를 통해서 아이들의 생활환경과 자연파괴에 대한 비판과 경종을 울리고자 요괴에게 인간의 생활을 구원하는 존재라는 의미를 부여하기 시작한다.

요괴에 관한 그림책은 그 이전 시대까지 전해져 온 요괴전승을 계승하면서도 각각의 시대의 새로운 요소도 첨가하는 형태로 전개되어 왔다. 아동용 그림책 작가들이 그린 그림과 문장을 통해서 형성된 요괴관이 어

64) 白土あつこ, 2014, 『ようかいえんにいらっしゃい』, ひさかたチャイルド.
65) 富安陽子(文)・大島妙子(繪), 2015, 『オニのサラリーマン』, 福音館書店.

린이들에게 전해지고 그러한 요괴관이 아이들 가운데에서도 형성된다. 현대의 어린이들은 요괴의 세계에 가슴을 두근거리고 흥미를 느끼며 요괴를 둘러싸고 벌어지는 내용에 공감한다. 아카바 스에키치의『도깨비의 팔』등 박력 있는 도깨비 그림책은 어른들도 무섭다고 느끼는데 그 공포스러운 면이 훌륭하다는 평가를 받고 있다. 또 한편으로 아이에게 그림책을 읽고 들려주는 어머니들은 어린 아이에게는 지나치게 무서운 요괴보다 무섭지 않은 요괴가 등장하는 그림책이 좋다고 생각한다. 그렇기 때문에 시라토 아쓰코의『요괴 유치원으로 오세요』와 같이 귀여운 요괴가 즐거운 모습으로 등장하는 책이 요괴의 입문편으로는 적절하다고 이야기한다. 따라서 아카바가 그린 것 같은 무섭고 박력이 넘치는 그림책은 초등학교 고학년용이라고 생각하는 경향도 보인다. 어쨌든 아동용 그림책에 등장하는 요괴는 인기가 높아서 에도시대 이후에도 사그러들지 않고 계속되고 있다. 이후에도 일본인의 요괴에 대한 흥미는 계속될 것이다.

참고문헌

青山邦彦, 2010, 『てんぐのきのかくれが』, 教育畫劇.

赤羽末吉, 1976, 『鬼のうで』, 偕成社.

アダム・カバット, 2017, 『江戸化物の研究―草双紙に描かれた創作化物の誕生と展開』, 岩波書店.

阿部夏丸(作)・渡辺有一(繪), 2004, 『かっぱのごちそう』, 童心社.

宇野浩二, 1924, 「鬼の草鞋」, 『赤い鳥』13卷6號.

江口渙, 1924, 「鬼が來た」, 『赤い鳥』13卷1號.

大木篤夫, 1927, 「鬼の兄弟分」, 『赤い鳥』18卷6號.

大木篤夫, 1927, 「キジムンと若もの」, 『赤い鳥』19卷4號.

小野忠重, 1978, 『本の美術史―奈良繪本から草双紙まで』, 河出書房新社.

小野浩, 1924, 「鬼の指輪」, 『赤い鳥』13卷4號.

加藤康子, 2004, 「江戸期子ども繪本の魅力赤本『是は御ぞんじのばけ物にて御座候』をめぐって」, 『梅花女子大學文化表現學部紀要』第1號.

加藤康子, 2005, 「江戸期子ども繪本の魅力(承前)：赤本『おにの四季あそび』『ばけ物よめ入』について」, 『梅花女子大學文化表現學部紀要』第2號.

苅田澄子(作)・田中六大(繪), 2011, 『へいきへいきのへのかっぱ！』, 教育畫劇.

川戸道昭・榊原貴教, 2008, 『圖說 繪本・挿繪大事典』, 大空社.

さねとうあきら(作)・井上洋介(繪), 1973, 『かっぱのめだま』, 理論社.

白土あつこ, 2014, 『ようかいえんにいらっしゃい』, ひさかたチャイルド.

鈴木重三・木村八重子, 1985, 『近世子どもの繪本集 江戸篇』, 岩波書店.

叢の會編, 2006, 『江戸の子どもの本―赤本と寺子屋の世界―』, 笠間書院.

高橋忠治(作)・村上勉(繪), 1992, 『鬼の子ダボラ』, 佼成出版社.

立松和平(作)・よしながこうたく(繪), 2011, 『新・今昔物語繪本 鬼のかいぎ』, 新樹社.

峠兵太(作)・高田勳(繪), 1990,『鬼まつり』, 佼成出版社.

富安陽子(文)・大島妙子(繪), 2015,『オニのサラリマン』, 福音館書店.

豊島與志雄, 1920,「白狐の話」,『赤い鳥』4卷4號.

なかがわちひろ, 2000,『カッパのぬけがら』, 理論社.

中野三敏・肥田晧三, 1985,『近世子どもの繪本集 上方篇』, 岩波書店.

西本鷄介(作)・梅田俊作(繪), 1987,『おにとあかんぼう』, 金の星社.

二條絹子, 1919,「人くひ鬼」,『赤い鳥』3卷1號.

野口雨情, 1927,〈お化の行列〉,『コドモノクニ』6卷5號.

花又花醉, 1917,「オニノケンクワ」,『新子供』7月號附錄.

ヒサクニヒコ, 1993,『カッパの生活圖鑑』, 國土社.

舟崎克彦(作)・赤羽末吉(繪), 1978,『鬼ぞろぞろ』, 偕成社.

堀歌子, 1932,「河童」,『赤い鳥』3卷6號.

山本純三, 1928,「河童祭」,『赤い鳥』21卷2號.

油野誠一, 2002,『カッパのカルくん』, 福音館書店.

横山泰子, 2007,「現代の子供繪本とカッパ」,『小金井論集』第4號.

*한국어 번역 김정희(단국대학교)

한국 · 일본의 인면수(人面獸)의 전개
- 평창올림픽에 등장한 인면조를 통해 본 국가의 독자적 문화상 -

한경자(경희대학교)

들어가며

2018년 2월에 개최된 평창 올림픽 개회식에는 우리에게 생소한 인면조(人面鳥)가 등장하여 많은 사람들의 이목을 끌었다. 갓을 쓴 모습에서 '유교 드래곤', '선비 드래곤'이라고 불리게 되었고 임팩트 있는 비주얼 탓인지 개회식의 신스틸러가 되었다.

한국에서도 이 진귀한 짐승이 고구려의 덕흥리 고분 벽화(5세기 초 제작, 1976년 발견)에 그려진 인면조인 '천추(千秋)·만세(萬歲)·길리(吉利)·부귀(富貴)'라는 사실을 바로 알아차린 이들은 많지 않았던 것 같다. 애초에 고분 벽화에 인면조가 그려져 있는 것을 알고 있던 사람은 얼마나 있을까? 그 정도로 인면조는 한국인에게도 낯선 존재였다.

고분 벽화로 잘 알려져 있는 것은 사신(四神), 즉 백호, 청룡, 주작, 현무이다. 하지만 사신이나 천추·만세·길리·부귀, 봉황은 한국의 독자적인 문화가 아니라 중국에서 유래한 것이며, 그 중 사신은 일본의 키토라(キトラ) 고분 벽화에도 그려져 있는 영수(靈獸)이다. 고분벽화에 길상동

[그림 1] 평창올림픽에 등장한 인면조

[그림 2] 고구려(덕흥리) 고분 벽화

물을 그리는 것은 동아시아에서 공통적으로 존재했던 문화인데 평창 올림픽 개회식에서는 이들을 이용하여 '한국'을 표현하였다.

올림픽 개회식은 국가 이미지를 어필하는 장(場)으로 기능하기도 한다. 올림픽 개회식 행사는 1980년 모스크바 올림픽 때부터 장대해지기 시작하였고[1], 이후 국가를 상징하는 모습을 보여주는 연출이 행해지게 된다. 한국과 중국 일본에서 개최된 올림픽 개회식에서 전통문화를 부각한 연출의 예를 몇 가지 들어보면 다음과 같다.

① 1998년 나가노(長野) 올림픽

나가노의 젠코지(善光寺) 종소리로 올림픽의 개회를 알리고 나가노지역의 전통적 축제인 온바시라 축제(御柱祭)의 의식으로 사방에 기둥을 세움으로써 입장문을 만들었다. 이어 일본 씨름 선수(力士)들의 씨름판 등장 의식(土俵入り)이 있었는데 이것은 자리를 정화하는 의미가 있었다. 또한 나가노의 토속신앙인 도조신(道祖神)이 여행의 안전을 기원하는 역할로 등장하였다. 성화대는 흰 부채 사이로 붉은 태양이 떠오르는 모습으로 아마노이와토(天の岩戸)를 이미지화한 것이었는데, 그곳에 여성 선수가 히미코(卑彌呼)를 상기하게 하는 무녀의 차림으로 등장하여 성화대에 점화를 하였다[2]. 이렇듯 나가노올림픽 개회식은 일본신화를 비롯하여 국가와 지역을 대표하는 전통문화를 부각하는 연출로 구성되고 있다는 것을 알 수 있다.

---

1) 森野聰子, 2012,「ロンドンオリンピック開會式に見る「ブリティッシュネス」」『靜岡大學情報學硏究』
2) 高橋雄一郎, 1997. 7,「國民國家の文化的パフォーマンスとしての長野オリンピック開會式」,『專修経済学論集』; 阿部潔, 2001. 10,「スポーツイベントと「ナショナルなもの」―長野オリンピック開會式における「日本らしさ」の表象」,『關西學院大學社會學部紀要』

② 2008년 베이징(北京) 올림픽

해시계와 고대 타악기로 카운트 다운을 시작하여 공자의 3천 제자가 『논어』의 첫 구절인 "有朋自遠方來, 不亦樂乎(친구가 먼 곳에서 온다면 역시 즐겁지 아니한가)."를 외치며 세계에서 모여든 사람들에 대한 환영의 뜻을 나타내었다. 이어 와이어로 매달린 사람이 경기장의 공중을 날며 둔황벽화의 비천(飛天)을 표현하였다. 그 다음으로 붓 만들기와 종이 뜨기 장면이 영상으로 나오고 경기장 한 가운데에 등장한 커다란 두루마리 종이 위에 무용수가 산수강산도를 그리는 장면이 펼쳐졌다. 다시 공자의 3천 제자가 죽간(竹簡) 두루마리를 펼쳐 『논어』의 "四海之內, 皆兄弟也(온 세상 사람들은 모두 형제이다)"이란 구절을 음송한다. 활판 인쇄술을 나타내는 공연에서는 활자가 화(和)모양을 만들며 중국이 평화를 사랑하고 화를 중요시한다는 것을 표현하였다[3].

이상과 같이 베이징올림픽 개회식은 중국의 4대 발명품인 종이와 나침반, 불꽃놀이, 인쇄술 외에도 경극, 실크로드, 도자기, 차, 이백의 시, 곤곡(崑曲) 등 중국 고대문명과 전통문화를 총동원하여 중국문명의 위대함을 부각하는 연출로 구성되었다.

③ 2018년 평창 올림픽

개회식은 평창에 있는 오대산 상원사의 범종소리로 카운트다운이 시작되어, 이어 다섯 어린이들이 동굴에 탐험하러 들어간다. 동굴 안에는 혼천의가 놓여있고 아이들 앞에 고대의 고분벽화가 펼쳐진다. 고구려 고

---

3) 周走, 2012. 12, 「北京オリンピックと「イメージングチャイナ」」, 『文明21』.

분 벽화의 사방신인 백호, 청룡, 주작, 현무와 벽화 속 상상동물인 인면조천추(만세)가 등장한다. 그 외에 단군신화 속 웅녀와 무용도 속 인물들이 등장하여 춤을 춘다. 이어 조선시대의 전천도(全天圖)인 천상열차분야지도(天象列次分野之圖)를 AR 기술로 형상화하였고 방상씨와 도깨비(귀신) 등이 등장하여 한국의 전통문화유산들을 선보였다.

이상과 같이 한국, 일본, 중국의 올림픽 개회식은 각국의 유구한 역사와 전통문화의 기원을 보여주려 했던 것을 알 수 있다. 반면, 2016년 리우데자네이루 올림픽 개막식은 바다, 생명의 탄생, 숲, 곤충, 선주민, 포르투갈·아프리카·중동·일본에서 와서 정착한 사람들, 항공기, 파벨라(슬럼가), 고무, 사탕수수 등의 브라질을 나타내는 다채로운 요소로 구성되어 있었으며 다양성, 관용, 환경 파괴에 대한 경종 등의 메시지를 전하는 연출이 행해졌다[4]. 리우데자네이루 올림픽 외에도 세계적으로 잘 알려진 예술과 문학 및 대중문화를 소재로 한 2012년의 런던올림픽 등과 비교하면 한국 중국 일본에서 개최된 올림픽 개회식에서는 각국의 전통적 고유성을 선보이려는 데에 차이를 보인다고 할 수 있다.

외국을 대상으로 국가를 소개한다는 것을 전제로 했을 때, 한국이 만들어낼 수 있는 한국문화상이란 어떤 것이며 그 속에 어떠한 메시지를 담아 한국다움을 표현할 수 있을까? 평창올림픽에 등장한 인면수를 통해 살펴보고자 한다.

---

4)) 渡會環ほか, 2017.3, 「リオデジャネイロオリンピック開會式にみる〈ブラジル〉の表象」, 『共生の文化研究』.

I. 한국 · 중국 · 일본의 인면수

인면수는 동아시아에서만 볼 수 있는 것은 아니다. 그리스신화에 나오는 사이렌이나 켄타우르스, 스핑크스 그리고 인어는 우리에게도 반인반수로 잘 알려져 있는 상상 동물이다.

서양의 상상 동물은 선교사 마테오 리치가 1602년에 중국에서 작성한 세계 지도인 〈곤여만국전도〉를 통해서 동양에도 전해졌다. 1708년에 조선에서 모사한 회입(繪入)〈곤여만국전도〉에 인면수가 등장한다. 지도의 여백과 바다 부분에 서양범선과 진귀한 동물들을 그려넣은 것인데, 지도에 그림을 넣는 것은 유럽에서는 일반적인 일이었다[5]. 서양의 지도 속 상상 동물은 미지의 지역에 대한 위험을 비유적으로 표현한 것이라고 한다[6]. 사이렌이 경보장치의 어원이 된 것을 보아도 반신반수의 모습으로

[그림 3] 곤여만국전도

---

5) 海野一隆, 2005.6,「利瑪竇『坤輿万國全圖』の諸版」,『東洋學報』.
6) 2018년도 경희대학교 혜정박물관 특별전시실 전시회 〈지도 속 상상동물 몬스터 사파리〉 리플렛

나타나는 상상 동물은 인간에게 무언가를 초래하게 하는 존재이며 무언가를 알리는 징조로 볼 수 있다. 평창올림픽 개회식에 등장한 천추(만세)도 무병장수를 의미하는 상서로운 동물인 서수(瑞獸)로 경사로울 때 나타난다. 모든 인면수는 좋은 징조를 나타내는 것이었을까? 한국 중국 일본에서는 인면수를 어떻게 인식하고 있었는지 확인해보기로 한다.

1. 중국의 인면수

중국 문헌에서는『산해경』,『삼재도회』(三才圖會),『술이기』(述異記),『박물지』(博物誌) 등에 인면수를 포함한 이형의 동물 및 요괴가 등장한다. 그 중 인면수가 가장 많이 등장하는 것이 기원전 6세기에 성립된 지리서『산해경』이다.『산해경』에서 첫번째로 등장하는 동물이 바로 인면수인 성성(猩猩)이다. 원숭이처럼 생긴 성성은 사람 얼굴을 한 인면수로 과거의 일은 잘 기억해내지만 미래의 일은 도무지 모르며 사람의 말을 하고 마주치는 사람의 이름을 알아맞히는 특징을 지녔다고 한다. 미래에 대해 알지도 못하고 좋은 징조를 나타내거나 하는 것은 아니나 책에서 처음으로 등장하는 동물이 인면수라고 하는 점에서 주목된다.

『산해경』속에는 동물과 인간이 합체된 반신반수인 동물이 다수 등장하는데 인두수신(人頭獸身: 인간의 머리+동물의 몸)인 인면수가 수두인신(獸頭人身: 동물의 머리+인간의 몸)보다 많았다. 그 후 시대가 지남에 따라 서서히 수면인신(獸面人身)이 많아져 인간화된다고 한다[7]. 나카노 미요코(中野美代子)는 『산해경』에 다수 등장하는 인면수는 영성(靈性) 있는 신이며 영성이 구현된 '인두영신(人頭靈身)'을 지향하다 인면수신(人面獸身)에 이른 것이라 해석한다[8]. 영두영신(靈頭靈身)의 상태에서는 사람에게 호소하는 힘이 약하여 변신을 도모한 결과라고 보고 있는 것이다. 아래에 인면수의 몇가지 예를 들어보기로 한다.

1) 인면조

① 구여(瞿如)

산 속에는 구여라고 하는 새가 있는데 푸른빛을 띤 백로처럼 생겼지만 머리가 하얗고 다리가 3개에 사람 얼굴을 하고 있었다. 이 녀석의 울음소리는 자기 이름을 부르는 듯하다.

「南次三經」[9]

② 옹(顒)

이 골짜기에 옹이라는 새가 살고 있는데 올빼미 비슷하게 생겼으나 사람 얼굴이 달려 있고 눈이 네 개나 되며 귀가 길쭉하게 튀어나와 있다. 이 새의 소리를 들어보면 자기 이름을 부르는 듯하다. 이 새가 나타나면 천하에 큰 가뭄이 든다.

「南山經」

---

7) 中野美代子, 1983, 『中國の妖怪』, 岩波書店.
8) 山折哲雄의 논을 인용하며 주장. 中野美代子 위의 책, 134~135쪽.
9) 인면수에 대한 각 인용문은 예태일 전발병편저, 서경호 김영지역 『산해경』(안티쿠스, 2008)에 의한다.

③ 탁비(橐蜚)

이 산에는 전체적인 생김새는 또 올빼미를 닮았으나 사람 얼굴을 한 새가 산다. 다리가 하나뿐인 이 새는 탁비라고 불린다. 이 새는 겨울이면 나타나고 여름에 오히려 칩거하는데 그 깃털로 옷을 만들어 입으면 번개에도 끄떡없다.

「西山經」

④ 송사(竦斯)

산속에는 또한 송사라는 새가 사는데 암탉을 닮았으나 사람 얼굴을 하고 있고 사람을 보면 뛰어오른다. 이 새는 자기 이름을 부르는 듯한 소리를 내며 운다.

「北山經」

⑤ 부혜(鳧徯)

산속에는 짐승이 많이 사는데 특히 작우, 암양, 백호(白豪猪)가 많다. 새도 많이 사는데 그 중 수탉처럼 생겼으나 사람 얼굴을 하고 있는 놈이 있다. 이름을 부혜라고 하는데 우는 소리가 자기이름을 부르는 것처럼 들린다. 이 새가 나타나면 전쟁이 일어났다고 한다.

「西山經」

이 외에도 수많은 인면조가 『산해경』에는 등장하는데 『산해경』의 새는 초월성을 지니며 길흉, 벽사(辟邪)를 상징한다고 한다[10]. 밑줄친 바와

---

10) 송지영, 2003, 「『산해경』새신화의 전승양상연구」, 연세대학교대학원중어중문학과 박사학위 논문.

같이 옹은 대가뭄이 일어날 것을 예언하고 부혜는 전쟁이 일어나는 징조를 나타내는 것처럼 사람의 얼굴을 가진 새는 인간에게 무언가를 전하려는 역할이 부여되고 있는 듯하다.

⑥ 천추(千歲), 만세(萬歲)

천추와 만세는 고구려 고분 벽화에도 그려져 있는 인면조인데,『산해경』에는 보이지 않으며『포박자』내편(內篇) 대속(對俗)에 "千歲之鳥, 萬歲之禽, 皆人面而鳥身, 壽亦如其名(천세는 새이고 만세는 날짐승인데 모두 사람얼굴을 가지며 몸은 새이다. 수명은 마치 그 이름과 같다)."이라 기술되어 있다. 명칭대로 장수를 기원하는 의미를 지녔다.

2) 그 밖의 인면수

중국고대신화에 등장하는 창조신 여와(女媧)는 머리가 사람이고 몸은 뱀 모습을 하고 있다. 창조신으로서 영적 존재임을 시사하기 위해 영적 동물인 뱀의 몸을 빌린 것이라 한다[11]. 여기서는 인면사를 비롯하여 인면조 외의 인면수에는 어떠한 것들이『산해경』에 등장하는지 보기로 한다.

① 인면사(人面蛇) · 화사(化蛇)

이 산(陽山)에는 화사라는 뱀이 사는데 사람 비슷한 얼굴을 하고 있고 몸통은 승냥이에 새의 날개를 지녔으나 뱀처럼 기어 다닌다. 그 소리는 호통치는 듯하며 화사의 소리를 들으면 마을에 홍수가 일어났다.

「中山經」

---

11) 中野美代子 앞의 책, 187쪽.

② 인면마(人面馬) · 영소(英招)

　　이 괴강산(槐江山)은 공중에 걸려 있는 천제(天帝)의 정원인데 천신(天神) 영소(英招)가 주관하고 있다. 천신 영소는 말과 같은 몸에 사람 얼굴을 하고 있는데 몸에는 호랑이 무늬가 있고 새처럼 날개가 있어서 사해(四海)를 순행하며 천제의 명령을 전달했다. 그가 내는 소리는 녹로(轆轤: 도르래)인데 물 긷는 도르래가 돌아갈 때 나는 소리와 비슷하다.

「西山經」

③ 인면호(人面虎) · 육오(陸吾)

　　황제가 하계에 두고 있는 도읍지로 신 육오가 이곳을 다스린다. 이 신은 호랑이 같은 꼬리가 9개 달렸으며 사람얼굴을 하고 있는데 천상의 9부와 황제의 정원에서 시절이 변하는 것을 다스린다.

「西山經」

④ 인면우신마족(人面牛身馬足) · 알유(窫窳)

　　다시 북쪽으로 가면 소함산이 있다. 민둥산인 이곳에는 초목이 자라지 않고 청벽이라는 진귀한 옥이 많다. 산 속에 알유라는 짐승이 사는데 생김새는 소와 비슷하지만 몸통이 붉으며 사람얼굴과 말의 발을 하고 있다. 이 놈은 아기 울음소리와 비슷한 소리를 내며 사람을 잡아먹는다.

「北山經」

⑤ 인면어(人面魚)

　　『산해경』에 등장하는 사람 얼굴을 한 물고기는 다음과 같이 여러 종류가 있다.

- 적유(赤鱬)

그 물 속에는 적유어가 많이 산다. 이 물고기는 사람 얼굴을 하고 있으며, 원앙새 비슷한 울음소리를 낸다. 사람들이 이 고기를 먹으면 옴이 오르지 않는다. 「南山經」

- 저인(氐人)

저인국 사람의 모양은 사람 얼굴에 물고기 몸을 하고 있으며 다리는 없다. 엄밀히 말하자면 가슴 위는 사람이지만 가슴 아래는 물고기이다. 「海南內經」

- 능어(陵魚)

능어는 사람얼굴을 하고 있으며 손도 있고 발도 있지만 몸은 물고기의 몸을 하고 있다. 이 물고기는 바다에 사는데 바로 인어이다. 인어가 울면 눈물에서 진주가 떨어져 내린다. 그들은 또 육지에 사는 사람처럼 베를 짤 줄 안다. 그들은 모두 아름다운 여인으로 피부가 옥처럼 희고 긴 머리를 어깨에 드리우고 있는데 머릿결이 말 꼬리처럼 검고 빛나며 5,6척은 될 정도로 길다.

「海南內經」

⑥ 인면귀(人面龜)

- 화상어(和尙魚)

사람얼굴을 한 거북은 『삼재도회』에서 화상어라는 명칭으로 등장하는데 일본에서 이 책을 본따서 간행한 『화한삼재도회』에서는 화상어에 대한 설명이 자세하게 덧붙여진다. 일본에서는 우미보즈(海坊主)라고도 불리며 자라의 몸에 머리카락이 없는 사람의 얼굴 모습을 하고 있으며 어부들은 이것을 보면 재수없게 여긴다고 한

[그림 4] 『삼재도회』

[그림 5] 『화한삼재도회』

[그림 6] (한국은해사백흥암극락전수미단)

다. 한국에서는 은해사 백흥암 극락전의 수미단에 장식되어 있는 모습을 볼 수 있다.

2. 한국의 인면수

한국의 인면수는 문헌으로 기록된 것은 적으며 대부분이 고분 벽화나 동탁(銅托) 은잔(銀盞)(무령왕릉), 사원의 수미단, 또는 민화(문자도)에서 그 모습을 확인할 수 있다.(그림7~10 참조)[12] 인면수 중에서도 인어에 관해서는 문학작품과 어류학서에 등장한다.

앞서도 언급한 바와 같이 고구려 고분 벽화에 그려진 천추·만세는 『산해경』이나 『포박자』등 중국 문헌에 유래한다. 정재서는 고구려 고분 벽화에 등장하는 수많은 신화적 동물 대부분이 『산해경』에 근거를 두는 괴수이며 이들 중 일부는 도교의 상상 동물로 변신한다고 하고 있다. 특

---

12) 그림 6~10은 『신화속 상상 동물 열전』(윤열수, 2010, 한국문화재단)속의 사진을 인용했음을 밝혀둔다.

[그림 7] 가릉빈가(迦陵頻迦) [그림 8] 인어

[그림 9] 인면조 [그림 10] 인면조로 그려진 청조(靑鳥)와 흰기러기

히 "덕흥리 고분 벽화에 그려진 인면조인 천추와 만세는, 본래 신화에서는 가뭄이나 전쟁 등의 재난을 유발하는 흉조였는데 도교에서 불로장생을 가져다주는 길조로 변신한다."[13]고 한다. 천추와 만세는 중국과 한국에서 볼 수 있는 상상 동물이나 한국에서는 그 의미가 좋은 쪽으로 달라진다는 것이다.

앞서 언급한 천추만세와 화상어 외의 한국의 인면수는 다음과 같은 것들이 있다.

---

13) 정재서, 2006, 「고구려고분벽화에 표현된 도교도상의 의미」, 『한국도교의 기원과 역사』, 이화여자대학출판회, 189쪽.

1) 인어

한국의 문헌에 등장하는 인면수는 인어에 대한 서사, 기술이 대부분이라 할 수 있다. 인어도 역시 중국에서 유입된 인면수로 고려시대와 조선시대 초기에는 한시에, 후기에는 야담집에 등장한다[14].

• 유몽인『어우야담(於于野譚)』(17세기초)

야담집인 『어우야담』에는 흡곡(歙谷) 현령 김담령(金聃齡)이 어부가 잡은 인어를 바다에 놓아주는 짧은 이야기가 실려 있다. 잡힌 인어는 아이정도의 크기로 얼굴이 아름답고 검은 머리가 이마를 덮을 정도였으며 인간과 같은 생식기를 지녔으며 소리를 내지 않고 눈물만 흘렸다고 한다. 김담령이 기름을 취하려는 어부한테서 인어를 빼앗아 풀어주었다는 내용이다.

• 정약전『자산어보(兹山魚譜)』(1814)

『자산어보』는 어류학서로 인어에 대해 속명이 "옥붕어(玉朋魚)이고 모양이 사람을 닮았다."고 하며 중국 문헌을 따라 기술하고 있다. 제어(鯷魚: 메기와 닮고 아이 우는 소리와 같은 소리를 냄), 예어(鯢魚: 메기를 닮고 네발이 있으며 아이 우는 소리와 같은 소리를 내고 나무 위에 올라감), 역어(役魚: 살이 구슬처럼 희고 가는 털이 있으며 귀, 입, 코, 손, 손톱, 머리를 모두 가지고 있으며 암수가 교합하는 모습이 사람과 다를 바 없고 아이 우는 소리와 같은 소리를 내고 나무 위에 올라감), 교인(鮫人: 물고기와 같으며 베를 짜며 눈물이 곧 구슬이 됨), 부인(婦人: 사중옥(謝仲玉)은 부인이 물 속에 드나드는 것을 보았는데 허리 이하는 모두 물고기였다고 하며, 사도(查道)

---

14) 강민경, 2012.11, 「한국인어서사의 전승 양상과 그 의미 고찰」, 『도교문화연구』 37.

가 고려에 사자로 갔을 때 바닷속에서 한 부인을 보았는데 붉은 치마를 입고 쪽진 머리를 하고 붉은 갈기가 약간 있었고 살려주자 감사하게 생각하면서 물 속으로 들어갔다고 함.) 으로 분류하여 해설하고 있다. 대부분 중국의 『태평광기』·『산해경』· 『술이기』·『본초강목』속 내용에 따르고 있다.

또한 "지금 서남해에 두 종류의 인어가 있는데 그 하나는 상광어(尚光魚)이며 모양이 사람을 닮아 두 개의 젖을 가진다. 본초(本草)에서 말하는 해돈어(海豚魚)이다. 다른 하나는 옥붕어이며 길이가 8자나 되며 몸은 보통 사람과 같고 머리는 어린아이와 같으며, 턱수염과 머리카락은 치렁치렁하게 아래로 드리워졌고, 하체는 암수의 구별이 있어 사람의 남녀와 서로 매우 닮았다. 뱃사람들은 이것을 몹시 꺼려 혹시 어망에 들어오면 불길하다 하여 버린다."[15]고 하며 『어우야담』과 같은 야담 속 인어서사와 가까운 당시 조선에서 전해져오는 인어에 대한 기술을 볼 수 있다.

2) 인면조(민화)

조선 후기 〈효제문자도〉(孝悌文字圖) 중 글자 '신'(信)에는 흰기러기와 인면조인 청조(靑鳥)가 그려져 있다. 효제문자도란 유교수신덕목인 효제충신예의염치(孝悌忠信禮義廉恥)의 여덟글자를 회화화한 것을 지칭한다[16]. [그림10]에는 청조 옆에 "瑤池碧桃 靑鳥哀鳴(요지의 푸른 복숭아 청조가 슬피 우네)", 흰 기러기 옆에 "上林秋風 白雁傳信(상림에서 가을바람을 타고 흰 기러기

---

15) 정약전 저, 정문기 역, 1977, 『兹山魚譜』, 지식산업사, 89~93쪽.
16) 효제도, 윤리문자도, 강륜문자도, 팔자도라고도 불림. 이영주 2007.6, 「조선후기의 효제문자도」, 『미술사논단』24, 231쪽.

가 편지를 전한다)"라고 각각 쓰여있다(그림마다 문구에 차이가 있다). 청조는 한무고사(漢武故事)에 등장하는 서왕모(西王母)의 사신으로 '오겠다는 약속'과 '신뢰'를 상징[17]하는 새이며 흰기러기 역시 편지를 나르며 믿음을 상징한다. 이는 한나라의 충신 소무가 흉노에게 억류되었는데 천자가 흰기러기의 발에 묶여 있던 소무의 편지를 발견함으로 인해 석방될 수 있었다는 이야기에서 온 것이다. 청조와 흰 기러기가 편지를 전한다는 기술은 다음과 같이 조선의 『춘향전』에도 자주 등장하는 등 조선에서도 좋은 소식과 믿음을 뜻하는 새로 인식되었던 것으로 보인다[18].

> 소매 잡고 가 느니 못 가느니 이다지 섧게 우니 내 아무리 장부인들 철썩 간장 다 녹는다. 요지(瑤池)의 서왕모는 일쌍청조(一雙靑鳥) 날리어서 주(周) 목왕(穆王)께 편지 전코, 북해상(北海上) 소중랑(蘇中郎)은 기러기에 부탁하여 상림원(上林苑)에 상서하니, 백안청조(白雁靑鳥) 없을망정 남원 인편이야 없겠느냐

그 중에서 청조를 인면조로 그렸다는 점은 조선의 특징이라 볼 수 있다.

3. 일본의 인면수

일본의 인면수는 문학 작품 속에 자주 등장한다. 문학 외에는 극락에 사는 인면조인 가릉빈가가 춤추는 모습을 본 딴 아악(雅樂)의 『가릉빈』이 있다. 문학에 등장하는 인면수는 가릉빈가와 인어, 인면창(人面瘡) 등이 있다.

---

17) 윤열수, 2010, 『신화속 상상 동물 열전』, 한국문화재단. 69쪽.
18) 이영주 위 논문, 237쪽, 인용문은 박헌봉, 1966, 『창악대강』, 국악예술학교출판부.

1) 가릉빈가(迦陵頻迦)

사이카쿠(西鶴)의 우키요조시(浮世草子)인 『쇼엔오카가미』(諸艶大鑑: 1684) 권1의 1「부모의 얼굴은 못본 새해 첫 꿈」(親の顔は見ぬ初夢)에서 요덴(世傳:『호색일대남』(好色一代男))의 주인공 요노스케(世之介)가 남긴 아이)의 새해 첫 꿈에 등장하는 것이 미면조(美面鳥)이다. 이 인면조는 요덴에게 다음과 같이 말한다.

> 먼 바다에서 낯선 새가 날아와 '나는 뇨고의 나라(女護島)에 사는 미면조이다. 당신의 부친인 요노스케는 어쩌다 그곳으로 건너와 여왕과 옥전에서 금슬좋게 지내는데 여왕은 그를 다시 돌려보내지 않으신다. 그래서 부모자식간의 인연이 깊어 색도의 비전을 전해주셨다.

인면조는 요덴에게 아버지 요노스케로부터 색도(色道)의 전서(傳書)를 전하러 온 것이었다. 이 미면조에 대해서는 불교의 상상 동물인 가릉빈가라는 지적이 있다[19]. 아름다운 목소리를 지녔다는 원래의 불교적 특징에 뇨고의 나라라는 미인국에서 왔기 때문에 아름다운 얼굴을 가지게 되며 나아가 청조와 흰기러기처럼 서신을 전하는 역할이 덧붙여진 것이라 할 수 있다.

---

19) 信多純一와 江本裕가 이 미년조를 가릉빈가라고 지적함. 井上和人, 2011, 「『諸艶大鑑』の美面鳥」, 『鳥獣虫魚の文學史』, 三彌井書店.

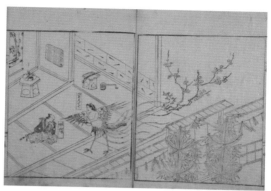

[그림 11]『쇼엔오카가미』(諸艶大鑑)권1(와세다대학 도서관소장)

2) 인어[20]

　　일본의 인어에 대한 서사는 중국과 한국에 비해 다양하고 독특한 전개를 보인다. 사전류인『화한삼재도회』에서는 인어에 대해 "인어(일명 능어)는 물고기의 몸을 하고 사람 얼굴을 하고 있다(人魚(一名鯪魚)は魚の身にして, 人面なる者なり)고 하며 이어 이시진의『본초강목』과 정약전의『자산어보』속의 사중옥과 사도가 본 인어 이야기를 인용하며 여자 모습을 한 인어에 대해 설명을 하고 있다.

　　인어에 대해서는 13세기 전반의 세속설화집인『고콘쵸몬슈』(古今著聞集)권 제20「이세(伊勢) 지방 벳포(別保)의 어부가 인어를 잡아 전 형부소보(刑部少輔) 다다모리(忠盛)에게 헌상한 일」에 어부가 잡은 인어를 다다모리에게 헌상하였으나 되돌려 받고 먹는다는 이야기가 수록되어 있다. 인어 고기를 먹었다는 기술이 나오는데, 일본에서는 여자 아이가 인어를 먹고 불로불사의 몸이 되어 비구니로서 장생한다는 야오비쿠니(八百比丘尼)

---

20) 일본의 인어 서사에 대해서는 九頭見和夫『日本の「人魚」像 : 『日本書紀』からヨーロッパの「人魚」像の受容まで』(和泉書院, 2012)에서 많은 부분을 참고하였음을 밝혀둔다.

전설이 넓게 유포되어 사이카쿠의 우키요조시『사이카쿠오리도메』(西鶴織留: 1694)와 바킨(馬琴)의 요미혼(讀本)『난소사토미핫켄덴』(南總里見八犬傳: 1814~1842)과 같은 에도 소설에도 영향을 미쳤다. 그 외에는 이하라 사이카쿠의『무도전래기』(武道傳來記: 1687)는 인어를 쏴 죽인 사실을 증명할 수 없어서 죽은 아버지의 원수를 갚는 딸의 이야기가 등장한다.

인어가 주인공으로 등장하는 것은 산토 교덴(山東京傳)의 기뵤시(黃表紙)『하코이리무스메멘야닌교』(箱入娘面屋人魚: 1791)이다. 용궁의 공주 오토히메(乙姬)와 결혼해서 사는 우라시마 다로(浦島太郎)가 바닷속 나카스신치(中洲新地)의 요릿집에서 잉어인 오코이(お鯉)와 바람을 피워 둘 사이에 태어난 것이 인어라는 기발한 설정으로 이야기가 전개된다. 낚시꾼 헤이지(平次)에게 낚인 인어는 그의 아내가 되는데 헤이지의 외출 중에 유곽의 주인에게 발견되어 일시적으로 유녀가 되기도 하나 비린내 때문에 쫓겨나자 인어를 핥으면 천년의 수명을 얻게 된다는 설을 바탕으로 돈을 벌게 된다는 이야기이다. 성인을 대상으로 풍자와 해학을 중심으로 한 장르인 기뵤시다운 인어의 등장이라 할 수 있다.

3) 인면창(人面瘡)

에도시대 문학 작품에는 인면수는 아니나 상처가 사람의 얼굴이 되는 특이한 발상의 이야기를 볼 수가 있다. 인면창에 대한 이야기는 중국의『태평광기』,『오잡조』,『오조소설』등에 나온 것이 일본에 전해져 각색되었다[21]. 아사이 료이(淺井了意)의 가나조시(假名草子)『오토기보코』(伽婢子) 권9 「인면창」(人面瘡)에는 어느 농민이 몸 상태가 안 좋아진 뒤에 인면창이 생긴 이야기가 수록되어 있다. 통풍과 같은 증상이 있고나서 생긴 상처에 눈과 입이 생겼는데 몹시 아파서 상처에 먹을 것을 주었더니 통증이 가라앉았다. 그러다 다시 통증이 심해지자 수행자가 패모(貝母)라는 약초를 먹였더니 완쾌했다는 이야기이다.

그 외에도 바킨(馬琴)의『신가사네해탈이야기』(新累解脫物語)에도 가사네(累)의 원령에 의해 인면창이 생기는 이야기가 등장한다. 유아사 아사코(湯川淺子)에 따르면 인면창은 인과응보담이라거나 원한을 품고 죽은 자의 원념의 표현으로[22] 무언가를 전하려는 의지가 사람의 얼굴형태로 표출된 것으로 볼 수 있다.

[그림 12]「인면창」(일본 국문학연구자료관소장)

4) 구단(件)

구단은 건(件)이라는 한자가 사람과 소가 합쳐진 것이라는 데에 기원한다. 구단은 인면우신(人面牛身)으로 전염병이나 전쟁, 대풍작을 예언하는 동물로 여겨지고 있었다[23]. 19세기 초에 등장하기 시작한 구단은 신문 호외라 할 수 있는 가와라반(瓦版)에 확인할 수가 있

21) 湯川淺子, 2002,「人面瘡考 江戸時代の文藝作品を中心に」,『東京學藝大學紀要 2 部門』53, 313쪽.
22) 湯川淺子 위 논문.
23) 笹方政紀, 2015,「クダンと見世物」,『アジア遊學』187, 勉誠出版, 103쪽.

는데 대풍작을 알린다는 표제의 가와라반은 당시의 대기근이라는 상황에서 서민들의 소망이 반영된 것이라 여겨지고 있다.

구단은 메이지(明治) 이후 「인면수신의 소」(人面獸身の牛: 『扶桑新聞』), 「히젠의 구단」(肥前の件: 『名古屋新聞』), 「구단이라고 하는 동물」(件という動物: 『大阪滑稽新聞』)이라는 기사로 메이지 42년 6월의 신문에 연이어 등장한다. 그 중 『나고야신문』(名古屋新聞)에는 "일본은 러시아와 전쟁을 한다."는 내용으로 예언을 하는 동물로서 주목을 받았다.

나가며

한국의 인면수에 대해서는 자료 검토가 부족했던 점도 있지만 인어를 제외하면 문자화·문학화된 자료를 찾을 수 없었다. 선행연구를 통하여 조선 시대 문인들의 한시(漢詩)에 인면수가 비유로 등장한다는 사실을 확인한 정도이다[24]. 반면에 근세 일본에서는 다양한 인면수가 장르에 맞추어 이야기화되고 그와 동시에 그림으로도 그려지게 된 것을 볼 수 있었다.

올림픽 개회식 연출에는 각각 국가(개최 도시)의 유래와 전통 문화를 비롯하여 현대의 문화, 대표적인 생산물과 기술, 그리고 메시지가 담긴다. 송승환 개·폐막식 총감독은 평창 올림픽 개막식에 대하여 인문학자들의 자문 회의를 거쳐 콘셉트를 '조화(전통 문화)'와 '융합(현대 문화)'을 키

---

24) 알유(猰㺄)는 차천로 『오산집(五山集)』, 이익 『성호전집(星湖全集)』의 한시에서 흉악한 것의 비유로 이용되었다. 김정숙, 2016, 「조선시대의 이물 및 괴물의 상상력-그 원천으로서의 『산해경』과 『태평광기』」, 『일본학연구』48.

워드로 하였고 "누구도 전쟁을 바라지 않는다는 한국인의 절실한 마음을 담아 평화를 표현하고자 했다."고 말한다. 또한 "인면조는 고구려 고분 벽화에서 아이디어를 얻었다. 여러 동물들이 평화를 다같이 즐기는 한국의 고대 모습을 표현하고 싶었다."고 한다[25]. 인면조에 대해서 배일환 미술감독은, 아시아권에서는 겹치는 캐릭터도 많기 때문에 고구려 고분 벽화에 착안하여 독특하고 새로운 신수를 넣기로 감독단 회의에서 결정했다고 한다.

중국에서 유래하였지만 중국, 일본과의 차이를 의식하여 만들어진 것이, 5세기 초에 만들어져 1970년대에 발견된 고분 벽화의 '천추ㆍ만세ㆍ길리ㆍ부귀'를 토대로 한 인면조였다. 중국 유래의 인면조는 도교가 가미되어 한국에서는 길조로만 등장하는 특징을 살려 평창올림픽 개회식에서는 휴전 중인 분단국가로부터 평화라는 메시지를 전하는 역할을 수행하였다. 이 낯선 인면조를 보았을 때 언뜻 어디에 '한국다움'이 있는지 위화감이 앞서기도 하였지만 새롭게 발굴, 개발되어 대외적으로 발신된 한국 문화였다고 할 수 있을 것이다.

---

25) 「中央日報」 2018. 2. 16.

참고문헌

강민경, 2012.11, 「한국인어서사의 전승 양상과 그 의미 고찰」, 『도교문화연구』 37.

김정숙, 2016, 「조선시대의 이물 및 괴물의 상상력 그 원천으로서의 『산해경』과 『태평광기』」, 『일본학연구』 48.

송지영, 2003, 「『산해경』새신화의 전승양상연구」, 연세대학교대학원중어중문학과 박사학위 논문.

이영주, 2007.6, 「조선후기의 효제문자도」, 『미술사논단』 24, 231쪽.

정재서, 2006, 「고구력고분벽화에 표현된 도교도상의 의미」, 『한국도교의 기원과 역사』, 이화여자대학출판회.

윤열수, 2010, 『신화속 상상 동물 열전』, 한국문화재단.

정약전 저, 정문기 역, 1997, 『玆山魚譜』, 지식산업사.

예태일·전발병 편저, 서경호 김영지역, 2008, 『산해경』, 안티쿠스.

2018년도 경희대학교 혜정박물관 특별전시실 전시회 〈지도 속 상상동물 몬스터 사파리〉 리플렛

阿部潔, 2001.10, 「スポーツイベントと「ナショナルなもの」─長野オリンピック開會式における「日本らしさ」の表象」, 『關西學院大學社會學部紀要』.

井上和人, 2011, 「『諸艶大鑑』の美面鳥」, 『鳥獸虫魚の文學史』, 三彌井書店.

海野一隆, 2005.6, 「利瑪竇『坤輿万國全圖』の諸版」, 『東洋學報』.

九頭見和夫, 2012, 『日本の「人魚」: 『日本書紀』からヨーロッパの「人魚」像の受容まで』, 和泉書院.

笹方政紀, 2015, 「クダンと見世物」, 『アジア遊學』 187, 勉誠出版 103쪽.

周走, 2012.12, 「北京オリンピックと「イメージングチャイナ」」, 『文明21』.

高橋雄一郎, 1997.7, 「國民國家の文化的パフォーマンスとしての長野オリンピック開會式」, 『專修經濟學論集』.

森野聰子, 2012, 「ロンドンオリンピック開會式に見る「ブリティッシュネス」」, 『靜岡大學情報

學研究』.

湯川淺子, 2002, 「人面瘡考 江戶時代の文藝作品を中心に」, 『東京學藝大學紀要 2 部門』53.

渡會環ほか, 2017.3, 「リオデジャネイロオリンピック開會式にみる〈ブラジル〉の表象」, 『共生
の文化研究』.

中野美代子, 1983, 『中國の妖怪』, 岩波書店.

'왕'의 비명횡사와 分岐하는 상상력
- 숭덕 상황(崇德上皇)과 단종(端宗)을 둘러싼 전승의 비교 검토 -

이세연(한양대학교)

들어가며

르상티망을 둘러싼 한국과 일본의 차이를 이야기할 때, 늘 거론되는 것이 한(恨)과 원념(怨)이다. 일반적으로 한국의 '한'은 장기간에 걸쳐 지속되는 좀처럼 풀리지 않는 응어리, 일본의 '원념'은 직접적인 한풀이를 통해 해소되는 것으로 규정되곤 한다.[1]

이 같은 설명은 확실히 알기 쉽고 일면 수긍할 만하지만, 국민국가 단위의 문화론이 늘 그렇듯, 초역사적이고 선험적인 어떤 것을 상정하게 한다는 점에서 문제적이라 하지 않을 수 없다. 한 덩어리로서의 문화가 시종일관 각 지역을 관통하고 있었다는 인식은 두 지역 간의 교섭(예컨대 한적(漢籍) 텍스트를 통한), 혹은 각 지역 내부의 복잡한 맥락들에 대한 시선을 암암리에 의미 없는 것으로 규정해왔던 것은 아닐까? '한'과 '원념'의 문화

---

[1] 山野保, 1989, 『「うらみ」の心理』, 創元社; 최길성, 1989, 「恨의 象徵的 意味」, 『비교민속학』 4; 최길성, 1991, 『한국인의 한』, 예진사; 吳姸淑, 2000, 「日本・李朝の怨靈思想の比較: 巫俗神と端宗」, 『年報地域文化研究』 4 등.

론이 지극히 자명한 것으로 통용되는 가운데, 르상티망을 둘러싼 두 지역의 심성과 감각에 대한 구체적인 비교 분석은 사실상 방치되어왔던 것은 아닐까 생각한다.

이에 본 논문에서는 숭덕 상황(崇德上皇: 스토쿠 조코)과 단종(端宗)을 둘러싼 전승의 비교 검토를 통해 이 문제에 접근해 보고자 한다. 두 지역의 르상티망을 표상하는 숭덕 상황과 단종은 비명횡사한 '왕'이라는 점에서 공통점을 지니고 있으며, 관련 전승이 비교적 장기간에 걸쳐 풍부하게 남아 있다는 점에서 구체적인 분석대상으로 삼을 만하다.

본 논문은 시론의 입장에서 관련 전승의 복잡한 양상을 드러내는 데 힘을 기울이고자 한다. 비명횡사한 '왕'을 바라보는 다양한 시선들을 제시하며 '한'과 '원념'의 문화론을 구체화 혹은 상대화할 수 있는 시사점들을 모색해 보고자 한다.

본문에서는 우선 국가 차원에서 '왕'의 진혼이 어떻게 이루어졌는지를 간략히 확인한 후 구체적인 전승을 살펴볼 것이다. 전승에 대한 검토과정에서는 다음 두 가지 사항에 주의를 기울이고자 한다. 첫째, 지역적 편차이다. '왕'이 기거했던 교토(京都)와 한양, '왕'이 유배되어 죽어간 사누키(讚岐)와 영월, 기타 지역으로 공간을 구분함으로써, 관련 전승을 보다 입체적으로 파악할 수 있으리라 기대한다. 둘째, 기억의 재구성이다. 시간의 흐름에 따른 기억의 재구성 과정을 상정함으로써, 사태의 추이를 한층 역동적으로 파악할 수 있으리라 생각한다.

위의 두 가지 관점은 이미 몇몇 선행연구에서 언급된 바 있다. 전자는 주로 숭덕 상황 관련 연구에서 거론되어 왔으며,[2] 후자는 단종 관련 연구에서 깊이 있게 다뤄진 바 있다.[3] 본 논문에서는 선행연구에서 제시된 방법을 비교의 관점에서 교차 활용하고자 한다. 끝으로 본 논문에서 검토하는 전승은 전근대시기의 문헌에 기록된 것으로 한정한다는 점을 밝혀둔다.

I. 숭덕 상황 원령담과 엇갈리는 시선

1. 숭덕 상황의 진혼

1156년 호겐(保元)의 난에서 패하여 사누키로 유배된 숭덕 상황은 1164년 현지에서 죽었다. 잘 알려진 바와 같이, 1164년 당시 교토 조정은 숭덕 상황의 죽음에 대해 냉담한 태도를 취했다. 고시라카와 상황(後白河上皇)과 니조 천황(二條天皇)은 복상의 예를 갖추지 않았으며, 장례 절차도 중앙의 개입 없이 현지의 지방관이 임의로 진행했다.[4]

이 같은 조정의 태도는 1176년 무렵부터 변화하기 시작했다. 이해에는 다카마쓰인(高松院)·겐슌몬인(建春門院)·로쿠조인(六條院)·구조인

2) 本多典子, 1992, 『白峯寺緣起』覺書き: 讚岐と都·地方と中央」, 『傳承文學論〈ジャンルをこえて〉』, 東京都立大學大學院人文科學硏究科國文學專攻中世文學ゼミ; 山內益次郞, 1993, 「崇德院慰靈」, 『今鏡の周辺』, 和泉書院; 齋藤吉勝, 2010, 「『白峯』と崇德院御靈信仰に關するノート」, 『國語國文』49; 伊藤秋穗, 2014, 「崇德院傳承の諸相: 享受の位相を中心に」, 『長野國文』22 등. 그밖에 다음 논고도 아울러 참조. 水原一, 1971, 「崇德院說話の考察」, 『平家物語の形成』, 加藤中道館; 二本松泰子, 2000, 「崇德院: 讚岐配流說話·直島の崇德院傳承をめぐって」, 『講座日本の傳承文學 第8卷 在地傳承の世界 西日本』, 三彌井書店; 山田雄司, 2010, 「直島における崇德院傳承」, 『三重史學』10; 山田雄司, 2012, 「讚岐國における崇德院傳說の展開」, 『瀨戶內海』64.
3) 김영두, 2013, 「亂言과 隱居, 세조 정권에 저항하는 대항 기억의 형성」, 『사학연구』112.
4) 『百錬抄』長寬 2년(1164) 8월 26일조; 『皇代記』 참조.

(九條院) 등 호겐의 난의 승자인 고시라카와 상황(後白河上皇)과 후지와라노 다다미치(藤原忠通)의 근친자가 연이어 죽었는데, 그 원인으로 숭덕 상황의 원령이 의식되었던 것이다.[5] 원령의 발호는 이듬해에 발생한 종교세력의 집단행동(强訴), 교토의 대화재를 거치면서 기정사실화되었다.

숭덕 상황의 원령을 잠재우기 위한 조정의 논의는 1177년 5월부터 본격화하여,[6] 같은 해 7월 29일에는 '숭덕'이라는 호칭이 추증되었으며,[7] 8월에는 숭덕 상황의 원찰인 성승사(成勝寺: 조쇼지)에서 처음으로 법화팔강이 펼쳐졌다.[8] 또 실현되지는 않았지만, 왕릉(山陵: 산료)의 조영이 논의되기도 했다.[9] 조정은 재래의 언령(言靈: 고토다마) 신앙에 근거하여 진혼의 호칭을 수여하는 한편 살아생전 인연이 깊었던 사찰에서 정중한 불교의식을 거행하고, 나아가 천황의 친족에 걸맞은 예우를 갖춤으로써 숭덕 상황의 원령을 위무하고자 했던 것이다.

그러나 이 같은 조정의 진혼 대책에도 불구하고, 숭덕 상황의 원념에 대한 사람들의 상상력은 쉬이 사그라들지 않았다. 1180년에 시작된 내란이 장기화하자, 교토의 귀족사회에서는 새삼 숭덕 상황의 저주가 회자되었던 것이다.[10] 저명한 혈서 오부대승경에 대한 소문이 돌기 시작한 것도 이 무렵의 일이다.[11] 조정은 다시금 진혼 대책을 강구하지 않을 수 없었다.

5) 山田雄司, 2001, 『崇德院怨靈の硏究』, 思文閣出版, 117~118쪽 참조.
6) 『愚昧記』治承 원년(1177) 5월 13일, 17일조 참조.
7) 『百鍊抄』治承 원년 7월 29일조; 『玉葉』동일조.
8) 『百鍊抄』治承 원년 8월 22일조.
9) 『玉葉』治承 원년 8월 28일조 등.
10) 『吉記』壽永 원년(1182) 6월 21일조 참조.
11) 『吉記』壽永 2년 7월 16일조 참조.

1183년 8월 이후, 조정에서는 성승사 경내에 사당을 건립하는 안, 숭덕 상황의 무덤을 이장하는 안, 왕릉을 조영하는 안 등이 구체적으로 검토되었는데,[12] 이때 조정의 위기감을 한층 고조시키는 결정적인 사건이 발생했다. 1183년 11월 19일, 기소 요시나카(木曾義仲)가 고시라카와 상황 등이 머무르고 있던 법주사(法住寺: 호주지)를 급습했던 것이다. 교토의 귀족들로 하여금 말법의 시대를 새삼 실감하게 하고 더 이상 천황가를 가호하지 않는 아마테라스 오미카미(天照大神)를 상상하게 만든 이 전대미문의 사건은 숭덕 상황의 원령에 의해 추동된 것으로 인식되었다.[13] 이에 조정은 논의 중이던 진혼 대책을 접어두고, 호겐의 난의 전적지인 가스가카와라(春日河原)에 새로운 진혼 시설인 아와타 궁(粟田宮)의 건립을 추진하여 이듬해 이를 완성시켰다.[14] 이후 1190년대에 이르러 고시라카와 상황의 치병을 위해 또 다른 진혼 대책이 논의되기도 하지만,[15] 숭덕 상황의 원령에 대한 국가 차원의 대응은 아와타 궁의 건립을 통해 일단락되었다.

여기서 한 가지 주목할 만한 점은 아와타 궁의 건립 이후 숭덕 상황의 원령에 관한 당대인들의 기록의 빈도가 하향곡선을 그린다는 사실이다. 이는 당시 사람들이 아와타 궁의 건립으로 상징되는 진혼 대책이 효과적이라고 믿어 의심치 않은 결과로도 볼 수 있겠지만, 근본적으로는 다이라노 기요모리(平淸盛) 일족의 불행과 멸망(1185년), 고시라카와 상황의 죽음

---

12) 『玉葉』 壽永 2년 8월 15일조, 윤10월 2일조.

13) 『吉記』 壽永 2년 11월 19일조.

14) 『吉記』 壽永 2년 12월 29일조; 『百鍊抄』 동일조; 『吉記』 元曆 원년(1184) 4월 1일, 9일, 15일조.

15) 『玉葉』 建久 2년(1191) 윤12월 14일-29일조 참조.

(1192년)을 통해 숭덕 상황의 한풀이가 대체로 이루어졌다고 여겨졌기 때문이라고 판단된다. 한풀이의 직접적인 대상이 사라짐에 따라, 숭덕 상황의 원령이 귀족들의 일기에 등장할 개연성도 거의 사라져버린 것이다.

이처럼 1180년대 중반 이후 '기록의 세계'에서 사라져가는 숭덕 상황의 원령이었지만, 전승의 세계에서는 건재한 모습을 보였다. 이에 대해서는 다음 절 이하에서 살펴보기로 한다.

2. 교토: 역사를 움직이는 원령

잘 알려진 바와 같이, 현재 통용되고 있는 숭덕 상황의 원령에 대한 기억의 원형은 『호겐모노가타리』(保元物語)에서 찾을 수 있다. 『호겐모노가타리』의 성립시기와 작자는 여전히 베일에 싸여 있지만, 늦어도 13세기 후반까지는 '교토 문화권'[16]의 작자에 의해 저술된 것으로 보인다.[17] 숭덕 상황의 원령과 관련된 내용을 제시하면 다음과 같다.

> "내 바람은 오부대승경의 대선근(大善根)을 악도(惡道)에 내던져 일본국의 대악마가 될 것이다"라고 맹세하시고, 혀끝을 이로 물어뜯어 그 피로 경전의 안쪽에 이 서약문을 쓰셨다. 그 후로는 머리카락도 자르지 않으시고 손톱도 자르지 않으셔서 산 채로 덴구(天狗)의 모습이 되셨다. 2년 후 헤이지(平治) 원년 12월 9일 밤 축시에 우에

---

16) 본 논문에서 말하는 '교토 문화권'이란 교토 및 畿內 지역을 주요 거점으로 삼아 생활했던 황족, 귀족, 종교인들의 문화 활동이 직접적으로 영향을 미친 권역을 의미한다.

17) 『國史大辭典』의 保元物語 항목 참조.

몬노카미(右衛門督) 노부요리(信賴)가 사마노카미(左馬頭) 요시토모(義朝)를 꾀어 상황의 거처인 산조전(三條殿)을 야습하여 (하략)…[18]

내세에 극락에 태어나 깨달음을 얻기 위해(後生菩提: 고쇼보다이)라고 생각하셔서 손가락 끝에서 피를 떨어뜨려 3년간 오부대승경을 자필로 쓰셨다. …(중략)… 그 후로는 머리카락도 자르지 않으시고 손톱도 자르시지 않은 채 산채로 덴구의 모습이 되신 것은 개탄스런 일이다. …(중략)… "커다란 행업(行業: 교고)을 모두 삼악도(三惡道)에 던져 넣어 그 힘을 가지고 일본국의 대마연(大魔緣)이 되어, 황족(皇)을 백성(民)으로 만들고 백성(民)을 황족(皇)으로 할 것이다"라하고는 혀끝을 물어뜯어 흐르는 피로 대승경의 안쪽에 서약문을 덧붙이셨다. "바라건대, 위로는 범천제석(梵天帝釋), 아래로는 견뢰지신(堅牢地神)에 이르기까지 이 서약에 힘을 합해 주소서"라며 바다 밑에 가라앉히셨다.[19]

『호겐모노가타리』에는 여러 계통의 사본이 존재하지만, 숭덕 상황의 원념이 부각되는 과정 자체는 대동소이하다. 즉, 숭덕 상황은 유배지인 사누키에서 필사한 오부대승경을 교토 인근에 안치하기를 희망하지만, 거부당하고 만다. 이에 격노한 상황은 위의 인용문들에 보이듯이, 오부대승경을 악도에 바치고 그로부터 얻은 법력으로 일본국을 혼란에 빠뜨릴 것이라고 선언한다.

---

18) 半井本『保元物語』「新院血ヲ以テ御經ノ奧ニ御誓狀ノ事 付ケタリ崩御ノ事」(『半井本 保元物語 本文・校異・訓釋編』, 笠間書院, 2010).
19) 金刀比羅本『保元物語』「新院御經沈めの事 付けたり崩御の事」(『將門記 陸奥話記 保元物語 平治物語』, 小學館, 2002).

숭덕 상황이 혈서(血書), 덴구, 마왕(魔王)이라는 요소를 매개로 역사를 움직이는 원령으로 등장하는 패턴은 역시 '교토 문화권'에서 생산된 『헤이케모노가타리』(平家物語)[20]에서도 확인된다. 예컨대, 엔교본(延慶本)『헤이케모노가타리』에는 "머리카락도 자르지 않으시고 손톱도 자르지 않으셨다. 감색 두건과 감색 옷을 입으시고 손가락에서 피를 내어 오부대승경을 적으시고 …(중략)… '나는 이 오부대승경을 삼악도에 내던져 이 대선근(大善根)의 힘을 가지고 일본국을 멸망시키는 대마연(大魔緣)이 될 것이다. 천중지류(天衆地類)는 반드시 힘을 합쳐 주소서'라고 맹세하시고 바다 밑에 넣으셨다"라고 보인다.[21] 이에 반해 가쿠이치본(覺一本)을 비롯한 이른바 가타리본(語り本) 계열의 텍스트에는 오부대승경에 관한 세밀한 묘사는 보이지 않지만, 숭덕 상황이 역사를 움직이는 원령(다이라노 기요모리를 조종하는 형식을 취함)이라는 점은 변함없이 확인되고 있다.[22]

일본국의 역사에 적극적으로 개입하는 원령이라는 기억은 무로마치 시대에도 계승되었다. 예컨대, 1350년을 전후하여 아시카가 다다요시(足利直義) 주변에서 1차 편집된 것으로 추정되는 『다이헤이키』(太平記)[23]에서, 숭덕 상황은 '천하를 어지럽힐 논의'가 이루어지는 덴구들의 회합에서 '상좌'에 앉아 있는 '금색의 솔개'로 묘사되고 있다.[24]

이처럼 '교토 문화권'에서 생산된 여러 텍스트를 통해 굳어진〈숭덕 상

---

20)『國史大辭典』의 平家物語 항목 참조.
21)『延慶本 平家物語 本文篇』(勉誠出版, 1990).
22) 梶原正昭・山下宏明校注, 1999,『平家物語』, 岩波書店 참조.
23)『國史大辭典』의 太平記 항목 참조.
24)『太平記』卷二十七「大稻妻天狗未來記の事」

황=역사를 움직이는 원령〉이라는 기억은 이윽고 교토 외의 지역에도 유포되어갔다. 예컨대, 상황의 유배지였던 사누키에서는 다음과 같은 전승이 확인된다.

> 지쇼(治承) 겐랴쿠(元曆)의 반역도 상황의 원념에 의한 것이라는 풍문이 돌았다. …(중략)… "나는 대마왕이 되어 천하를 내 맘대로 할 것이다"라고 맹세하시고는 새끼손가락을 이로 물어뜯으셔서 오부대승경을 넣은 상자에 '용궁성에서 받으소서'라고 쓰시고 쓰치노토(椎途) 바다에 띄우셨다. 그랬더니 바다 위에서 불에 타는 것처럼 보이더니 동자가 나와 춤을 추고 받아들였다. 그때 사누키인(讚岐院)은 "그렇다면 나의 기원은 이루어졌다"라고 하여 머리카락도 자르지 않으시고 식사도 거르고 계셨는데 …(중략)… 실제로 대마왕이라도 되신 것인지, 지금도 묘소에는 번갈아 근무를 서는 솔개라 하여 매일 한 마리가 삼가 곁을 지키고 있다.[25]

1406년에 성립한 『백봉사 연기』(白峯寺緣起: 시로미네데라엔기)는 당대의 대학자 기요하라 요시카타(淸原良賢)[26]가 사누키 슈고(守護) 호소카와 미쓰모토(細川滿元)의 의뢰를 받아 편찬한 텍스트이다. 여기에는 사누키에 소재한 백봉사의 연혁, 이적(異蹟)에 대한 서술과 더불어 위와 같은 숭덕 상황 원령담이 수록되어 있다. 이 원령담이 『호겐모노가타리』 혹은 『헤이케모노가타리』의 영향을 받은 것은 확실해 보이는데, 한 가지 더 눈길을

---

25) 『白峯寺緣起』. 인용은 『群書類從』 第24輯 수록본.
26) 落合博志, 1988, 「淸原良賢傳攷: 南北朝末室町初期における一鴻儒の事蹟」, 『能: 研究と評論』 16 참조.

끄는 것은 지역색이다. 즉, '쓰치노토(椎途) 바다'라는 구체적인 지명이 제시되어 있고,[27] 임장감을 불러일으키는 '지금도 묘소에는' 운운의 문장도 확인되는 것이다. 작은 뒤틀림이지만, 이 같은 표현과 서술은 숭덕 상황 전승의 지역별 개변 가능성을 시사한다. 이 점에 대해서는 다음 절에서 구체적으로 살펴보기로 하고, 여기서는 우선 〈숭덕 상황＝역사를 움직이는 원령〉이라는 기억의 계승 양상을 좀 더 추적해 보도록 하자.

중세를 거치며 고착화한 〈숭덕 상황＝역사를 움직이는 원령〉이라는 기억은 근세에 접어들어 출판·독서문화의 발달과 맞물려 한층 정교하게 형상화되어갔다. 예컨대, 『센슈쇼』(撰集抄), 『마쓰야마 덴구』(松山天狗)의 영향을 받아 1776년에 간행된 우에다 아키나리(上田秋成)의 『우게쓰모노가타리』(雨月物語)에는 숭덕 상황의 육성이 생생하게 채록되어 있다. 즉, 숭덕 상황은 자신을 방문한 사이교(西行)에게 "최근의 세상의 혼란함은 나의 소행이다. 짐이야말로 살아생전부터 마도(魔道)에 깊이 마음을 기울여 헤이지(平治)의 난을 일으키게 했고, 사후에도 여전히 어디까지나 국가와 조정에 재앙을 내리고자 하는 것이다. 지켜보라. 이제 곧 천하에 대란을 일으킬 것이다", "헤이시(平氏)의 운도 길지 않다. 마사히토(雅仁)가 짐에게 준 고통은 마지막에 되갚아줄 것이다"라며 자신의 원념을 토로한다.[28]

1807~1811년에 걸쳐 간행된 교쿠테이 바킨(曲亭馬琴)의 『진세쓰 유미하리즈키』(椿說弓張月)에서도 숭덕 상황의 육성이 확인된다. 즉, 숭덕 상황은 자신을 방문한 미나모토노 다메토모(源爲朝)의 정실 시라누이(白縫)에

---

27) 山內益次郞, 「崇德院慰靈」, 11쪽.
28) 『雨月物語』 卷之一 白峯. 인용은 『日本古典文學全集』 48(小學館, 1973).

게 "노부요리(信頼), 요시토모(義朝)에게 모반(謀反)의 마음을 심어 신제이 (信西)를 죽이게 하고, 또 요시토모를 수하인 오사다(長田)에게 치게 하여 아비를 죽인 것에 대한 천벌을 보였으며, 또 기요모리(淸盛)에게 교사(驕 奢)의 마음을 심어 마사히토(雅人)를 유폐시키도록 하여, 모든 원수는 대 부분 죽이고 멸망시켰다. 이제는 기요모리의 씨족과 친족만이 남았다. 지 켜보라. 머지않아 그들을 이곳으로 불러들여 익사시킬 것이다"라며 역사 에 개입하는 자신의 입장을 적극 표명한다.[29] 요미혼(讀本)으로서의 파급 력을 감안할 때, 『우게쓰모노가타리』와 『진세쓰 유미하리즈키』는 〈숭덕 상황=역사를 움직이는 원령〉이라는 기억을 확고부동한 것으로 만들었다 고 해도 과언이 아닐 것이다.

중·근세의 다양한 텍스트를 거치며 형성된 〈숭덕 상황=역사를 움직 이는 원령〉이라는 기억의 근간에는 1절에서 살펴본 역사적 사실이 존재 한다. 애초에 원령의 존재를 인정하고 갖가지 진혼을 시도한 국가의 태도 는 전승 세계의 굳건한 기반이 되었으며, 숭덕 상황에 대한 기억은 일정 한 방향으로 재구성되어갔던 것이다.

숭덕 상황에 대한 기억은 막말의 혼란스런 정세 속에서 새롭게 부각 되었다. 즉, 수 백 년에 걸쳐 쌓이고 다듬어진 〈숭덕 상황=역사를 움직이 는 원령〉이라는 기억은 700년에 이르는 무가 정권의 장기 지속이 숭덕 상황의 저주에서 비롯되었다는 인식을 낳았으며,[30] 결국 1868년 메이지

---

29) 『椿說弓張月』前篇卷之六 第十五回. 인용은 『日本古典文學大系』60(岩波書店, 1958).
30) 예컨대, 平田篤胤는 『玉欅』(1824년 성립)에서 "곰곰이 중세(中ッ世)가 혼란스러웠던 근 본을 살펴보건대, 枉神의 난폭함은 본디 그러하지만, 가장 경외로운 崇德天皇의 큰 분 노에서 비롯된 것인가 라고 여겨지는 것이다"라고 했으며, 平田延胤는 『玉欅總論追加』

신정부에 의한 교토 시라미네 궁(白峯宮) 창건으로 이어졌다. 숭덕 상황은 다시금 '기록의 세계'로 나아갔던 것이다.

　이처럼 스테레오타입화한 기억이 폭넓게 통용되고 현실세계에 상당한 영향을 미친 것은 분명하지만, 앞서 살펴본『백봉사 연기』의 문장이 시사하듯, 기억의 변주 가능성은 부정할 수 없다. 과연 〈숭덕 상황＝역사를 움직이는 원령〉이라는 기억은 일체의 군더더기를 허용치 않는 것이었을까? 이 의문을 해명하기 위해 다음 절에서는 '교토 문화권'에서 벗어난 지역의 전승을 살펴보고자 한다.

3. 사누키: 저주의 로컬화와 지역의 수호신

　숭덕 상황의 저주가 호겐의 난에서 승리한 자들에게 향한다는 인식은 중세 이래의 상식이었다. 그러나 8년여 상황의 생활공간이었던 사누키에서는 조금 색다른 원령담도 유포되고 있었다.

> 이 사람은 우선 사누키 지방(讃岐國)으로 내려가 병선(兵船)을 갖추고 병사들을 모았는데, 그 와중에 엔분(延文) 4년 6월 2일 갑자기 발병하여 미치광이가 되었다. 스스로 입을 놀려 "나는 숭덕원(崇德院)의 영지를 수중에 넣어 병사들에게 군량미를 충당할 땅(兵粮料所)으로 분배한 까닭에 무거운 병을 얻었다. 하늘의 꾸짖음이 팔만사천의

　(1866년 성립)에서 "조정의 위광과 위세가 쇠퇴하고 권위가 무가로 옮겨간 것도 그 근본은 이 천황의 큰 분노에서 일어났을 것이라고 말하는 것도 터무니없는 소리가 아니다"라고 설파하였다. 다음 논고를 참조할 것. 中川和明, 2015,「平田國學による祭祀の創意とその波紋:『每朝神拜詞記』・『玉襷』を例に」,『書物・出版と社會變容』19.

모공으로 들어가 오장육부를 가득 채우고 남으니, 시원한 바람을 향해도 활활 타오르는 불꽃과 같고, 차가운 물을 마셔도 펄펄 끓는 열탕과 같다. 아 뜨거워, 참기 어렵다. 도와줘"라며 슬피 부르짖고 까무러치듯 땅바닥을 굴러다녔다. …(중략)… 발병한지 7일째 되던 날 오전 6시 무렵에 황색 깃발 하나를 꽂고 완전무장한 병사 천기가 세 방향으로부터 동시에 함성을 지르며 몰려들었다. …(중략)… 홍색 호로(母衣)를 걸친 병사 10 여기가 대장 호소카와 이요노카미(細川伊与守)의 목과 그 수하인 유키요시 가몬노스케(行吉掃部亮)의 목을 취하여 칼끝에 꿰고는 "밉다고 생각하는 자들을 모두 쳐 죽였다. 이걸 보라, 병사들이여"라며 두 사람의 목을 들어 올리니, 정면공격을 담당하던 적 700 여기가 함성을 세 번 크게 지르고 돌아갔다. 그 모습을 보자 하니, 이 쳐들어온 병사들은 하늘로 올라가 구름을 타고 시라미네(白峰) 쪽으로 날아갔다.[31]

앞서 언급한 바와 같이 『다이헤이키』는 '교토 문화권'에서 생산된 텍스트이지만, 편찬과정에서는 복수의 인물이 각 지역의 전승을 수합하며 협업하는 작업방식이 취해진 것으로 추정된다. 위에 제시한 자료도 사누키에서 유포되고 있던 전승으로 판단된다.

그에 따르면, 사누키 현지에서는 1359년 호소카와 시게우지(細川繁氏)의 죽음이 숭덕 상황의 저주에서 비롯된 것으로 인식되고 있었다.[32] 1848년에 성립한 『곤피라 산케이 메이쇼즈에』(金毘羅参詣名所圖會)에 "이 땅은 숭

---

31) 『太平記』「細川式部大輔靈死の事」. 인용은 『新編日本古典文學全集』57(小學館, 1998).
32) 東寺에서 집필된 것으로 추정되는 『延文四年記』에는 "6월 6일, 정묘. 細川兵部大輔가 타계했다. 병석에 누운 지 10일이었다. 그 사이에 여러 가지 기이한 일들이 있었다. 다 적어 넣을 만한 겨를이 없다"라고 보인다. 인용은 『續群書類從』第29輯 下 수록본.

덕원(崇德院) 묘소의 영지이므로, 깊이 공경하여 군율을 엄중히 한다. …
(중략)… 엔분 3년 이요노카미 시게우지가 영지를 탈취하여 신벌을 받은
일이 있는 바, 사누키노카미(讚岐守) 모치타카(持隆)가 엄히 영지 약탈과 폭
력행위를 금지하고 제찰(制札)을 세운다"라는 문장이 보이는 것을 감안하
면, 숭덕 상황 원령이 시게우지를 죽음으로 몰아넣었다는 전승은 사누키
현지에서 중·근세를 관통하여 유포되고 있었던 것으로 추정된다. '교토
문화권'에서 〈숭덕 상황=역사를 움직이는 원령〉의 기억이 쌓여 가고 있던
시기에 사누키에서는 저주의 로컬화가 진행되고 있었던 것이다.

숭덕 상황이 사누키 현지의 상황과 관련하여 특정 인물에 재앙을 내
리는 원령으로 회자되었던 흔적은 다른 사료에서도 확인된다. 예컨대,
1851년에 성립한 「유이쇼 우쓰시」(由緒寫: 『미야케가문문서』(三宅家文書) 수록)
에는 "다카하라(高原)는 신원(新院)의 말씀(院宣)에 따르지 않고 혼자 나오
시마(直島)를 실력으로 수탈하고 지배했기 때문에 원(院)의 신벌(神罰)을
받은 것인지 이번에 가문이 멸망했다"[33] 라고 하여, 숭덕 상황의 원령이
나오시마의 영주였던 다카하라 가문에 재앙을 내렸다는 전승이 보인다.
이 전승은 1671~1672년의 시기에 나오시마에 대한 영유권이 다카하라
가문에서 미야케 가문으로 이동한 사실에 근거한 것으로, 아마도 미야케
가문이 권력 이동을 정당화하는 과정에서 발생한 전승으로 판단된다.[34]
사누키의 현지인들은 자신들의 정치·사회적 맥락에 맞춰 숭덕 상황의
원령을 전유했던 것이다.

---

33) 山田雄司, 「直島における崇德院傳承」, 18쪽에서 재인용.
34) 山田雄司, 「直島における崇德院傳承」, 19~20쪽.

한편 '교토 문화권'에서 생산된 숭덕 상황 원령담도 사누키 현지인들의 관심사에 맞춰 각색되었다. 예컨대, 숭덕 상황 전승을 전하는 가장 오래된 현지 문헌으로 알려진 『고신덴』(故新傳)[35]의 「대승경전」(大乘經傳)에는 다음과 같은 문장이 보인다.

> "짐이 준비한 경문(經文)은 지금부터 마신(魔神)에게 맹세하고 짐은 마계(魔界)의 제왕이 되어 짐에게 대적하는 자들은 모두 멸망시킬 것이다"라고 진노하셔서 머리카락은 관(冠)을 꿰뚫듯이 되셨다. …(중략)… 시라미네(白峯)에 오르셔서 경문에 생혈(生血)을 흘려 넣으시고 오즈치(大槌)와 고즈치지마(小槌島) 사이에 가라앉히셨다. 그랬더니 돌연 온 하늘이 갑자기 흐려지고 천둥과 번개가 진동했으며, 허공으로부터 먹구름이 내려오고 조수는 빙글빙글 돌았다. 구름 속에는 수만의 덴구가 나타났고 바다로부터는 작은 새만한 크기의 거북이 떠올라 경문 상자를 입에 물고 뿜어내니 (경문 상자는) 허공으로 까마득히 날아 올라갔다. 그때 가운데에 신원(新院)의 모습이 연기처럼 나타났다. 왼손에 가사네이로(重色)의 솔개 모양을 한 새를 지닌 덴구가 경문과 더불어 (신원(新院)을) 수호하며 시라미네 쪽으로 가는 모습에 옆을 지키던 자들이 끝없이 탄식했다.

앞머리에 보이는 숭덕 상황의 육성은 '교토 문화권'의 전승을 떠올리게 하지만, 오히려 눈길을 끄는 것은 그 밑으로 보이는 지역색 물씬 풍기는 현지 고유의 전승이다. 구체적인 지명과 현지에서 일어났다는 이적이 세밀하게 묘사되는 가운데, 헤이지의 난 혹은 1180년대의 내란에 대한

---

35) 山田雄司,「直島における崇徳院傳承」, 9쪽. 아래 제시한 사료도 같은 논문 12쪽에서 재인용.

언급은 보이지 않는다. 현지인들의 입장에서 역사를 움직이는 원령이라
는 이슈는 그다지 큰 관심사가 아니었던 것이다.[36] 그들의 상상력이 왕성
하게 발휘된 지점은 일상 속에서 부딪히는 삶의 터전이었다.

이처럼 숭덕 상황의 원령을 둘러싼 상상이 현지의 실정과 맥락에 따
라 이루어지는 가운데, 원령과는 무관한 이야기도 전승되었다. 앞서 소개
한 『고신덴』의 「신원 고유란덴」(新院御遊覽傳)에는 다음과 같은 일화가 보
인다.

> 어느 날 남쪽 해안가에 계실 때, 앞바다에 갑자기 폭풍이 일어나 큰
> 배, 작은 배 할 것 없이 파도 사이로 잠기려 하는 것을 보시고는 딱
> 하다 생각하셔서 용신에게 기원하셨다. 그랬더니 파도가 곧바로 가
> 라앉고 원래대로 온화한 바람이 불어 배도 탈 없이 살아났다.[37]

위의 이야기에서 숭덕 상황은 사누키 앞바다의 거친 파도를 잠재우
는 능력을 발휘한다. 숭덕 상황은 지역의 수호신으로 묘사되고 있는 것이
다. 사누키 현지인들은 원령으로서의 전승을 지니는 숭덕 상황의 비범함
을 지역의 수호신이라는 맥락에서도 전유했던 것이다. 외부로부터 유입
된 고귀한 가문 출신자(貴種)로서의 '왕'의 힘은 지역의 안전 유지에 유효
한 것으로 상상되었다.[38]

---

36) 이와 관련해서는 『直嶋舊跡巡覽圖會』에 崇德上皇 원령담이 전혀 보이지 않는다는 지적도
주목된다. 伊藤秋穂, 「崇德院傳承の諸相: 享受の位相を中心に」, 38쪽 참조.

37) 山田雄司, 「直島における崇德院傳承」, 11쪽에서 재인용.

38) 伊藤秋穂는 『直嶋舊跡巡覽圖會』의 「波無の浦」(내용은 본문에서 인용한 『故新傳』의 「新院
御遊覽傳」과 대동소이함)를 제시하고, "崇德院이 섬사람을 위해 폭풍을 잠재웠다는 자

이상에서 살펴본 바와 같이, 사누키에서는 역사를 움직이는 원령이라는 교토의 전승이 수용되면서도 지역의 관심사를 반영한 이야기들이 상상되고 기억되었다. 일반적인 인식과는 달리, 숭덕 상황을 둘러싼 전승은 지역별 편차를 보이고 있었던 것이다.[39] 이 같은 소결론을 염두에 두고 다음 장에서는 단종을 둘러싼 전승에 대해 살펴보고자 한다.

Ⅱ. 단종 원혼담과 교차하는 시선

1. 단종의 진혼

1456년 노산군(魯山君)으로 강봉되어 영월로 유배되어 있던 단종[40]은 이듬해 미수에 그친 복위운동에 연루되어 죽음을 맞이했다. 단종의 죽음에 대해 조선왕조실록은 "스스로 목매어서 졸(卒)하니, 예(禮)로써 장사지

비심 깊은 전승조차 존재하고 있는 것이다. 명백히 교토의 崇德院 전승과는 다른 온화한 崇德院 상을 보여주는 전승이 남아 있는 것이다"라고 지적했다(伊藤秋穂, 「崇德院傳承の諸相: 享受の位相を中心に」, 39쪽). 한편 구체적인 맥락은 알 수 없지만, 13세기 후반에 이르러 崇德上皇은 가마쿠라에서도 지역의 수호신 같은 존재로 전승되어간 것으로 보인다. 예컨대, 1296년에 성립한 『關東御式目』의 跋文(『中世法制史料集』別卷 수록)에는 "내가 또 말하기를 '武州禪門은 崇德院의 後身이다'라고 이야기했다. 權化人이다. 그런 까닭에 神妙하다"라고 보인다. 저자인 六波羅 奉行人 齋藤唯淨는 막부 정치의 기틀을 마련한 北條泰時가 실은 崇德上皇의 화신이라고 이야기하고 있다. 齋藤唯淨에 대해서는 다음 논고를 참조. 義江彰夫, 1992, 「『關東御式目』作者考」, 『中世の法と政治』, 吉川弘文館.

39) 전승의 지역별 편차에 주목한 伊藤秋穂는 "종래의 원령으로서의 崇德院의 이미지는 이처럼 일부의 전승에 의한 것에 지나지 않는 것은 아닐까 추측된다"고 주장한 바 있다(伊藤秋穂, 「崇德院傳承の諸相: 享受の位相を中心に」, 43쪽). 경청할 만한 견해라고 생각한다. 다만, '교토 문화권'의 전승이 폭넓게 유통된 점은 정당하게 평가되어야 할 것이다.

40) 『魯陵志』의 고증에 따른 것이다. 『세조실록』에는 1457년의 일로 기록되어 있다.

냈다"라고 기록하고 있다.[41] "예로써 장사지냈다"고는 하지만, 그에 관한 구체적인 내용은 확인되지 않으며, 이후 수십 년 동안 조정이 공식적으로 단종의 죽음을 애도하거나 묘소를 관리한 흔적은 보이지 않는다. 숭덕 상황의 죽음에 대해 교토의 조정이 처음에 냉담한 반응을 보인 것처럼, 한양의 조정도 단종의 죽음에 대해 무관심했던 것으로 보인다. 한양의 조정은 단종을 사실상 죄인 취급 했던 것 같다.

이 같은 왕조 측의 대응은 1516년에 일변한다. 당시 정계에 진출해 있던 사림파들이 유교 교리에 근거하여 '무주고혼'(無主孤魂)으로 전락할 위기에 처한 단종에 대해 입후(立後)와 치제(致祭) 문제를 거론했던 것이다. 군신 간의 논의는 경연(經筵)을 매개로 한 달 여에 걸쳐 진행되었으며, 결국 치제에 그치는 것으로 결정되었다.[42] 조정은 향후 영월의 수령으로 하여금 정기적으로 치제하게 했는데,[43] 그와는 별도로 같은 해 12월 우승지 신상(申鏛)을 보내 치제하게 했다.[44]

본 논문의 취지에서 주목되는 점은 위의 논의 과정에서 단종의 원혼이 의식되었다는 것이다. 즉, 김안국(金安國)이 "오래 임금으로 있다가 천지 사이의 여귀(厲鬼)가 되었으니 화기(和氣)가 펴지지 못하고 여기(厲氣)가 된 것이 이 때문이 아닐 수 없습니다"라 하며 단종이 재이를 일으키는 여귀가 되어 화기를 어그러뜨리고 있다고 주장했다.[45] 김안국의 주장이

---

41) 『세조실록』 세조 3년(1457) 10월 21일조.
42) 『중종실록』 중종 11년(1516) 10월 22일-11월 25일조 사이의 관계 기사를 참조.
43) 『단종실록』 부록.
44) 『중종실록』 중종 11년 12월 10일조.
45) 『중종실록』 중종 11년 10월 29일조.

본격적으로 검토된 흔적은 보이지 않지만, 같은 사안에 대한 사론(史論)에도 "더구나 노산은 사세에 몰린 것인데 차마 원혼(冤魂)이 되게 할 일이 겠는가?"46)라고 보이는 점을 아울러 감안하면, 16세기 전기에 조정 내에서 단종의 원혼에 대한 의식이 존재했던 것은 분명해 보인다.

이 점과 관련해서는 1541년 영월 군수로 부임한 자들이 연이어 횡사한 일에 대해 조정 내에서 단종의 저주에 대한 소문이 돌았다는 사실도 주목된다. 7개월 사이에 3명이 연달아 죽은 후 새로 부임한 박충원(朴忠元)은 무사히 직책을 수행했는데, 그의 졸기(卒記)에는 "영월에 요사스런 일이 발생하여 여러 명의 관리가 갑자기 죽는 일이 있었는데, 사람들이 노산군의 빌미라고 하였다"는 문장이 보이며,47) 한준겸의 『유천차기』(柳川箚記)에도 "영월 군수 중에 폭사(暴死)한 자가 많았으므로, 세상에 전하기를 흉한 지방이라고 하였다. …(중략)… 요괴(妖怪)한 일이 차마 말할 수 없게 일어났었다"라고 보인다.48) 단종의 원혼은 조정 내에서 부단히 회자되고 있었던 것이다.

다시 치제로 돌아가면, 17세기 중반에 접어들어 다시금 재이 문제가 불거진다. 1516년의 조치 이후 중앙 정부 차원의 진혼은 단속적으로 이루어지는데,49) 특히 1650-60년대의 치제는 재이가 빈발하는 가운데 이루어졌다. 예컨대, 1653년에는 "노산의 묘가 영월에 있는데 전에 조종 때

---

46) 『중종실록』 중종 11년 10월 22일조.
47) 『선조수정실록』 선조 14년(1581) 2월 1일조.
48) 『柳川箚記』(『大東野乘』 수록).
49) 이에 대해서는 다음 논고를 참조. 김효경, 2006, 「단종 제사와 신앙의 전개 과정: 정부 및 민간 차원을 중심으로」, 『역사민속학』 22, 162-177쪽.

에는 관원을 보내어 치제하였으나 이제는 오래 폐기하였습니다. 구전(舊典)을 거행하면 재앙을 없애고 비 내리기를 구하는 데에 도움이 없지 않을 것입니다"[50]라는 의견, 1662년에는 "지난해 노산과 연산의 묘에 특별히 근신을 보내 제사를 지내도록 하였는데, 현재 재이가 극심하니, 이 일을 행하게 하는 것이 옳겠습니다"[51]라는 의견에 따라 치제가 거행되었다. 단종의 원혼은 재이의 빈발과 연동하여 환기되곤 했던 것이다.

국가 차원의 진혼은 1689년의 복위(復位) 조치를 통해 일단락되는데, 이때도 재이와 원혼이 문제시되었던 흔적이 있다. 단종 복위의 직접적인 실마리를 제공한 것은 신규(申奎)의 상소였다. 『숙종실록』 숙종 24년(1689) 9월 30일조에 실린 상소는 세조의 덕치로부터 이야기가 전개되지만, 단종에 관한 기록을 한데 모은 『장릉지』(莊陵誌)에 실린 상소는 세조의 덕치에 관한 문장에 앞서 "근년에 재앙이 거듭 이르고 농사가 크게 흉작이 들고, 이어서 기근에다가 전염병이 겹쳐, 팔도의 백성이 반은 이미 귀신이 되었습니다. …(중략)… 비록 필부필부(匹夫匹婦)의 답답하고 원통한 일이라도 조금이나마 인정에 만족을 줄 수 있는 것이면 추후하여 원통함을 씻어 주어서 곡진하게 위안하여 기쁘게 하는 도리를 베풀지 아니함이 없는데, 하물며 당당한 국왕의 높음과 후비의 귀함이었음에도 살아서는 가슴에 맺힌 한이 있고, 죽어서는 존숭하는 전례가 없으니, 연대가

---

50) 『효종실록』 효종 4년(1653) 7월 3일조.
51) 『현종실록』 현종 3년(1662) 6월 20일조. 이후 재이로 인해 치제하는 것은 불가하다는 논의도 전개되었지만(『현종실록』 현종 3년 6월 21일조), 치제는 예정대로 거행되었다 (『현종실록』 현종대왕행장; 『陜州誌』).

점점 멀어질수록 공론이 더욱 유감으로 생각하는 바 아니겠습니까?"[52] 라는 문장을 싣고 있다. 신규가 연이은 재이로부터 단종의 복위를 구상했다는 점은 분명해 보인다. 여하튼 이 상소를 계기로 단종은 복위되어 영녕전(永寧殿)에 부묘(祔廟)되었으며, 영월의 묘소는 장릉(莊陵)으로 거듭나게 되었다.

이상에서 살펴본 바와 같이, 단종에 대한 국가 차원의 진혼은 재이의 발생과 적지 않게 연관되었다. 심각한 재이가 발생했을 때 단종의 비명횡사가 상기되는 패턴이 반복되었던 것이다. 그러나 한 가지 주의해야 할 점은 조정 내에서 단종의 원혼은 어디까지나 유교적 가치관, 세계관의 범위 내에서 부각되고 해소되었다는 사실이다. 지면 관계상 위에서 관련 사료를 충분히 제시하지는 못했지만, 애초에 그것은 유교적 의리론에 부수하는 맥락에서 조명되었으며, 세조나 정난공신(靖難功臣)에 대한 복수를 통한 르상티망의 해소 같은 것은 상상되지 않았다. 여제(厲祭)가 왕의 교서(敎書)를 통해 설행되는 세계[53]에서 원혼은 왕권에 의한 덕치와 구휼의 객체이지, 왕권을 상대화할 수 있는 주체일 수는 없었다. 그럼, 단종의 원통한 혼령이 보다 직접적으로 표출되는 일은 없었을까? 이에 대해서는 다음 절 이하에서 전승의 세계를 살펴보며 생각해 보기로 한다.

---

52) 『국역 장릉지』, 141쪽.
53) 이욱, 2009, 『조선시대 재난과 국가의례』, 창비, 306 314쪽 참조. 여제에 대해서는 다음 논고도 참조. B. 왈라번, 2001, 「朝鮮時代 厲祭의 機能과 意義: '뜬귀신'을 모셨던 儒生들」, 『동양학』 31; 김유리, 2016, 「조선시대 재난상황과 사자(死者) 인식에 관한 연구: 여제(厲祭)의 실천을 중심으로」, 서울대학교 대학원 종교학과 석사학위논문.

2. 한양: 대항기억의 등장

어린 왕의 뜻하지 않은 유배와 죽음은 많은 사람들의 상상력을 자극했다. 단종의 죽음 이후 한양에서는 묘한 이야기들이 나돌았다. 예컨대, 단종의 얼굴을 그리고 제사를 지냈다는 '난언'(亂言)이 나돌기도 했으며,[54] 단종이 부처와 마찬가지로 옆구리에서 태어났고 겨드랑이에 비늘이 있다는 영험담이 유포되기도 했다.[55] 위의 풍문들은 이후 이렇다 할 전개를 보이지 않지만, '단종은 자살했다'는 공식기억과는 사뭇 다른 이야기들이 일찍부터 형성되고 있었음을 암시한다.

단종의 죽음에 관한 '다른 이야기'들은 물론 영월 현지로부터 발신되었을 것이다. 예컨대, 조선 전기의 역관이자 문인이었던 조신(曺伸: 1454~1529)이 남긴 저작에는 "노산이 참변을 당하고 즉시 뇌우가 크게 일어 지척 사이에서도 사람과 물건을 분별하지 못하였다. 집의 종 석지의 아비가 그때 행상으로 영월에 갔다가 그 변을 보았다고 석지가 나에게 말하였다"고 보인다.[56] '왕'의 죽음이 이변을 낳았다고 전하는 점도 흥미롭지만, 여기서는 전승의 방향성에 주의해 두고자 한다.

단종의 죽음에 대한 본격적인 전승은 국가 차원에서 처음으로 치제가 이루어진 1516년 이후에 등장한다. 예컨대, 대사헌, 한성판윤, 형조판서 등을 역임한 이자(李耔: 1480~1533)의 『음애일기』(陰崖日記)에는 다음과 같

---

54) 『세조실록』 세조 12년(1466) 7월 24일조. 김영두는 세조 시대의 '난언' 전반에 대해 대항기억의 형성이라는 맥락에서 상론한 바 있다(김영두, 「亂言과 隱居, 세조 정권에 저항하는 대항 기억의 형성」).

55) 『성종실록』 성종 3년(1472) 10월 9일, 11월 2일조.

56) 『謏聞瑣錄』(『국역 장릉지』, 50쪽[일부 수정]). 『海東野言』에는 『秋江冷話』에 수록된 전승으로 기록되어 있다.

이 보인다.

> 병자년 12월 25일에 우승지 신상이 노산을 제사지내고 돌아왔다. 노산의 묘는 영월군 서편 5리 밖 길가에 있는데 모두 무너지고 높이가 겨우 2척 남짓 했다. 무덤 옆에는 여러 무덤이 널려 있는데 고을 사람들이 군왕(君王)의 묘라고 불러왔고 비록 어린애라도 능히 알아낼 수가 있었으며 또 여러 무덤은 모두 돌이 곁에 벌려 있는데 유독 이것만은 그런 것이 없었다. 당초에 노산이 죽던 날에 진무사(鎭撫使)가 와서 형벌하는 것을 감시할 제 핍박하여 스스로 죽게 하고서 시체를 밖에 내버려두니, 읍재(邑宰)와 종인(從人)들은 그 위엄에 겁내어 감히 시체를 거두지 못했다. 이때 군의 수사(首吏) 엄흥도(嚴興道)란 자가 가서 곡하고 관을 가지고 가서 염습(斂襲)했는데, 그 관은 곧 관노가 만든 것으로 화재가 무서워서 고을의 옥에 갖다 두었던 것을 갖다가 쓴 것이었다. 혹 다른 이론(異論)이 있을까 두려워하여 즉시 이곳에 장사지낸 것이라 한다.[57]

　1절에서 언급한 바와 같이, 1516년에는 한 달 여에 걸친 논쟁 끝에 단종에 대한 치제가 결정되었다. 그 결과 그해 12월 우승지 신상이 파견되어 중앙 정부 차원의 치제가 실현되었다. 『중종실록』 중종 11년 12월 10일조에 따르면, 치제를 마친 신상은 한양으로 돌아와 현지 상황을 보고했는데, 그 내용은 위에 인용한 사료의 밑줄 부분[제1단락]과 거의 일치한다. 이자는 아마도 사초에 해당하는 자료를 입수하여 옮겨 적은 것으로 보인다. 밑줄의 문장 아래로는 단종의 죽음과 장사에 대한 기술[제2단락]

---

57) 『陰崖日記』(『大東野乘』 수록).

이 보이는데, 이 역시 신상이 복명한 내용이라 짐작된다. 신상은 현지의 전승을 정리하여 보고했을 것이다.

[제2단락]은 단종이 사실상 사사(賜死) 당했음을 밝히고 있다. 죄인의 죽음이었던 까닭에 장례도 제대로 치러지지 못하는 상황에서 엄홍도라는 아전이 위험을 무릅쓰고 서둘러 사체를 수습했다고 서술되어 있다. 단종의 죽음으로부터 수십 년이 지나, "스스로 목매어 졸(卒)하니, 예(禮)로써 장사지냈다"는 왕조 측의 공식기억에 균열이 생긴 것이다. 시대가 내려오면 다음과 같이 좀 더 커다란 균열도 확인된다.

> 노산군이 영월군에 물러간 후에도 매양 아침이면 대청에 나와서 곤룡포를 입고 걸상에 걸터앉아 있으니, 보는 사람으로서 공경하지 않는 이가 없었다. 하루는 금부도사(禁府都事)가 내려왔으나, 문틈으로 바라보고는 움찔하면서 감히 손을 쓰지 못하였다. 날이 차츰 저물자 도사는 때를 늦추었다는 책망이 있을까 두려워, 걸상 옆에 있는 하리(下吏)와 의논하였다. 그리하여 노산군이 앉은 후면(後面)의 창구멍을 통해, 긴 끈으로 당기도록 하였다. 끈이 모자라자 베띠를 이어서 마침내 목을 졸라 죽였다. 노산군이 영월에서 죽으니, 관과 염습도 갖추지 않고 짚으로 빈소를 마련하였다. 하루는 젊은 중이 와서 매우 슬프게 곡하며 말하기를, "평소에 이름을 알고 지냈고, 보살핌을 받은 분의(分義)가 있노라" 하고, 며칠을 머물러 있다가, 어느 날 밤에 시체를 지고 도망쳐버렸다. 어떤 사람은 '산골짜기에서 태워버렸다' 하고, 어떤 사람은 '강물에 던져 버렸다' 한다. 지금 무덤은 거짓으로 장사한 것이라 하니, 두 가지 말 중에 어느 편이 옳은지는 알 수 없으나, 점필재(佔畢齋)의 글로써 본다면 강에 던졌다는 말

이 그럴 듯하다. …(중략)… 세월이 오래되었으나 그 한스러움이야 어찌 다하랴? 혼은 지금도 의탁할 곳이 없어 떠돌아다닐 터이니, 진실로 애달프다.[58]

위의 사료는 대사헌, 예조판서, 이조판서 등을 역임한 이기(李墍: 1522~1600)의 『송와잡설』(松窩雜說)에 등장하는 전승이다. 내용은 크게 셋으로 나뉜다. 첫째, 단종이 평소에 '왕'으로서의 위용을 갖추고 있었다는 것이다. 그러나 노산군으로 강봉되어 유배된 단종이 과연 일상적으로 '곤룡포'를 걸치고 있었는지는 의문이다. 경외의 시선으로 '왕'을 바라보던 영월 현지인들의 시선이 투영된 전승이라 판단된다.

그 뒤로는 『음애일기』에 보이지 않던 죽음의 풍경이 적나라하게 묘사되어 있다. 사사(賜死)라는 점이 한층 명확하게 서술되어 있으며, 단종의 잔혹한 최후가 구체적으로 제시되어 있다. 사람들은 사사(賜死), 잔혹한 최후에 대한 전승으로부터 단종의 원혼을 한층 선명하게 상상했을 것이다.

마지막 단락에는 단종 시신의 행방에 대한 이야기가 전개되고 있다. 무오사화 때 문제가 되었던 사초 등에 근거한 문장으로 보인다.[59] 그에 따르면, 단종의 시신은 어딘가에 유기되었다는 것인데, 저자는 '점필재(佔畢齋)의 글'을 상기하며 강에 던져졌을 것이라고 추론하고 있다. '점필재의 글'이란 점필재 김종직이 세조의 왕위 찬탈을 비판한 「조의제문」(弔義帝文)을 가리키는데, 「조의제문」에서 단종에 비유된 의제(義帝)는 침강(郴

---

58) 『松窩雜說』(『大東野乘』 수록).
59) 『연산군일기』 연산 4년(1498) 7월 13일조 참조.

江)에 던져진 것으로 묘사되고 있다. 저자 이기는 사후에도 안식하지 못하는 단종의 처지를 서술하며 원혼의 존재를 환기하고 있는 것이다.

이상에서 살펴본 바와 같이, 국가 차원의 진혼이 거행된 이후 한양의 전승세계에서는 대항기억이 등장했다. 단종은 스스로 죽음을 택했고 국가는 예우를 갖춰 장례를 치렀다는 공식기억은 구체적으로 반박되었다. 그런데 2절의 모두에서 언급한 『소문쇄록』(謏聞瑣錄)의 문장이 시사하듯, 이 같은 대항기억은 영월을 비롯한 여러 지역의 전승이 교섭하며 형성되어갔을 가능성이 농후하다. 단종을 둘러싼 전승과 기억의 지형은 복잡한 양상을 띠었을 것으로 예상되는데, 이에 대해서는 다음 절에서 살펴보기로 한다.

3. 영월과 기타 지역: 환류하는 기억과 지역의 수호신

앞서 살펴본 바와 같이, 16세기의 한양에서는 이미 단종의 잔혹한 최후가 회자되고 있었다. 그런데 단종의 최후에 대해서는 몇 가지 전승이 병존했던 것 같다. 예컨대, 17세기의 대구에서는 다음과 같은 이야기가 전해지고 있었다.

> 금부도사[왕방연]가 사약을 받들고 영월에 이르러 감히 들어가지
> 못하고 머뭇거리고 있으니, 나장이 시간이 늦어져서 일을 그르칠까
> 봐 발을 구르면서 급히 재촉하였다. 도사가 하는 수 없이 들어가서
> 뜰 가운데 부복하니, 노산이 익선관과 곤룡포를 갖추고 마당 가운데

로 나와 온 까닭을 물었으나, 도사가 대답하지 못하였다. 그러자 평
소에 노산을 모시던 한 공생이 자청하여 이를 하겠다고 하고 한 가
닥의 활줄로 목을 매어 죽였다. [『송와잡기』에는 이르기를, "긴 노끈
으로써 앉아 있던 뒤편 창구멍에서 잡아 당겼는데, 노끈이 부족하여
포대 끈을 이어서 목을 매어 죽였다." 하였다] 당시에 그 나이는 19
세[혹은 17세라고도 한다.]였으며, 그날은 24일 유시였다. [공생은
미처 문을 나가지 못하고 아홉 구멍에서 피를 흘리며 즉사하였다.]
시녀와 종인들이 다투어 고을의 동강에 몸을 던져 죽으니 강에 든
시체가 가득하였으며, 이날 뇌우가 크게 일어나고 강한 바람으로 나
무가 뽑혀지고 검은 안개가 공중에 가득하여 밤이 지나도록 걷히지
않았다.[60]

위의 사료는 박종우(1587~1654)의 저작인 『병자록』(丙子錄)의 일부이
다. 박종우는 사육신의 한 명인 박팽년의 6대손으로, 대구의 향리에서 거
주하고 있었다.

위 인용문에서 우선 눈길을 끄는 것은 '왕방연'이라는 금부도사의 실
명이 제시되고 있는 점이다. 실체를 드러내주는 사료가 전무하다는 점을
감안하면 왕방연이라는 인물의 실재 여부는 의심스럽지만, 전승의 측면
에서 중요한 것은 실명 거론의 효과이다. 금부도사의 실명이 등장함으로
써 단종의 사사는 확고부동한 역사적 사실로 사람들의 뇌리에 각인되고
있는 것이다.

그 뒤로 이어지는 죽음의 풍경은 2절에서 살펴본 전승들과도 접점을

---

60) 『丙子錄』(『국역 장릉지』, 49~50쪽[일부 수정]).

보이는데, 한층 극적인 묘사가 돋보인다. 저자는 이기의 『송와잡설』(松窩雜說, 『송와잡기』(松窩雜記)는 이칭)을 참조했음에도 불구하고 그와는 다른 전승을 취했다. 그에 따르면 단종은 활줄에 목숨을 잃었으며, '왕'을 시해한 공생은 처참하게 즉사했다. 많은 이들이 순사했으며, '왕'의 원통한 죽음을 애도하듯 이변이 일어났다고 보인다.

그런데 흥미로운 것은 『병자록』에 채록된 전승이 단종의 복위 직후인 1699년 왕권의 심장부에서 통용되었다는 사실이다. 이는 다름 아닌 당대의 왕 숙종의 입을 통해 확인된다.

> 군신(君臣)의 대의(大義)는 천지 사이에서 피할 수 없는 것이다. 단종 대왕(端宗大王)이 영월(寧越)에 피하여 계실 적에 금부도사(禁府都事) 왕방연(王邦衍)이 고을에 도착하여 머뭇거리면서 감히 들어가지 못하였고, 정중(庭中)에 입시(入侍)하였을 때에 단종 대왕께서 관복(冠服)을 갖추고 마루로 나아오시어 온 이유를 하문하셨으나, 왕방연이 대답하지 못하였다. 그가 봉명신(奉命臣)으로서도 오히려 그러했는데, 그때 앞에서 늘 모시던 공생(貢生) 하나가 차마하지 못할 일을 스스로 하겠다고 자청하고 나섰다가, 즉시 아홉 구멍으로 피를 쏟고 죽었다. 천도(天道)는 논해야겠으니, 그 공생의 성명이 전해 와서 알 수 있는 단서가 있으면 본도(本道)로 하여금 계문(啓聞)하게 하라.[61]

---

61) 『숙종실록』 숙종 25년(1699) 1월 2일조.

구체적인 명시는 없지만, 위 인용문이 『병자록』에 기대고 있다는 것은 두말할 나위 없다. 금부도사 왕방연이 등장하고 있고, 관복을 갖춰 입은 단종이 등장한다. 또 공생이 '왕'을 시해하고 즉사했다고도 보인다. 어떤 경로인지는 알 수 없지만, 당시 조정 내에서 『병자록』이 폭넓게 수용되고 있었던 점은 분명하다 할 것이다.

여하튼 이 시점에서 '단종은 자살했다'는 왕조의 오랜 기억은 공식적으로 부정되었다. 15세기 영월 현지에서 비롯된 전승과 대항기억은 16세기 한양에서 구체적으로 형상화되었고, 17세기에 이르러 몇 가지 버전이 통용되었으며, 마침내 왕조 측의 공식기억을 압도하기에 이른 것이다. 참고로 덧붙이면, 조정 내에서도 통용된 『병자록』의 전승은 이후 폭넓은 지지를 얻은 것 같다. 예컨대, 1757년에 성립한 김수민(1734~1811)의 몽유소설인『내성지』(奈城誌)에도 『병자록』에 입각한 단종의 최후가 묘사되어 있다.[62]

지금까지 죽음의 풍경에 관한 전승을 검토하며 대항기억의 전개 양상을 추적해 보았다. 앞서 대항기억의 출발점으로 영월을 상정했는데, 현지에서는 애초에 색다른 전승도 유포되고 있었다. 다음 사료를 살펴보자.

---

62) 해당 부분은 제시하면 다음과 같다. "경태 8년 정축년 10월에 금성대군이 또 저의 복위를 도모하다가 원통하게 죽었습니다. 그때 禁府都事가 死藥을 가지고 왔으나 차마 그것을 (신에게) 바치지 못하고, 한 貢生이 활줄로 신의 목을 매어 죽게 하였으니, 10월 24일 酉時의 일이었습니다. 신의 원통한 일을 옥황상제께서 진실로 내려다보고 계셨던지, 아닐 밤 천둥과 비가 크게 일어나고 세찬 바람에 나무가 쓰러지고 검은 구름이 하늘에 가득 깔려 밤이 지새도록 걷히지 않았습니다. 그 공생은 아홉 구멍에서 피가 흘러 즉사하였습니다[병자록에 상세하다]." 인용은 『역주 내성지』(보고사, 2007), 20쪽. 한편 기억의 관점에서 『奈城誌』를 고찰한 논고로는 다음을 참조. 김정녀, 2012, 「『奈城誌』의 공간과 기억의 재구성」, 『민족문학사연구』 49.

고을 사람들이 지금에 이르기까지 애통해 하고 제물을 차려 제사지 내며, 심지어 길흉(吉凶)이나 화복(禍福)을 당해서도 모두 여기 나가 서 제사지내서, 비록 부녀자라도 오히려 전해 내려오는 말을 분명하 게 알고 있다.[63)

　위 사료는 2절에서 인용한 『음애일기』의 후반부 기사이다. 간략한 문 장이지만, 단종의 비명횡사가 영월 현지에서 어떻게 받아들여졌는지 함 축적으로 잘 보여주고 있다. 영월 현지에서 단종은 지역사회의 길흉화복 과 긴밀한 관계를 맺고 있는 향토의 신으로 거듭나고 있었던 것이다. 외 부에서 유입된 '왕'은 지역사회에서 모종의 비범함을 지닌 존재로 인식되 었을 테고, 그 같은 인식이 사후에도 이어져 단종은 현지인들이 일상적으 로 우러르는 신앙의 대상이 되었을 것이다.[64)

　『병자록』은 지역사회에서 회자된 단종의 비범함을 좀 더 구체적으로 전한다. 즉, 저자는 "한 마리 원한 맺힌 새가 궁중에서 나온 뒤로, 외로운 몸 짝 없는 그림자가 푸른 산속을 헤맨다"로 시작하는 단종의 시를 기재 한 후, "그때에 경내(境內)에 가뭄이 들었는데, 향을 피워 하늘에 비니, 문 득 비가 내렸다"[65)고 적고 있다. 단종은 살아생전에 강우의 능력을 지닌 존재로 인식되었다는 것인데, 이 이야기는 오히려 사후의 단종이 기우제 의 대상이 되었던 사실의 반영으로 보는 것이 타당하리라 생각한다. 숭덕

---

63) 『陰崖日記』(『大東野乘』 수록).
64) 고려시대의 사례이기는 하지만, 정치적으로 몰락하여 진도에 유배되고 분사한 후, 현 지에서 치병의 신격으로 추앙된 이영의 사례도 참고할 만하다(『고려사』 권 97, 열전 10, 이영조; 『고려사절요』 인종 원년(1123) 봄 정월조).
65) 『丙子錄』(『국역 장릉지』, 47쪽[일부 수정]).

상황이 살아생전 높은 파도를 잠재우는 신통력을 지니고 있었다는 사누키 지역의 전승이 떠오르는 대목이다.

이처럼 영월 현지에서 지역사회의 길흉화복, 기우와 불가분의 존재로 회자되었던 단종은 광역의 수호신으로 형상화되기도 했다. 즉, 『장릉지』는 현지인이 사후의 단종을 만나 태백산으로 간다는 '왕'의 육성을 들었다는 '영월군 속언'을 기록하고 있다.[66] '왕'의 비범함은 경계의 찰나에서 한층 빛을 발하고 있는 것이며, '태백산'이라는 성역이 거기에 힘을 보태고 있다. 살아생전부터 비범했던 단종은 태백산의 산신령이 되어 광역의 수호신이 되었다는 것이 '영월군 속언'의 말하고자 하는 바였을 것이다.

이상에서 살펴본 바와 같이, 단종의 죽음에 대한 기억은 영월과 한양, 기타 지역 사이에서 환류하며 증폭되는 양상을 보였다. 이 같은 역동성은 왕조 측이 1698년에 이르는 오랜 기간 동안 단종의 죽음에 대해 애매한 태도를 취한 데에서 비롯되었다고 할 것이다. 국가가 애초에 사사(賜死)를 인정하고 원혼을 달래는 태도를 취했다면, 단종에 대한 기억이 재구성되는 양상은 분명 달랐을 것이다.

한편 영월 현지에서는 원혼이라는 이미지와는 사뭇 다른 민간신앙 차원의 전승도 존재했다. 현지인들은 '왕'의 비범함을 지역사회의 안녕이라는 맥락에서 전유했던 것이다.

---

66) 『국역 장릉지』, 50쪽.

나가며

'왕'의 비명횡사를 둘러싼 상상력은 지역(region/local)에 따라 다양하게 분출되었다. 일본에서 '왕'의 비명횡사는 원령의 준동을 상상케 했다. '왕'의 원령은 개인 차원의 복수를 넘어 역사에 적극 개입하는 존재로도 상상되었다. 그것은 왕권을 상대화하는 힘을 지니고 있었다. 다만, 이 같은 상상은 왕권의 소재지를 중심으로 이루어졌으며, 일본 내의 기타 지역에서는 사뭇 다른 양상을 보였다. '교토 문화권'에서 생산된 '왕'의 원령담은 지역사회의 실정과 맥락에 따라 각색되고 뒤틀린 형태로 전유되었으며, 지역의 수호신으로서 한결 온화한 얼굴을 지닌 '왕'도 상상되고 기억되었다.

'왕'의 비명횡사는 한국에서도 원혼의 준동을 상상케 했다. 그러나 '왕'의 르상티망이 분출되는 것은 어디까지나 유교적 가치관, 세계관의 범위 내에서였다. '왕'의 원혼은 기본적으로 치자(治者)와 산 자에게 관리와 구휼의 대상이었다. 왕권을 상대화하거나 개인적인 복수를 꾀하는 '왕'의 원혼은 좀처럼 상상되지 않았다. 왕권이 오랜 기간 동안 사사(賜死)를 부정했던 사정도 있어서, '왕'을 둘러싼 전승은 죽음의 풍경에 집중되는 양상을 보였다. '왕'의 원통한 죽음을 이야기하는 대항기억은 여러 지역을 환류하며 가다듬어져갔다. 그런 와중에도 '왕'이 유배되어 죽어간 영월에서는 '왕'의 비범함이 지역의 수호신이라는 맥락에서 상상되고 기억되었다.

'왕'의 비명횡사에 대한 전승과 기억에 지역적 편차가 존재한다는 점은 한국과 일본에서 공통으로 발견된다. 특히 눈에 띠는 것은 '왕'이 죽어간 사누키와 영월 지역에 보이는 독자적인 전승과 기억이다. 현지인들은 '왕'이 유배되어 죽어간 정치적 맥락보다는, 자신들의 삶에 '왕'의 비범함이 어떤 영향을 미칠지 신경을 곤두세우고 있었다. '왕'의 영혼이 살아생전의 정적(政敵)에게 복수하는 이야기를 구체화하는 것은 그들의 상상력 밖의 일이었다. 현지인들의 상상력은 지역사회의 안녕과 개개인의 삶과 관련하여 농밀하게 발휘되었다.

이렇게 볼 때 '왕'의 르상티망을 둘러싼 한국과 일본의 차이는 궁극적으로는 왕권 소재지에서의 전승과 기억의 차이, 좀 더 구체적으로 말하면 그 같은 전승과 기억의 차이를 만들어내는 지식 체계, 망탈리테의 차이에서 비롯된 것이라고 할 수 있을 것이다. 유교의 침투도, 산 자와 죽은 자의 관계에 대한 감성에서 엇갈리는 지점을 찾아낼 수 있으리라 생각한다.

그런데 여기서 한 가지 환기하고 싶은 점은 한국의 경우에도 르상티망을 직접적으로 해소하는 사례가 적지 않게 존재한다는 사실이다. 한국에도 '유교 이전'의 시대가 존재했고, 유교가 침투한 시대에도 개인적인 복수를 호시탐탐 노리는 원혼이 상상되곤 했다. '한'과 '원념'의 문화론은 결코 검증이 끝난 담론이 아니다. '만들어진 전통'에 대한 비판적 시각을 전제로 비교의 관점에 입각한 사례 연구의 축적이 시급한 시점이다. 졸고가 모종의 촉매가 되기를 기대한다.

월경(越境)하는 원한과 이야기의 변용
- 동아시아 애정서사를 중심으로 -

김경희(한국외국어대학교)

들어가며

근래의 인문학에서는 일국에 한정된 연구에서 벗어나 민족과 국가의 경계를 넘어선 트랜스내셔널의 인문학 연구에 관심이 증대되고 있다. 동아시아 국가들을 대상으로 하는 연구 분야에서도 동아시아를 하나의 문화권으로 파악하여 그 속에서 이루어진 문화적 교섭과 교류에 관한 논의가 활발한 상황이다.

좀 더 거슬러 올라가면, 전근대 동아시아에는 중국·조선·일본을 중심으로 한 삼국 간의 문화와 사상의 흐름과 교류가 있었음을 알 수 있다. 대표적인 예로, 중국 고금의 괴담기문(怪談奇聞)을 엮어서 쓴 명대 유일한 문어체 소설집인 구우(瞿佑)의『전등신화』(剪燈新話: 1378)는 중국내에서 뿐만이 아니라 한반도와 일본을 거쳐 베트남에 이르기까지 그 전파의 흐름과 이야기의 영향력이 실로 대단하다. 중국에서는 금서(禁書) 조치를 당하면서도 이정(李禎)의『전등여화』(剪燈餘話)나 소경첨(邵景詹)의『멱등인화』(覓燈因話) 등의 모방작들에 영향을 주었다. 조선에 전해진 이후에는 김시습(金時習)이 쓴 조선 최초의 한문소설인『금오신화』(金鰲新話: 1465~1470경)의 탄생을 이끌었고, 윤춘년과 임기에 의한『전등신화구해』(1559)의 주석서의 간행으로『전등신화』는 국내에서 더욱 널리 읽히게 된다. 일본에서는『오토기보코』(御伽婢子: 1666)에 직접적인 영향을 주었고, 괴담소설『우게쓰모노가타리』(雨月物語: 1776)의 모티브가 되었다. 베트남에서는 응우옌즈(阮璵)의『전기만록』(傳奇漫錄: 1520~1530경) 작품으로 이어지는 등『전등신화』는 동아시아 각국의 전기소설 창작에 크게 영향을 주었다.

    동아시아 문화권의 전기소설에 관하여는 각국 간의 전파 양상뿐만 아니라 작품의 내용적인 면을 서로 비교해보는 작업들 또한 매우 유용하다. 작품의 소재와 대부분의 이야기 주제들은 인간의 보편적인 감정들이 사회의 지배적 윤리와 도덕적 가치에 강요당할 때에 어떻게 드러나는지를 보여준다. 전기소설 속 인간들은 대상에 대한 욕망을 관철시키고자 하지만, 그들을 둘러싼 사회는 그것을 허락하지 않는다. 다양한 장애물로 인하여 인간은 좌절과 절망을 경험하게 되고, 괴이를 매개로 하여 인간들은 자신들의 원초적인 본성에 충실하려고 한다. 그러한 비일상에 대한 간접적인 체험을 통해 독자들은 인간에 대한 이해와 공감을 얻게 되기 때문이다.

    이에 본 글에서는 중국『전등신화』의 영향 아래 창작된 조선의『금오신화』와 일본의 괴담소설『우게쓰모노가타리』를 대상으로 내용적인 면을 비교·분석해보고자 한다. 일본의 조선 문헌 수용과 그와 관련한 일본 괴담소설에 대한 영향 관계를 살펴봄으로써 동아시아 전기소설의 흐름에 대한 재조명이 이루어지리라 생각된다. 일본 근세소설사에서는『전등신화』를 비롯한 중국의 지괴(志怪)·전기소설이 일본의 가나조시(假名草

子)『오토기보코』와 요미혼『우게쓰모노가타리』에 미친 영향에 관한 연구들이 대부분이다. 특히, 아키나리가 쓴『우게쓰모노가타리』의 출전에 관한 종래의 연구는 중국의『전등신화』를 대상으로 이루어져 왔으나, 아키나리가『우게쓰모노가타리』를 집필하는 데 있어서 하야시 라잔의 훈점본『매월당 금오신화』(梅月堂金鰲新話)를 참고하였을 가능성에 대해서도 검토할 필요가 있다. 이 점에 관해서는 다음의 몇 가지 지적을 살펴보자. 우선 선행연구[1]를 통해,『우게쓰모노가타리』속 본문으로부터 하야시 라잔의『혼초 진자코』(本朝神社考)를 전거로 한 부분들이 지적되었다. 또한,『전등신화』와『전등신화구해』가 아사이 료이(淺井了意)의『오토기보코』에 준 영향이 이미 지적되었고,『우게쓰모노가타리』의 창작에도 영향이 미친 것이 확인된 바 있다. 더욱이『금오신화』의「용궁 부연록」과「이생규장전」의 두 편의 이야기가『오토기보코』에 직접적 영향을 준 것이 밝혀졌으므로, 이러한 전거서적들과 관련이 깊은『금오신화』를 아키나리가 접했을 가능성은 높다고 할 수 있다.

　이와 관련한 한국의 연구에서는『전등신화』나『금오신화』에 관한 많은

＊ 본 글은 김경희(2013)「근세기 동아시아 전기소설의 흐름 -「이생규장전」과「아사지가야도」의 비교를 중심으로-」(『일본언어문화』제25집)의 논문 내용을 개고하여 재작성한 것임을 밝혀 둔다.
1)『우게쓰모노가타리』와 하야시 라잔이 저술한『혼초 진자코』와의 관련성에 대하여는 일찍이 고토 단지(後藤丹治)의 논고(1948)「雨月物語と本朝神社考との關係」(『立命館文學』64)에 의해 언급되어졌다.『우게쓰모노가타리』속「기비쓰의 가마솥 점」「불법승」「시라미네」등의 작품에『혼초 진자코』와 관련 있는 부분들을 지적하면서 전거의 양상을 밝히고 있다. 그 밖에도「꿈속의 잉어」작품이 하야시 라잔의『괴담전서』(怪談全書: 1698)를 전거로 하고 있는 점도 확인되므로 아키나리가 하야시 라잔의 다른 서적들을 접했을 가능성을 고려할 수 있다.

연구의 축적이 있음은 주지의 사실이나, 일본에서와 마찬가지로 『금오신화』와 일본『우게쓰모노가타리』와의 직접적인 영향관계를 다룬 논고는 거의 없다고 볼 수 있다. 한편,『금오신화』의 조선목판본을 찾아 국내에 공개한 최용철(崔溶澈)의 「『金鰲新話』朝鮮刊本의 發堀과 그 意義」(2002, 『民族文化研究』36, 민족문화연구원)에 의한 연구 성과로 일본에 유입된 조선판본『금오신화』의 계통이 어느 정도 밝혀진 것은 커다란 성과라고 할 수 있다.

그렇다면, 이러한 배경 가운데 본 글에서 살펴볼 세 작품을 어떠한 방법으로 비교하여 고찰할 것인가에 대하여 서술해보자. 『전등신화』에는 21편[2]의 단편 작품들이 수록되어 있고,『금오신화』에는 5편[3]의 작품이 남아 있으며,『우게쓰모노가타리』는 9편의 이야기로 구성되어 있다. 그런데 이 작품들은 서로가 한 작품씩을 참고로 한 것이 아니라 여러 편의 이야기로부터 화형(話型)이나 모티브를 도입하고 있는 경우가 많아 사실상 전체적인 비교는 어렵다. 이를 검토하기 위해서 세 작품의 내용을 비교한 후, 각각의 작품에 관한 선행연구의 성과 중 주요 전거연구를 참고로 하여 분석대상의 작품을 선정하였다. 『금오신화』속「이생규장전」(李生窺墻傳)의 경우, 이야기의 전반부는『전등신화』의「취취전」(翠翠傳)로부터 기본 서사

---

2)「수궁경회록」(水宮慶會錄)「삼산복지지」(三山福地志)「화정봉고인기」(華亭逢故人記)「금봉채기」(金鳳釵記)「연방루기」(聯芳樓記)「영호생명몽록」(令狐生冥夢錄)「천태방은록」(天台訪隱錄)「등목취유취경원기」(藤穆醉遊聚景園記)「모란등기」(牡丹燈記)「위당기우기」(渭唐奇遇記)「부귀발적사지」(富貴發跡司志)「영주야묘기」(永州野廟記)「신양동기」(申陽洞記)「애경전」(愛卿傳)「취취전」(翠翠傳)「용당영회록」(龍堂靈會錄)「태허사법전」(太虛司法傳)「수문사인전」(修文舍人傳)「감호야범기」(鑑湖夜泛記)「녹의인전」(綠衣人傳)「추향정기」(秋香亭記)

3)「만복사저포기」(萬福寺樗蒲記)「이생규장전」(李生窺墻傳)「취유부벽정기」(醉遊浮碧亭記)「용궁부연록」(龍宮赴宴錄)「남염부주지」(南炎浮洲志)

를 취하고 있으나 후반부의 서사는 「애경전」(愛卿傳)을 전거로 하고 있다. 이에 비해, 『우게쓰모노가타리』속 「아사지가야도」(淺茅が宿)의 전체적인 서사는 「애경전」을 전거로 한다. 이러한 점을 고려하여 『금오신화』의 「이 생규장전」과 『우게쓰모노가타리』의 「아사지가야도」를 고찰의 대상으로 삼고자 한다. 전체적으로 이 세 작품은 생자(生者)와 사자(死者)와의 만남 과 이별 그리고 해후를 다루고 있는 점에서 공통적인 요소를 가지고 있지 만, 전거 작품인 「애경전」과 비교해 볼 때, 조선의 「이생규장전」과 일본의 「아사지가야도」에서는 전거작품과는 상당히 이질적인 요소들을 발견할 수 있다. 그러한 점들을 통해 두 작품 사이에 어떠한 영향관계가 있는지를 비교하여 고찰해 볼 수 있다. 아울러 『전등신화』의 「애경전」[4]에 대해서는 이미 선학들의 연구에서 대부분 다루어졌기에 따로 항목을 두지 않고 조 선과 일본의 작품을 살펴볼 때 비교적 시점에서 함께 언급하기로 하겠다.

I.「이생규장전」-행동하는 여인 '최랑'

중국의 『전등신화』가 조선에 전래되고, 그 영향으로 매월당(梅月堂) 김

---

4)「애경전」의 줄거리는 다음과 같다. 주인공 나애애는 절강성 가흥의 명기로 그 미모와 성 품을 존경하여 사람들은 그녀를 애경이라 불렀다. 같은 고을에 사는 높은 가문의 조생이 라는 남자가 애경에게 반하여 둘은 혼인을 하였다. 얼마 후 조생은 벼슬을 하기 위해 어 머니와 애경을 두고 교토로 떠났는데, 도착해보니 자신을 부른 상서는 이미 병으로 면직 한 후였고 조생은 오갈 데 없이 고향으로도 가지 못하였다. 그러는 동안, 시어머니는 죽 고 홀로 남은 애경은 전란 가운데 절개를 지키기 위해 죽음을 택한다. 고향으로 돌아와 애경의 죽음을 알고 슬퍼하는 조생 앞에 나타난 애경은 양가 출신이 아니었던 자신을 사 랑해 준 남편에 대한 고마움을 전하고 이승에서 남자아이로 다시 환생하였음을 알린 후 사라진다. 그 후 조생은 애경이 남아로 환생한 그 집과 왕래하며 살았다.

시습(1435~1493)이 한국 최초의 한문소설이자 전기소설의 효시라 불리는 『금오신화』를 저술하였다는 것은 주지의 사실이다. 또한, 평소 김시습을 존경하고 추앙하였던 창주(滄洲) 윤춘년(尹春年: 1514~1567)이 매월당의 시문(詩文)을 수집 정리한 일과 수호자(垂胡子) 임기(林芑)가 집석(集釋)한『전등신화구해』의 간행에도 직접적으로 관여한 사실은 잘 알려져 있다. 이러한 조선의 서적들은 어떠한 경로를 거쳐서 일본으로 유입된 것일까. 아직 고전소설이 충분히 발달되지 않았을 시기의 에도 시대에는 임진왜란을 전후로 하여 조선의 서적들을 강탈해 간 것으로 추정되는 경로와 조선통신사나 대마도출신의 통사를 통해서 조선의 서적들이 유입된 경로를 짐작해볼 수 있다.[5]

당시 일본의 유학자 하야시 라잔은 조선 목판본『금오신화』를 입수하여 '도슌'(道春)이라는 자신의 호(號)를 달아 훈점본(訓點本)을 만든다. 그렇게 간행된 것으로 다음의 문헌들이 존재한다.

① 道春訓點本『梅月堂金鰲新話』(承應二年(1653)本, 內閣文庫所藏)

② 道春訓點本『梅月堂金鰲新話』(萬治三年(1660)本, 早稻田大學所藏)

③ 道春訓點本『梅月堂金鰲新話』(寬文十三年(1673)本, 天理大學所藏)

이 판본들은 앞에서 언급한 최용철의 연구보고에 의해 그 계통이 밝

---

5) 西岡健治, 2008, 「日本에 있어서의 한국문학의 전래양상-江戸時代때부터 1945年까지-」, 『국학연구론총』제1집, 택민국학연구원, 4쪽.

혀진 朝鮮木版本『梅月堂金鰲新話』(1546~67년경 성립, 大連圖書館所藏)[6]를 저본(底本)으로 한 것이다. ①의 훈점본은 하야시 라잔이 한문을 읽는 순서와 정확한 해독을 위해 가나문자를 달아서 출판한 화각본(和刻本)이다. 이것이 1660년에 ②의 개각본(改刻本)으로 간행된 후, 1673년에 ③의 후쇄본(後刷本)이 간행되어 에도시대에만 3차례에 걸쳐 화각본이 출판된 셈이다. 이러한 사실들을 통해 일본에 유입된 조선의『금오신화』라는 서적이 당시 에도시대의 문인들에게 인기가 있었다는 것을 미루어 짐작할 수 있을 것이다.

그렇다면, 앞에서 서술한 두 작품 간의 검토를 통하여 아키나리가『우게쓰모노가타리』를 집필하는 환경 속에 하야시 라잔의 훈점본『금오신화』를 의식한 점이 있었는지를 살펴보고자 한다.

다음은『금오신화』속「이생규장전」의 전체적 서사를 정리한 것이다.

⑴ 송도에 사는 이생이 글공부를 다니다 귀족 가문의 아름다운 최랑을 담 너머로 엿보고 사랑의 시를 써서 던진다.

⑵ 둘은 사랑하는 사이가 되었지만 부모의 반대로 이생은 울주로 보내진다.

⑶ 최랑의 애정과 굳은 노력으로 마침내 두 사람은 부부가 되고 이생은 과거에 급제하여 벼슬길에 오른다.

---

6) 간단한 서지사항은 다음과 같다.「尹春年編輯本」,『梅月堂金鰲新話』(明宗年間추정:1546~1567), 大連圖書館所藏, 卷頭:梅月堂先生傳(尹春年), 目次, 本文(半葉10行18字)」장서인의 낙관 시기로 보아 아마도 임진왜란 시기에 일본에 전해진 책이 曲直瀬正琳(1565~1611, 養安院藏書)을 거쳐 栗田萬次郎(미상)에게 전해졌다가 어떤 경로를 거쳐 중국의 大連도서관으로 수장된 것으로 보인다.

⑷ 얼마 안 되어 홍건적의 난이 일어나 최랑이 도적의 칼에 맞아 무
　참히 죽임을 당한다.

⑸ 깊은 슬픔에 빠져 있던 이생 앞에 최랑이 환생하여 나타나 두 사
　람은 다시 행복한 시간을 보낸다.

⑹ 수년이 지난 어느 날 최랑은 자신의 해골을 거두어 장사 지내 줄
　것을 부탁하고 이생과 작별한다.

⑺ 아내의 뼈를 찾아 묻어준 후, 이생은 아내를 그리워한 나머지 병
　이 되어 세상을 떠난다.

　위의 전체적인 서사를 보면, 남자 주인공 이생과 여자 주인공 최랑의 만남과 이별이 반복적으로 전개되고 있음을 알 수 있다. 두 사람은 처음에 만나 서로 사랑하게 되었으나 남자 부모의 반대로 헤어지는 첫 번째 이별을 한다. 그 후 둘은 어렵게 재회하여 부부의 인연을 맺지만 홍건적에 의해 최랑이 죽임을 당하면서 두 번째 이별을 한다. 세 번째 만남은 아내 최랑이 망자(亡者)의 모습으로 남편 앞에 나타나면서 다시 이어지지만, 결국 두 사람의 이야기는 이 세상과의 이별로 끝이 난다. 짧은 이야기임에도 불구하고 이렇듯 남자 주인공과 여자 주인공의 이별과 재회가 여러 번 되풀이 되는 것은 무엇을 이야기하고자 하는 것일까. 일생을 함께 하겠다고 약조한 사람과 그럴 수 없는 상황이 벌어지면 인간은 어떤 행동을 하게 될까. 자신의 바람과 욕망이 단절되었을 때, 여자 주인공 최랑의 한(恨)이 깊어져가고 있음을 엿볼 수 있다. 다음에서 좀 더 구체적으로 서사의 전개과정을 살펴보기로 하자.

　먼저, 두 남녀 주인공 이생과 최랑은 서로가 너무나도 상반적인 성격

의 소유자로 등장한다. (1)에서 글공부를 다니던 이생은 아름다운 최씨 처녀가 시를 읊고 있는 모습을 몰래 엿보고는 마음이 끌린 나머지 자신의 연정을 시로 적어 최랑에게 전한다.

> 이생: 좋은 인연되려는지 나쁜 인연되려는지
>   부질없는 이내 시름 하루가 일 년 같네
>   넘겨 보낸 시 한 수에 인연을 맺었으니
>   남교(藍橋) 어느 날에 고운 님 만날까.[7]
>   好因緣邪惡因緣 空把愁腸日抵年 二十八字媒已就 藍橋何日遇
>   神仙.[8]
> 최랑: 도련님은 의심하지 마십시오. 황혼 가약 정합시다.
>   將子無疑 昏以爲期.

자신의 감정을 시를 통해 솔직히 드러내는 최랑을 향하여 이생이 써서 담 장 너머로 던진 시에는 "좋은 인연되려는지 나쁜 인연되려는지"라며, 사랑의 감정 앞에서 머뭇거리며 주저하는 모습이 드러나 있다. 여성에게 좋아하는 마음을 고백하면서도 자신의 마음에 대한 확신이 없는 남성이다. 그러한 이생에 비하여 최랑은 상대 남성의 주저함을 바로 일축하고는 자신의 마음을 표현하며 단호하고도 적극적인 태도를 보인다. 두 사람의 이러한 성격은 이야기의 서사 전개에서 중요한 모티브로 작용하게

---

7) 『金鰲新話』의 한글 본문 인용은 『국역 매월당집』3 (1978, 세종대왕기념사업회)에 따랐고, 의미전달을 위해 필자가 적절히 수정하였다.

8) 『金鰲新話』의 원문 인용은 『梅月堂金鰲新話』(承應二年(1653) 本, 早稻田大學中央圖書館古典籍請求記號: 文庫19 F0189)의 본문에 따랐다.

된다. 다음을 보면, 두 사람이 정을 맺은 후에도 자신의 행동이 부모와 집안에 알려지는 것을 두려워하는 이생은 여전히 소극적인 태도를 취한다.

> 이생: 이 다음 어쩌다가 봄소식이 샌다면
>   무정한 비바람에 더욱 가련하리.
>   他時漏洩春消息 風雨無情亦可憐.
> 최랑: 저는 본디 도련님과 더불어 부부되어 평생을 남편으로 받들며
>   영원히 즐거움을 나누려고 하였는데, 도련님께서는 어찌 그런
>   말씀을 하십니까? 저는 비록 여자의 몸이지만 조금도 걱정함
>   이 없거늘, 장부의 의기를 지닌 도련님께서 그런 말씀을 하십
>   니까? 이 다음날에 규중의 일이 누설되어 부모님께서 꾸지람
>   을 듣더라도 제가 혼자 책임을 지겠어요.
>   本欲與君 終奉箕帚 永結歡娛 郞何言之若是遽也 妾雖女類 心意泰然
>   丈夫意氣 肯作此語乎 他日閨中事洩 親庭譴責 妾以身當之.

최랑은 자신의 사랑에 대한 확신에 찬 행동력을 가진 매우 진보적인 여성임을 알 수 있다. 이생이 최랑과의 관계에 대한 불안한 마음을 시로 읊자, 최랑은 적극적인 태도로 상대 남자를 이끌고 있다. 이렇게 두 사람은 사랑하는 사이가 되지만, (2)에서 이생은 부모의 반대로 울주로 보내진다. 아무런 말도 어떠한 행동도 없이 떠나버린 이생에 대하여 최랑은 죽음을 불사하고라도 사랑을 지키고자 하는 모습을 보인다.

> 최랑: 저 짓궂은 도련님과 하룻밤 정을 통한 후로는 도련님께 대한
>   원망이 첩첩이 쌓이게 되었습니다. 보잘것없고 약하기만 한

소녀의 몸으로 홀로 괴로움을 참으려 하니, 사모하는 그리움은 날로 더하고 마음의 병은 날로 깊어가 죽을 지경에 이르렀으니, 원한 맺힌 귀신이 될 것 같습니다. 부모님께서 제 소원을 들어주신다면 제 남은 목숨을 보존하게 되고, 이 간절한 청을 거절하신다면 죽음만이 있을 뿐입니다. 이생과 저승에서 다시 만나 노닐지언정, 맹세코 다른 가문에는 시집가지 않겠습니다.

然而彼狡童兮 一倜賈香 千生喬怨 以眇眇之弱軀 忍怊怊之獨處
情念日深 沈痼日篤 濱於死地 將化窮鬼 父母如從我願 終保餘生
倘違情款 斃而有已 當與李生 重遊黃壤之下 誓不登他門也.

위의 대목을 보면 자신과 맺은 정을 두고도 아무런 저항도 하지 않은 채 떠나버린 이생에 대해 최랑의 마음속에 원망이 쌓였음을 짐작할 수 있다. 그러나 그녀는 원망하고 마는 것에 그치지 않고, 그러한 현실에 대하여 목숨을 걸고라도 자신의 의지를 관철시키려는 태도를 보여준다. 결국 최랑의 굳은 의지와 노력으로 재회한 두 사람은 부부의 인연을 맺게 되고, 이생은 과거에 급제하여 벼슬길에 오른다.

(4)에서는 얼마 지나 홍건적의 난이 일어났을 때, 이생은 달아났으나 최랑은 도적의 포로가 되었다. 도적이 그녀를 겁탈하려고 하자 그녀는 크게 꾸짖으며 다음과 같이 말한다.

최랑: 호랑이 창귀 같은 놈아! 나를 죽여 씹어 먹어라. 내가 차라리
시랑의 밥이 될망정 개돼지 같은 놈의 짝이 되겠느냐.
虎鬼殺啗我 寧死葬於豺狼之腹中 安能作狗彘之匹乎.

최랑은 상대와의 사랑 앞에서 적극적이고 진취적인 태도를 보였을 뿐만 아니라, 그와의 사랑을 지키기 위해 죽음을 불사하는 용기 있는 여성으로 행동한다. 불의한 것에 대적하여 담대하고도 꿋꿋하게 절의를 지키고자 한다. 죽음의 위협과 공포 속에서 두려움에 맞서는 인간의 고귀한 행동이라고 할 수 있다. 그러나 결국 그녀의 육신은 도적에 의해 난자질 당하며 처참한 죽임을 맞이한다. (5)에서는 최랑의 죽음을 알고 깊은 탄식에 빠져 있는 이생 앞에 환생한 최랑이 나타나 자신의 이야기를 한다. 다음의 대목을 보자.

> 이생은 그녀가 이미 죽었음을 알고 있었지만 사랑하는 마음이
> 절실해 의심하지 않고 물었다.
>
> 生雖知已死 愛之甚篤 不復疑訝.
>
> 이생: 그대는 어디로 피하여 목숨을 보전했소?
>
> 避於何處 全其軀命.
>
> 여인이 이생의 손을 움켜잡고 한바탕 통곡하더니 사정을 이야
> 기하였다.
>
> 女執生手 慟哭一聲.
>
> 최랑: (전략) 끝내 이리 같은 놈들에게 몸을 더럽히지는 않았지만, 스
> 스로 진창 속에서 육신이 찢김을 당하고 말았습니다. 진실로
> 천성 때문이지만 인정으로서는 차마 할 수 없는 일이었습니
> 다. 궁벽한 산골에서 서방님과 이별한 것이 한이 되어 짝 잃은
> 외기러기 같은 신세가 되었습니다. 집안이 망하고 가족들이
> 죽었으니 피곤한 혼백은 의지할 곳 없음이 한스럽습니다. 절
> 의는 중하고 목숨은 가벼운 법, 쇠잔한 몸뚱어리로 치욕을 모

면한 것은 다행이오나 산산 조각난 제 마음을 누가 불쌍히 여겨 주겠습니까. 다만 애끓는 썩은 창자에만 맺혀 있을 뿐입니다. 해골은 들판에 던져졌고 몸뚱이는 땅에 버려졌으니, 생각해보니 옛날의 즐거움은 오늘의 비운을 위한 것이 아니었나 싶습니다.

終不委身於豺虎 自取磔肉於泥沙 固天性之自然 匪人情之可忍 却恨一別於窮 崖竟作分飛之匹鳥 家亡親沒 傷殘魄之無依 義重命輕 幸殘軀之免辱 誰憐寸寸之灰心 徒結斷斷之腐腸 骨骸暴野 肝膽塗地 細料昔時之歡娛 適爲當日之愁寃.

　　사랑하는 여인이 도적에게 잡히는 것을 보면서도 남자는 자신의 목숨을 보전하기 위해 숨어 있을 수밖에 없었다. 그런 남자는 그녀의 죽음을 알면서도 망자의 모습으로 나타난 최랑에게, "그대는 어디로 피하여 목숨을 보전했소?"라고 묻고 있는 비겁한 인간의 모습을 보여준다. 작자는 이 부분에서 이생이 아내를 사랑하는 마음이 절실해서라고 적고 있지만, 그것은 다름 아닌 소극적이고 매사 불안해하며 의지가 약했던 이생의 면모의 발로라고 할 수 있다. 사랑을 나누면서도 자신의 마음에 확신이 없어 취할 행동을 주저하면서, 부모의 반대 앞에 아무런 저항도 없이 도망갔던 사람이었다. 그런 이생에 비해 최랑은 도적에게 욕을 당하느니 당당히 죽음을 택하는 여성이다. 그녀는 자신이 죽음을 선택한 것은 인정(人情)으로는 할 수 없는 일이었지만, 천성(天性) 때문에 가능했다고 말한다. 그것은 그녀에게 있어서 자신의 사랑을 지키는 절의(節義)가 목숨을 부지하는 것보다 가치가 있다는 것을 증명한 일이었다. 이제 그녀에게는 자신의 비참한 죽음으로 인하여 남편 이생과 백년해로를 이루지 못하는 한(恨)만이 남아 있을 뿐이다. 그러한 자신의 고통과 슬픔을 토로하며 망자의 몸으로나마 이생과의 사랑을 지키고자 한다. 그러나 명부(冥府)의 법도를 어길 수 없는 법, 결국 세 번의 만남과 헤어짐을 되풀이한 끝에 두 사람은 이 세상에서의 마지막 이별을 하게 된다. (7)에서는 마지막으로 최랑과 이별하는 이생이 비로소 자신의 의지대로 행동하는 인간으로 변모하는 것을 살펴볼 수 있다. 다음은 본 작품의 결말 부분이다.

> 장사가 끝난 후 이생은 아내에 대한 지극한 애정 때문에 병을 얻어 수개월 만에 세상을 떠났다. 이 이야기를 들은 사람들마다 슬퍼하고 탄식하며 그들의 절의를 사모하지않는 사람이 없었다.
> 既葬 生亦以追念之故 得病數月而卒 聞者莫不傷歎 而慕其義焉.

결국 최랑 뿐만 아니라 이생도 비극적인 결말을 맞이한다. 마지막 대목에서 '그들의 절의를 사모하였다'는 문장을 통해 이생이 보여준 마지막 행동이 자신 스스로의 의지이며 절의를 지키고자 한 행동이었음을 알 수 있다. 소극적이고 비겁하기까지 했던 이생이라는 인물은 최랑이라는 여인을 통해 비로소 절의를 지키는 인간으로 변모할 수 있었다. 사랑을 지키기 위해 살해 위협의 두려움과 공포 앞에서 물러나지 않는 용기 있는 인간의 모습은 숭고하다. 소중한 것을 지키기 위해 자신의 안위를 돌보지 않고 이상대로 나아가기란 너무나도 어려운 일임을 잘 알기 때문이다. 그렇기 때문에 오랜 세월이 지난 오늘날에도 「이생규장전」의 비극은 읽는 독자로 하여금 감동을 느끼게 하는 것이다.

Ⅱ. 「아사지가야도」-기다리는 여인 '미야기'

이번에는 중국의 「애경전」이 모티브가 되어 번안 작품으로 탄생한 일본의 『우게쓰모노가타리』속 「아사지가야도」의 이야기를 살펴보자. 전체적인 서사를 정리하면 다음과 같다.[9]

① 시모우사 지방 가쓰시카 고을의 마마(眞間)라는 곳에 사는 가쓰시로(勝四郞)는 몰락한 집안을 일으키기 위해 아내 미야기(宮木)에게 가을까지 돌아오겠다는 약속을 남기고 교토로 장사를 떠난다.

② 미야기는 전란의 위험한 상황 가운데 돌아오지 않는 남편의 박정함을 원망하면서 자신의 처지를 슬퍼한다.

③ 교토로 간 남편은 비단 장사로 성공을 거둔 후, 들려오는 전란 소식에 고향으로 급히 돌아가고자 하나 도중에 산적을 만나고는 낙심하여 귀향을 단념한다.

④ 타향에서 7년이란 세월을 보낸 남편은 어느 날 문득 자신의 무심함을 깨닫고 고향으로 돌아간다.

⑤ 고향에 돌아온 남편은 아내 미야기(혼령)와 재회하면서 하룻밤을 보낸다.

---

9) 본문 인용은 高田衛校注, 1995, 『英草紙西山物語雨月物語春雨物語』(新編日本古典文學全集 78, 小學館)에 의한다.

⑥ 이튿날 미야기가 남긴 와카를 발견한 남편은 결국 아내의
죽음을 알게 되면서 자신의 무정함을 깨닫는다.

⑦ 이웃의 우루마 노인을 만나 아내의 마지막 이야기를 듣고는
데고나(手兒女)의 전설보다도 더욱 깊은 애절함을 느낀다.

　　전체적인 서사를 통해 남자 주인공 가쓰시로와 여자 주인공 미야기에
게 갈등이 존재하며 그로 인해 서로가 이별을 겪게 됨을 알 수 있다. 괴담
의 특징대로 초현실의 세계를 빌어 두 사람은 재회하지만, 결국에는 이
세상에서의 완전한 이별을 하게 된다. 서사가 전개될수록 아내 미야기의
마음속에는 남편을 기다리는 마음과 남편에 대한 원망의 서로 다른 두 마
음이 깊어짐을 엿볼 수 있다. 다음에서 각 단락의 내용을 좀 더 서술해보
기로 하자.

　　①의 본문 첫 부분에 남자주인공의 성격이 다음과 같이 묘사되어 있다.

천성적으로 집안일에 얽매이지 않으며 힘든 농사일을 지겨워하는
성격에
生長て物にかかはらぬ性より、農作をうたてき物に厭ひけるままに、

"어찌 부목을 타고 떠도는 것 같은 불안한 타향에서 오랫동안 머물
수가 있겠소. 칡 나무 잎사귀가 바람에 나부끼는 올 가을에는 꼭 돌
아오리다. 그러니 마음을 굳게 먹고 기다려주시오."
いかで浮木に乗つもしらぬ國に長居せん。葛のうら葉のかへるは此の秋
なるべし。心づよく待ち給へ。

가쓰시로는 천성적으로 집안일에 얽매이길 싫어하는 인물이다. 그러니 힘든 농사일을 게을리 했을 것이고, 당연히 집안은 몰락할 수밖에 없다. 많던 재산을 탕진한 불성실한 그를 친족들이 환영할 리 만무다. 그럼에도 그는 친족들의 냉대가 집안의 가세(家勢)가 기울었기 때문이라고 생각한다. 어떻게 해서든지 한 몫을 챙겨 집안을 다시 일으키고자 하는 마음으로 일확천금을 꿈꾸며 장사를 떠나려 한다. 그러한 남편을 바라보는 아내는 불안한 마음을 감출 길이 없다. 남편이 꿈꾸며 이루고자 하는 욕망은 순전하게 자신 본위에서 비롯된 자발적인 것이 아니기 때문이다. 남편은 집안이 몰락한 원인이 된 자신의 불성실함과 게으름에 대한 아무런 반성이 없이, 옆에서 부추기는 남의 이야기에 마음을 빼앗겨버렸다. 진심으로 만류하여도 남편은 아내의 말을 듣지 않는다. 남편의 성격을 잘 아는 아내는 어쩔 수 없이 빨리 돌아와 줄 것을 부탁하면서 남편을 배웅한다. 남편은 올 가을에는 돌아올테니 기다리라는 약속을 남기고 떠난다.

　　②에서는 남편이 떠나고 얼마 안 되어 전란이 일어난다. 그럼에도 아내는 가을에는 돌아오리라는 남편의 약속만을 믿고 홀로 남아 기다린다. 그러나 약속한 가을이 되어도 남편이 돌아오지 않자, 아내 미야기의 마음에는 기다림의 간절함이 깊어짐과 함께 무심한 남편에 대한 원망이 쌓여져 가는 것을 다음의 노래를 통해 알 수 있다.

　　기다리고 기다리던 가을이 되었건만, 남편이 돌아오기는커녕 바람결에 들려오는 소식조차 없었다. 온통 험난해진 세상처럼 믿을 수 없는 것이 사람 마음이라고 미야기는 남편의 박정함을 원망하며 자신의 처지를 슬퍼하여 낙담하여 '이 몸의 처지를 남편에게 전해줄 이가 아무도 없구나. 오사카(逢坂) 새야 약속한 가을이 저물었다고 그에게 전해다오.'

秋にもなりしかど風の便りもあらねど、世とともに憑みなき人心かなと、恨みかなしみおもひくづれて、'身のうさは人しも告じあふ坂の夕づけ鳥よ秋も暮れぬと'

한편, ③에서 교토로 간 남편은 전란의 소식을 듣고 집으로 돌아가려고 하나 고향으로 가는 길이 막히자 그의 천성대로 금세 귀향을 단념해버린다. 다음의 인용문을 보자.

이렇게 되었으니 달리 고향 집에 소식을 전할 방법이 없다. 아마 전란 중에 집도 다 타버렸을 거야. 어쩌면 아내도 이 세상 사람이 아닐지도 모르지. 만약 그렇다면 고향이라 해도 귀신이 사는 타향이나 마찬가지겠지.

さては消息をすべきたづきもなし、家も兵火にや亡びなん、妻も世に生てあらじ。しからば古郷とても鬼のすむ所なり。

남편의 말 한마디 때문에 전란 속 죽음의 위협과 공포에도 집을 떠나지 않고 기다리는 아내에 비해, 상황과 형편에 따라 조금의 고심이 없이 아내가 기다리는 고향을 '귀신이 사는 타향'이라고 생각해버리는 남편의 모습은 너무나도 대조적이다. 고금을 막론하고 불확실한 미래를 향해 그냥 묵묵히 살아갈 수밖에 없는 것이 인간의 삶이라고 한다면, 그러한 부평초 같은 인생에서 가장 위로가 되어주는 것은 상대방의 처지를 이해하는 마음과 진정성 있는 위로일 것이다. 그러나 가장 의지가 되어야 할 남편은 아내의 처지와 마음을 전혀 이해하지 못하는 인물인 셈이다. 그러한 두 사람의 이야기는 본 작품을 비극으로 이끌고 가는 가장 큰 요인이라고 할 수 있다.

⑤에서 7년이란 세월을 보내고 어느 날 돌연히 돌아온 남편에게 아내는 다음과 같은 말을 한다.

> 오늘 이렇게 당신을 만났으니 이젠 오랜 슬픔도 원망도 다 사라지고 그저 기쁘기만 합니다. 만날 날만 기다리다 끝내 당신을 만나지 못하고 안타깝게 죽어 버렸다면 다른 사람은 모르는 원한 만이 남았을 테지요.
> 今は長き恨みもはればれとなりぬる事の喜しく侍り。逢を待間に戀ひ死なんは、人しらぬ恨みなるべし。

아내는 망자의 몸으로 나타났다. 그녀는 죽어서까지도 남편을 기다린 것이다. 위의 미야기의 말은 돌아온 남편을 만난 기쁨을 이야기하고 있는 듯하나, 실은 남편에 대한 한이 쌓여 있음을 발견할 수 있다. 즉, 돌아오겠다던 가을이 몇 번이 지나도록 돌아오지 않은 남편을 향한 기다리라는 말만 믿고 기다리는 아내의 마음을 알아주지 못하는 원망이었던 것이다. 결국 ⑥에 이르러 이튿날 미야기가 남긴 노래를 발견한 남편은 비로소 아내의 죽음을 알게 된다.

'그래도 돌아오겠지 라고 당신 돌아 올 날만 의심치 않고 믿은 내 마음에 속아서 오늘까지 살아 온 목숨이여'

'さりともと思ふ心にはからて世にもけふまでいける命か'

　마지막으로 남긴 미야기의 노래에는 그녀 자신의 두 마음이 표현되어 있다. 하나는 남편의 약속을 믿으며 그가 돌아오기를 바라는 마음이고, 또 다른 하나는 결국 남편이 돌아오지 않을 것을 알아버린 마음이다. 그러나 남편에 대한 원망마저도 자기 자신의 마음에 속아버린 것이라며 직접적인 원망을 하지 않는다. 아내의 마음을 알지 못하는 남편을 죽어서도 기다리는 여인의 비탄의 마음이 작품 전체의 서사를 이끌고 있다고 할 수 있다.

　⑦에서 작가는 이웃에 사는 우루마 노인을 통해 지역에 내려오는 전승 속 데고나(手兒女) 처녀 이야기와 비교함으로써 미야기의 이야기를 더욱 애절하게 느끼게 한다. 마마 지방의 데고나 전설은 가난하지만 아름다웠던 처녀 데고나가 많은 남성들에게 구애를 받자 결국 모든 사람들의 마음에 보답하고자 바다에 몸을 던져 죽었다는 이야기다. 즉, 데고나는 자신을 연모하는 많은 사람들의 마음에 보답하고자 바다에 몸을 던진 것이다. 그에 비해, 미야기의 행동은 약속을 저버린 무심한 남편을 위해 고통스럽고 쓸쓸하게 죽어갔다. 그리고도 망령으로 되어서까지 남편과의 약속을 지키고자 했다는 점에서 데고나의 이야기보다 보다 깊은 울림이 있다고 할 수 있겠다.

Ⅲ. 월경하는 원한과 이야기의 변용

앞에서 살펴 본 「이생규장전」과 「아사지가야도」의 내용 분석을 토대로 비교적 관점에서 두 작품을 살펴보고자 한다.

첫째, 두 작품에서 가장 중요시 여기는 것이 무엇인가 하는 점이다. 「이생규장전」의 경우, 그것은 '절의'라고 하는 것을 쉽게 알 수 있다. 최랑은 죽음을 무릅쓰면서 '절의'를 지키고자 하였고, 그로 인해 무참히 살해당했다. 그리고도 이생과의 절의를 지키기 위해 망자의 몸으로 이생 앞에 나타난다. 그러므로 그녀의 절의는 칭송을 받는다. 그러나 최랑이 보여주는 인간적인 매력은 '절의'로는 다 설명할 수 없는 무언가를 지닌다. 그녀가 지키고자 했던 절의는 어떤 것이었을까. 이 점에 대해 좀 더 생각해 볼 필요가 있다. 우선은 이생과의 사랑 앞에 당당하게 행동하는 최랑의 모습이다. 그녀는 인간관계 속에서 언제나 진취적으로 행동한다. 이생과의 만남에서 조금의 주저함이 없다. 서로가 인연을 맺는 과정에서도 자신의 의지를 숨김없이 피력한다. 또한, 남자 집안이 반대하는 역경에서도 그것을 극복하면서 적극적으로 자신의 사랑을 실현하고자 하는 모습을 보여준다. 부모가 정해 준 배필을 자신의 배우자로 받아들이는 당시의 연애 관습에서 생각해볼 때에 그녀의 행동은 매우 일탈적이다. 타인의 의지와 의도는 개입되지 않는다. 그야말로 최랑은 절의를 지키기 위해 자신의 뜻과 의지를 가지고 당당히 행동으로 보여주는 여성이라고 할 수 있다.

한편, 「아사지가야도」에서 보여주는 것은 사랑을 기반으로 한 약속, 즉 '신의'라고 할 수 있다. 미야기는 한마디로 죽을 때까지 기다리는 아내이다. 아니, 죽어서 망령이 되어서까지 기다리는 여인의 모습을 보여주었다. 그러나 작가가 의도하는 이야기의 주제는 사실 거기에 머무르지 않는다. 남편이 돌아오지 않을 것을 알면서도 돌아오리라 믿고 기다리는 자신의 마음에 속을 수밖에 없는 처지와 자신의 마음을 알아주지 못하는 무심한 남편에 대한 원한의 마음이 작품 속에 인용된 노래들을 통해 애절하게 전해진다. 그러기에 아내 미야기는 단순히 기다리다가 죽어간 여인이 아니다. 그녀는 어쩌면 오늘날 현대를 살아가는 인간들의 다양한 마음을 보여주고 있는 듯하다. 오래도록 누군가가 오기만을 기다려 본 사람은 미야기의 마음이 한층 더욱 이해된다. 기다려도 오지 않는 상대방을 기다리며, 오리라고 믿는 마음은 이미 상대방의 문제가 아니게 된다. 그것은 자신과의 문제이다. 그를 기다릴 것인가, 기다림을 중단할 것인가에 대한 문제의 본질은 그가 약속대로 돌아올 사람인가, 아니면 약속을 저버릴 사람인가에 달려있기 때문이다. 즉, 그가 돌아올 것이라고 믿는다면 기다려야 하고, 그가 돌아오지 않을 것을 알고서도 기다린다면 그것은 고통일 수 밖에 없다. 미야기의 남편 가쓰타로는 어떤 인물인가. 그는 무언가에 얽매이길 싫어하고 너무나도 아무렇지 않게 쉽사리 마음을 바꾸는 사람이다. 그런 사람과는 약속을 해서는 안 되고, 그런 이의 말을 죽기까지 지켜서는 안 되는 것일지 모른다. 그러기에 미야기 이야기의 끝은 비극이다. 미야기는 남편이 돌아오지 않을 것을 알아버린 후에도 돌아오겠지 하는 마음을 끝내 놓지 못한다. 그럴수록 아내의 마음속에는 남모를 한이 쌓여간다. 아내의 마음 속 원한은 남편만을 향한 것은 아니다. 남편이 남기고 떠난 약속의 말을 저버리지 못하는 자신의 마음이 원망스럽기는 마찬가지기 때문이다.

위와 같은 점에서, 남편에 대한 '절의'와 '신의'를 지키고자 자신의 의지로써 자주적으로 행동한 최랑과 미야기의 이야기는 전거 작품인 「애경전」의 이야기가 '효'와 '절개' 그리고 '지조'라는 유교적 덕목의 지배를 받고 있는 것과 크게 다르다고 할 수 있다. 애경은 기생이었고, 조생은 가문 있는 집안의 아들로서 이들의 사랑은 서로에 대한 존경과 예를 기반으로 하고 있다. 애경이 절개를 지키기 위해 죽음을 택하지만, 죽은 뒤에 나타나서는 기생의 신분이었던 자신을 사랑해 준 것에 대한 고마움을 표현하는 점에서 더욱 그러하다. 그것은 서로에 대한 사랑이라고 보기보다는 자신을 온전한 인간으로 대해준 남편의 은혜에 대한 보답이기 때문이다.

두 번째, 「이생규장전」의 최랑과 「아사지가야도」의 미야기는 절의와 신의를 지키기 위해 자신의 목숨을 버렸지만 그녀들에게 그것에 대한 보상은 주어지지 않는다. 이 점 또한 두 작품의 전거작품인 「애경전」과 「아사지가야도」의 전거작인 『오토기보코』의 「유녀 미야기노」(藤井淸六遊女宮城野を娶事)와는 확연히 다른 점이라 할 수 있다. 「애경전」의 애경은 죽은 후에 송씨 댁에 나생(羅生)이라는 사내아이로 환생하여 이후로도 조생과 친척의 인연을 맺게 된다. 「유녀 미야기노」의 아내 미야기노 또한 죽은 후에는 유복한 가마쿠라 집안의 사내아이로 태어나 세이로쿠와 친척으로 왕래하였다는 이야기로 끝을 맺고 있다.

세 번째는 남자 주인공의 인물 설정에 관한 점이다. 「이생규장전」의 이생은 유교적 영향 아래에 있는 매우 소극적인 인물이다. 사랑 앞에서 머뭇거리고 주저하는 모습을 보이고, 여인과 인연을 맺은 후에도 불안해하고 의심하는 인물이다. 그렇기 때문에 부친의 반대에 부딪혔을 때 아무런 저항도 하지 않고 떠나버렸고, 홍건적의 침입으로 위험에 빠진 아내를 지키고자 노력도 하지 못했다. 「아사지가야도」의 가쓰시로 또한 집안일에 얽매이기를 싫어하며 힘든 농사일을 지겨워하는 인물이다. 올 가을에 돌아올테니 기다리라는 약속을 남기고 떠난 남편은 전란으로 인하여 귀향 길이 여의치 않게 되자 타향에서 칠 년이란 세월을 보내는 것이 가능했다. 그러나 두 작품 모두 남자 주인공에게는 자신의 잘못을 깨닫고 성장하게 되는 인간적 구원이 마련되어 있다. 그들은 여성의 숭고한 희생을 통해 비로소 '절의'를 지키는 인간과 '신의'가 무엇인지 아는 인간으로 변모하고 있는 것이다.

　마지막으로 두 작품의 서사 전개를 통해 여자주인공이 절의와 신의를 지키고자 하면 할수록 그녀들 마음속에 원한이 깊어가는 것을 알 수 있다. 최랑은 사랑하는 사람과의 절의를 지키고자 하지만, 현실에서는 부모의 반대와 전란의 위험, 그리고 죽음이 기다리고 있다. 한을 품을 수 밖에 없는 그녀는 죽은 후에도 자신의 의지를 내보이지만, 결국에는 이승과 저승이라는 생의 갈림길에 가로막혀버린다. 미야기 또한 신의를 모르는 남편과의 약속을 믿고 기다리는 처지와 자신의 마음을 알아주지 못하는 남편을 생각할수록 원한이 쌓여만 간다. 남편과 소통하지 못하는 상황에 그녀의 한은 깊어질 수밖에 없는 것이다. 그렇기 때문에 죽어서 망령이 되어서까지 남편을 기다리는 초 현실 세계의 미야기의 모습은 슬픔을 넘어서 비극으로까지 느껴진다.

　이러한 점들은 전거작품인 「애경전」이나 『오토기보코』의 「유녀 미야기노」의 이야기에서는 전혀 살펴볼 수 없는 부분들이라고 하겠다.

나가며

본 글에서는 동아시아 문화권의 전기소설의 흐름을 재조명하고자 중국『전등신화』의 영향 아래 창작된 조선의 최초 한문소설『금오신화』와 일본의 괴담소설『우게쓰모노가타리』간의 영향관계에 관하여 검토하였다. 구체적으로 「이생규장전」과 「아사지가야도」의 두 작품을 비교대상으로 삼아 고찰한 결과, 두 작품 모두 전거작품인 「애경전」으로부터 서사적인 측면에서 영향을 받은 것은 사실이나, 「애경전」에서는 찾아 볼 수 없는 요소들이 두 작품에서 공통적으로 지적되었다. 원작이 가진 이야기의 모티브와 기본 서사를 취하면서 전통적 요소를 수용하고 있지만, 이야기의 주제는 서사적 변용을 통해 원작의 전통을 벗어나고 있다. 즉, 중국 작품으로부터 조선이나 일본의 작품이 영향을 받았지만, 시대의 흐름과 함께 자국의 문학 창작 기반과 더불어 작가의 창작의식에 의해 새로운 작품으로 거듭날 수 있었던 것이다.

개인의 욕망과 사회의 지배적 논리가 서로 충돌하여 갈등을 일으킬 때 그것에 대한 해결책으로서 초현실의 세계가 등장하는 것은 전기소설의 가장 큰 특징이라고 할 수 있다. 「애경전」의 애경은 절개를 지키고자 스스로 목숨을 끊지만 망자가 되어 남편 앞에 나타난다. 유녀인 자신을 아내로 맞아준 남편의 은혜에 보은하는 유교적 교훈이 괴이를 통해 전해진다. 그에 반해, 「이생규장전」의 최랑과 「아사지가야도」의 미야기는 삶에서 예기치 못한 고난과 고통을 만나 현실적 한계에 부딪쳤을 때에 마음에 한을 품게 되는 것을 볼 수 있다. 그것은 다른 한편으로는 자신이 가진 욕망의 또 다른 모습일 것이다. 원한은 괴이의 세계를 빌어 초현실적 존재의 등장을 이끌게 된다. 그러나 그녀들은 괴이의 세계를 통해 자신들의 사랑을 지켜냄으로써 인간의 한계를 극복하는 모습을 보여주고 있다. 전기소설이라는 비현실적이고 환상적인 이야기 형식을 통해 현실의 문제를 극복하려는 강한 의지의 진보적인 인간관을 보여주고 있다고 할 수 있다.

이러한 점들을 전체적으로 고려해 볼 때, 아키나리가 『우게쓰모노가타리』를 집필할 당시에 그의 창작 의식 속에 『금오신화』의 영향이 있었음을 추정하는 것은 충분히 고려해볼 수 있다. 앞으로 이러한 작업을 바탕으로 두 작품 이외의 다른 작품들과의 비교고찰을 수행하여 좀 더 전체 작품의 영향관계를 논하는 것이 필요할 것이다. 문학작품을 수반한 조선과 일본의 사상과 문화적 측면의 교류를 밝힘으로써 동아시아 전기소설의 흐름에 대한 재평가가 이루어지리라 기대한다.

참고문헌

김경미, 2010, 「전기소설의 젠더화된 플롯과 닫힌 미학을 넘어서」, 『한국고전여성문학연구』 20.

김경희, 2008, 「『淺茅が宿』に見られる俳諧的手法」, 『일본연구』 제38호.

김창현, 2011, 「『금오신화』〈이생규장전〉의 비극성과 그 미학적 기제-낭만성과 비분강개의 비극성을 중심으로-」, 『溫知論叢』 제28집.

문영오, 1987, 「『金鰲新話』에 굴절된 恨의 고찰-「萬福寺樗蒲記」「李生窺墻傳」「醉遊浮碧亭記」를 중심으로-」, 『한국문학연구』 10.

설중환, 2004, 「이생규장전 : 분석심리학으로 읽어보기」, 『한국학연구』 21.

세종대왕기념사업회, 1978, 「이생이 담 너머 아가씨를 엿보다(李生窺墻傳)」, 『국역매월당집』 3, 세종대왕기념사업회.

최용철, 2002, 「『金鰲新話』朝鮮刊本의 發堀과 그 意義」, 『民族文化研究』 36, 민족문화연구원.

_____, 2003, 『금오신화의 판본』, 국학자료원.

井上泰至, 1999, 『雨月物語論 源泉と主題』, 笠間書院.

鵜月洋, 1969, 『雨月物語評釋』, 角川書院.

高田衛校注, 1995, 『英草紙西山物語雨月物語春雨物語』(新編日本古典文學全集78), 小學館.

長島弘明, 2000, 「『雨月物語』の男と女の「性」」, 『秋成研究』, 東京大學出版會.

中村博保, 1999, 「『淺茅が宿』の文章」, 『上田秋成の研究』, ぺりかん社.

일본고대문학속의 '모노노케'(物の氣)·'오니'(鬼)를 한국어로 어떻게 번역할 것인가
-『겐지이야기』의 번역 용례를 중심으로 -

들어가며

1945년 해방 이후 처음으로 일본 고전이 번역된 예는 류정(柳呈)이 번역한 『겐지이야기』(1973년)인데, 이후 2000년대에 들어와 본격적인 번역 작업이 이루어져 2017년 현재 70종 이상이 번역되었다.[1] 번역에 임하는 번역자는 문화적인 차이나 표기문제로 여러 가지 문제에 봉착하게 되는데, 가령 강, 산, 호수, 특히 고전작품인 경우는 사찰 및 신사, 궁성의 거리, 전각, 문, 관직 등의 고유명사가 그러한다. 영어권에서는 발음그대로 로마자로 표기하는 경우가 많은 듯 하고, 중국어인 경우는 한자를 그대로 사용하는 것에 대해서, 한국에서는 한글과 한자의 겸용 문제도 있어, 더욱 혼란스러운 국면에 처하게 된다.[2] 하지만 무엇보다도 어려운 문제는

---

1) 2017년까지 한국에서 번역된 일본고전 현황에 관해서는 李市埈, 2018,「韓國にける日本古典文學の翻譯」,『文學研究の窓をあける』, 笠間書院, 144-162쪽 참조.
2) 가령 '鴨川'의 경우, 첫째 '가모 가와gamo gawa'(일본어 원음을 그대로 한글로 표기), 둘째 '가모 강gamo gang'(전반은 일본어 원음 그대로＋후반은 한글로 의미를 표기), 셋째

역시 문화나 신앙과 관련된 어휘가 아닐까. 특히 민간신앙과 관련된 '요괴'(妖怪)·'모노노케'(物の氣)·'오니'(鬼) 등의 개념은 각 나라별로 비슷하면서 다른 경우가 많으며, 전문적인 독자층을 상정한 고전번역인 경우 더더욱 번역자를 곤란하게 만드는 문제로 대두된다.[3]

　　일본고대문학에 보이는 '요괴'·'오니'·'모노노케' 등의 '영귀'(靈鬼)를 한국어로 어떻게 번역할 것인가. 필자는 일본의 '요괴'[4]에 해당하는 번역어로는 지금 상황에서는 '귀신'이 가장 가깝다고 판단하고 있는데, 본고에서는 '귀신'의 개념에 주목하면서, 헤이안(平安)시대를 대표하는 『겐지이야기』(源氏物語)의 '모노노케'와 '오니'를 어떻게 번역할 것인지, 기존의 번역서의 용례를 들어 고찰해 보고자 한다.[5]

'가모 가와 강gamo gawa gang'(우선 일본어 원음을 글대로 한글로 표기하고, 마지막에 한글로 의미를 표기) 등의 방법이 있다.

3) 고마쓰 가즈히코(小松和彦)는 문화는 번역할 수 있다고 한다. 고마쓰는 '유령'(幽靈)의 예를 들어 이 개념을 갖고 있지 않은 '사회·문화'에 속한 사람이라 할지라도, '초월적·신앙적 지식'을 갖고 있지 않은 사회는 없기 때문에, '幽靈'을 문화나 역사를 극복할 수 있는 번역을 궁리할 필요가 있다고 지적하고 있다. 小松和彦, 2006, 『妖怪文化入門』, せりか書房, 36-38쪽.

4) '요괴'(妖怪)의 개념에 '유령'(幽靈)이 포함되는지 않은지에 대한 논란이 존재한다. 단 포괄적인 한일 비교를 염두에 넣고, 한국의 '귀신'의 상당부분이 '인간의 사령(인간신)'(人死靈(人神))인 점을 고려하면, 일단 '妖怪'의 개념에 '幽靈'이 포함된 것으로 간주하고자 한다.

5) 필자는 이전에도 '모노노케'(物の氣)·'오니'(鬼)의 번역에 대한 문제점을 제기한 바가 있다. 본고는 이전의 문제제기에 대한 후속작업의 의미를 갖고 있다. 李市埈, 2013.5, 「韓國における日本古典文學の飜譯の問題を廻って：『今昔物語集』を中心に」, 『日語日文學硏究』, 韓國日語日文學會, 79~107쪽 참조.

Ⅰ. 문제의 소재

본론에 들어가기에 앞서 9세기 초에 성립된『일본영이기』(日本靈異記)의 번역의 예를 들어, 어떤 점이 문제인지 확인해보자.『일본영이기』의 한국어역은 두 개가 있는데, 문명재(文明載) · 김경희(金京姬) · 김영호(金永昊: 2013),『일본국현보선악영이기』, 세창출판사[6]와 정천구(丁天求: 2011),『일본영이기』, 씨아이알 이다. 원문에 '鬼'(오니)로 되어 있는 예나 한국어로 '귀신'이라고 번역된 예를 제시하면 이하와 같다(문명재외 역은 한국어판 ⓐ, 정천구역은 한국어판ⓑ라 표기).

【표 1】원문에 '鬼'로 되어 있는 예와 한국어로 '귀신'이라고 번역된 예

卷/話	靈鬼	小學館『新編日本靈異記』	小學館『新編日本靈異記』 현대 일본어 번역	한국어판ⓐ	한국어판ⓑ
중권(中卷)3	物	吾が子は物に託ひて事を爲せり。	わが子は魔物に取り憑かれてしたのです	내 아들은 귀신에 홀려서 그런 것입니다.	귀신
중권3	鬼(もの)	汝、鬼に託へたるにや	おまえ魔物にでも取り憑かれたのではないのですか	네가 귀신에게 홀린 것이 아니냐?	귀신
중권24	鬼	(題目)閻羅王の使の鬼の、召さるる人の睄を得て免し緣	鬼	염라대왕의 사자인 귀신이 잡으러 간 사람에게 대접을 받고 풀어준 이야기	저승 사자
중권24	鬼	使の鬼答へて曰はく	鬼	저승사자가 대답했다.	저승 사자

6) 문명재외 · 김경희 · 김영호 공역으로, 저본은『新編 日本靈異記』, 韓國研究財團學術名著翻訳叢書東洋編으로 간행되어, 한문 원문도 함께 제시하고 있다.

巻/話	靈鬼	小學館『新編日本靈異記』	小學館『新編日本靈異記』現대 일본어 번역	한국어판ⓐ	한국어판ⓑ
중권25	鬼	(題目)閻羅王の使の鬼の、召さるる人の饗を受けて、恩を報いし縁	鬼	염라대왕의 사자인 귀신이 잡으러 간 사람에게 음식을 대접받고 은혜를 갚은 이야기	저승 사자
중권25	鬼	閻羅王の使の鬼、來りて衣女を召す	鬼	염라대왕이 보낸 저승사자가 기누메를 잡으로 왔다	저승 사자
중권33	悪鬼(あくき)	女人の悪鬼に點されて食噉はれし縁	鬼	여자가 악귀에게 능욕당하여 잡아먹힌 이야기	악귀
중권33	鬼	或いは神怪なりと言ひ、或いは鬼噉なりと言ひき	ある者は鬼が食ったと言った。	악귀가 잡아먹었다고 하였다	귀신
중권34	鬼	若し、鬼に託へるか	ひょっとしたら鬼神にでも取り憑かれておかしくなったのではございませんか	귀신한테 홀렸오?	귀신
중권5	鬼神	此の人の咎に非ず、祟れる鬼神を祀らむが爲に殺害せしなり。	この人の罪ではありません。そそのかした鬼神を祭るために殺したのです。	이 사람의 죄가 아닙니다. 지벌을 내리는 귀신에게 제사지내기 위해 죽인 것입니다.	귀신

　위의 표에 보이는 번역양상을 세 가지 문제점에서 기술하고자 한다. 첫 번째는『일본영이기』중권3의 '모노'(物)·'모노'(鬼-もの)에 대해서 '귀신'이라고 번역된 문제점에 대해서이다. "귀신(鬼神). 마물(魔物). 불가사의한 힘을 가진 영위(靈威)"(『시대별국어대사전 상대편』(時代別國語大辭典上代編)를 의

미하는 고대일본어의 '모노'는 자주 멜라네시아에 보이는 마나(mana) 신앙과 관련지어 논해져 왔다. 특히 고마쓰 가즈히코(小松和彦) 씨는 '모노'라는 개념에 대해서 기호론적으로 볼 때 제로상태의 '모노'가 인간에 있어 플러스의미를 갖고 있으면 '신'(神), 마이너스의미를 갖고 있으면 '오니'(鬼)나 요괴(妖怪)의 의미인 '모노'가 된다고 지적하고 있다.[7]『만엽집』(万葉集)의 "吾妹子に心も身さへ寄りにしものを-내 님을 향해 마음도 몸마저도 기울어 버린 것을"(547번 노래(和歌))에서 '모노'를 표기한 한자는 '鬼'이며, 『일본영이기』중권3의 경우에도 '鬼'를 '모노'로 읽고 있다. 『일본영이기』 중권3은 어머니와 함께 사키모리(防人)로서 지쿠시(筑紫)에 있었던 남자가 무사시 지방(武蔵國)에 남겨놓은 처가 그리운 나머지 어머니를 죽이려고 하는 내용이다. 표의 예는 자신을 죽이려는 아들에 대한 어머니의 경악과 절규의 대사이다.[8]『가도카와 고어대사전』(角川古語大辞典)의 '모노'에 대한 설명, "신불영혼귀병(神佛靈魂鬼病) 등 초인간적인 존재를 말한다. 사람에게 영향을 미쳐 이상상태에 빠뜨리는 존재를 완곡하게 이른다"와 정확히 일치하고 있다. 이것을 한국어로 '귀신'이라고 번역하고 있는데 과연 적합한 번역어일까?

　　두 번째는『일본영이기』중권24 · 중권25의 '오니'(鬼)에 대해서 '귀신'이라고 번역하고 있는 문제점이다.『일본영이기』중권25는 사누키지방(讃岐國) 야마다군(山田郡), 후세 씨(布敷氏)의 여인이 중병에 들어 명귀(冥鬼)를 대접하고, 명귀의 계략으로 동성동명의 여자를 대신 내세웠지만 결

7) 小松和彦, 1994,『憑靈信仰論』, 講談社學術文庫, 287~288쪽.
8) 중권34도 중권3과 같은 의미로 '모노'(もの)의 어휘가 사용되고 있다.

국 발각되었다는 내용이다. 중권24도 명귀에게 뇌물을 주어 태어난 해가 같은 사람을 대신 내세우는 이야기로 중권25와 동일한 발상에 의해 성립된 설화이다. 이들 이야기는 중국의 당나라 초기의 불교설화집인『명보기』(冥報記)의 영향을 받아 일본식으로 개작된 것이라고 판단된다.[9] 문제는 '명부'(冥府) 즉 지옥사신인 '오니'를 '귀신' 혹은 '저승사자'로 번역하고 있다는 점이다. '귀신'의 개념에 대해서는 후술하겠지만, 지옥사신을 '귀신'이라고 부르는 예는 거의 찾을 수 없었다는 점만 우선 언급해 놓고자 한다.

다음은 '저승사자'에 관해서인데, 한국에서 '저승사자'의 이미지는 "〈전설의 고향〉이라는 TV드라마를 통해서 검은 두루마기를 입고 갓을 쓰고 백색으로 화장을 한 분위기를 풍긴다. 검정색 두루마기를 입은 저승사자의 모습은 한국인의 문화적 배경과 무의식 속에서 체험되고 또 재(再)체험을 거듭하면서 축적된 이미지라고 할 수 있다"(『한국민족문화대백과』). 애초부터 '저승'이라고 하는 개념이 문제로, 가령, 16세기의 한국의 고전『설공찬전』에는 명도(冥途)의 의미로, '저승'과 '지옥'의 표현이 동시에 보이는데, '저승'은 지옥의 의미를 포함한 보다 광범위한 사후의 세계를 가리키고 있는 듯하다.[10]

마지막으로 중권33의 '오니'에 대해서 '귀신'이라고 번역된 점이다. 이 이야기는 야마토지방(大和國) 도카치군(十市郡)의 재산가의 딸이 많은 결

---

9) 李市埈, 2003.11,「『日本靈異記』の冥界觀」,『日語日文學研究』, 韓國日語日文學會, 43~63쪽.
10) 李市埈, 2011.9,「死後の旅 ; 東アジア古代説話文學における冥途への道程」,『日本言語文化』, 韓國日本言語文化學會, 19~35쪽.

혼예물을 지참한 남자에게 마음을 허락하고 결혼식을 거행했는데 첫날 밤에 딸 방에서 "아프다"라고 하는 비명소리가 들렸고 이튿날 아침 부모가 일어나서 방을 들여다보니 딸의 머리와 손가락 한 개가 남아 있었다는 내용이다. 이야기 말미에는 사람들이 '신괴'(神怪)라든가 '귀담'(鬼啖)이라든가 해서 무서워했다는 후일담이 부가되어 있다. 『이세모노가타리』(伊勢物語) 제6단의 「오니 한입」(鬼一口)을 연상시키는 이야기인데, 오니는 훌륭한 청년의 모습을 하고 여자의 집을 방문하여 여자의 방에서 여자가 "아프다"라고 비명을 질러댐에도 불구하고 여자의 몸을 뜯어먹어버렸던 것이다. 이와 같은 '오니'를 '귀신'이라고 번역한 것인데, '귀신'의 이미지와 합치되고 있는 것인지 의문이 든다. 필자는 이 경우 '귀신'이 아니라 그대로 '오니'라고 하는 편이 적절하지 않을까 생각된다. '귀신'의 이미지와 다르다고 판단되기 때문이다.

그럼, 도대체 한국의 '귀신'의 이미지는 어떠한가. 이하 『겐지이야기』의 '모노노케'와 '오니'의 번역에 대해서 생각하기 전에 우선, 한국의 '귀신'의 의미에 대해서 살펴보기로 한다.

Ⅱ. 한국의 '귀신'

'귀신'은 무속신앙, 유교, 도교, 불교 등 다양한 분야의 영향 하에 성립된 개념으로서 그 의미를 명확히 하기는 대단히 어려운 일이다. '귀신'에 관한 최초의 본격적인 연구는 이능화의 『조선무속고』(朝鮮巫俗考: 1927), 무

라야마 지준(村山智順)의 『조선의 귀신』(朝鮮の鬼神: 1929)이라고 할 수 있는데, '귀신'의 개념에 관해서는 아라카와 고로(荒川五郎)의 『최신 조선 사정』(最新朝鮮事情: 1906), 우스다 잔운(薄田斬雲)의 『암흑의 조선』(暗黑なる朝鮮: 1908), 나라키 스에자네(楢木末實)의 『조선의 미신과 속전』(朝鮮の迷信と俗傳: 1913), 이마무라 토모(今村鞆)의 『조선풍속집』(朝鮮風俗集: 1914) 등에서 이미 그 개념의 윤곽이 파악되고 있었다.[11] 해방 후 한국 학계에 있어서의 '귀신'에 관한 개념 및 연구는 식민지시대의 연구의 영향을 어느 정도 받았으리라고 추측되는 바, 관련 연구가 금후 이루어져야 할 것이라 판단된다.

임동권은 '귀신'을 자연신(自然神), 동물신(動物神), 인간신(人神), 가택신(家宅神), 질병신(疾病神), 도깨비로 나누고 있다. 내용을 정리하면 【표 2】와 같다.[12]

【표 2】임동권 「귀신론」(鬼神論)의 귀신의 분류

귀신의 분류	세부내용	
자연신(自然神)		
동물신(動物神)	• 동물이 사후 귀신이 되는 예 • 사람에게 학대를 받아 귀신이 되는 예	• 동물이 나이를 먹어 다른 동물로 되는 예 • 사람의 은혜에 보답하는 예
인간신(人神)	• 원귀무실(寃鬼無實)의 죄로 죽은 사람의 영혼이 귀신으로 되는 예 • 미명귀(未命鬼) • 손각시(孫閣氏): 묘령(妙齡)의 처녀귀신 • 영동신(嶺東神): 영동(嶺東)할머니 경상도지방에서 전승되는 귀신	

---

11) 李市埈, 2018. 10, 「戰前、日本人による朝鮮の「鬼神」研究について；村山智順『朝鮮の鬼神』の前史」, 第三回東アジア日本研究者協議會國際學術大會, 發表要旨.

12) 任東權, 1975, 「鬼神論」, 『語文論集 第10集』, 中央大學校國語國文學會.

귀신의 분류	세부내용
가택신(家宅神)	• 제석(帝釋): 집주인의 운명을 담당하는 신 • 성주: 성주(城主), 성조(成造), 성성주주(星成主主) • 터주: 지신과 택신(土主宅神) • 조왕(竈王): 부뚜막 신 • 수문신(守門神): 대문을 담당하는 신 • 측신(厠神): 변소를 담당하는 귀신 • 가구귀(家具鬼): 오래된 가구가 귀신이 된 것
질병신(疾病神)	• 마마 손님: 병귀(病鬼), 강남(江南)에서 온 무서운 귀신
도깨비dokebi	독각귀(獨脚鬼), 망량(魍魎), 이매(魑魅), 허주(虛主) 등으로 표기된다. 『삼국유사』(三國遺事)에는 '귀중'(鬼衆)으로 되어 있다.

　　임동권의 분류에서 주목되는 것은 '가택신'과 '도깨비'를 개별항으로 두고 있다는 점인데, 각각의 신앙이 크다는 반증일 것이다. 단, 가택신에 속하는 '가구귀'의 경우, 빗자루 등이 변한 '도깨비'의 경우도 넓은 의미의 '가구귀'의 성격을 갖고 있는 바, 논란의 여지가 남는다. 참고로 일본의 민속학자, 에마 쓰토무(江馬務)가 요괴연구서 『일본요괴변화사』(日本妖怪變化史)에서, 요괴를 사람, 동물, 식물, 기물(器物), 자연물로 구별하고 있는데, 임동권의 구별과 닮아 있어, 한국의 귀신과 일본의 요괴를 비교·고찰하는 데에 있어 많은 시사점을 주고 있어 주목된다.

　　한편, 김태곤은 '귀신'을 악신계통의 귀신과 선신계통의 신으로 양분하고 있다. 전자에는 사람의 사령(死靈), 역신, 도깨비 등이 속하고, 후자에는 자연신계통이 신과 인간신(영웅신)계통의 신 등이 속하며, 세부내용을 정리하면 이하의【표 3】과 같다.[13]

---

13) 金泰坤, 1976,「民間의 鬼神」,『韓國思想의 源泉』, 博英社, 99~122쪽.

【표 3】김태곤 「민간(民間)의 귀신(鬼神)」의 귀신의 분류

악신계통 (惡神系統)의 귀신(鬼神)	사람의 사령 (人死靈)	객귀(客鬼), 잡귀(雜鬼), 영산(靈山), 상문(喪門), 왕신(處女鬼) 삼태귀신, 몽달귀신, 무사신(無嗣神)
	역신(疫神)	손님(두신(痘神): 별신(別神), 별상신(別上神), 두역지신(痘疫之神)이라 고도), 우두지신(牛痘之神)
	기타	도깨비, 정귀(精鬼), 여신(厲神), 수배신(隨陪神), 호구신
선신계통 (善神系統)의 귀신(鬼神)	자연신계통(自 然神系統)의 신 (神)	천상신계통(天上神系統), 지신계통(地神系統), 산신계통(山神系統), 노 신계통(路神系統), 수신계통(水神系統), 화신계통(火神系統), 풍신계통 (風神系統) 등
	인간신(영웅신) 계통(人神(英雄 神)系統)의 신 (神)	왕신계통(王神系統), 장군신계통(將軍神系統), 대감신계통(大監神系 統), 불교신계통(佛敎神系統), 도교신계통(道敎神系統) 등
	기타	가신(家神), 경영신(敬迎神) 등

위의 두 분류의 예를 보면, '귀신'의 개념에는 천신(天神), 산신(山神), 신명(神明) 등 신격의 존재부터 사람의 사령(人死靈), 역신(疫神)은 물론, 가구신(家具神), 도깨비 등 의인신적(擬人神的)인 것까지도 포함되어 있어 매우 광범위하고 복잡하다는 사실을 알 수 있다.

그런데, 이러한 분류는 일종의 학술용어 혹은 학문적 영역에서의 '귀신'의 이해라고 할 수 있는데, 민속적·통속적인 범주에서의 의미, 항간의 일반인들에 '귀신'은 어떤 의미로 인식되고 있을까. 번역자가 특히 연구자뿐만이 아니라 일반인도 독자층으로 상정하고 있다면 이러한 문제는 결코 간과할 수 없을 것이다.

이에 필자는 『한국구비문학대계』에 보이는 '귀신'의 사용 용례에 주목하고자 한다. 『한국구비문학대계』는 한국정신문화연구원에서 발행한 구전문학자료로 1992년에 출판된 부록 3책을 포함하여 총85권에 달하는

방대한 저작물이다. 1978년부터 1985년에 걸쳐서 설화 14,941화를 채록하여 수록하고 있는 바, 일반 민중들이 '귀신'을 어떻게 생각하고 있는지 알기 위한 최적의 자료라고 할 수 있다. 종래의 귀신연구는 고전을 대상으로 한 원귀(원령)설화가 중심으로 이루어져 왔고, 『한국구비문학대계』를 대상으로 한 귀신연구는 임재해의 논[14]을 제외하고 거의 찾아볼 수 없다.

『한국구비문학대계』에 보이는 '귀신'의 모든 용례를 살펴보는 것은 수록화가 방대하여 매우 어렵다. 이에 필자는 우선 제목에 '귀신'을 포함하고 예를 추려 보았다. 총70화를 대상으로 하여 주체별로 분류를 시도하였는데, 이하 정리해 보면【표 4】와 같다.

【표 4】『한국구비문학대계』의 제목에 '귀신'을 포함하고 있는 경우
(예 : 6-9 217 ; 6-9는 권, 217은 페이지. " "은 원문의 표현)

구분	해당이야기	이야기 수
신계(神系)	6-9 217 당산나무 귀신(형체에 대한 기술 없음. 나무를 자른 자의 자식을 죽임, 당산에서 귀신이 나와 역병을 물리침) 8-2 228 귀신의 도움으로 부자가 된 영감("크디큰 총객", "신도령") 8-12 343 운수가 좋으면 귀신도 범접하지 못한다(형체에 대한 기술 없음. "골맥이신"[15])	계3화
동물계	1-3 279 호랑이 귀신 전설	계1화
인간계(人系)	→【표 5】인간계(人系)에 속한 설화	계52화

---

14) 林在海, 2007, 「귀신설화에 포착된 인간과 귀신의 만남 양상과 귀신인식」, 『口碑文學研究』, 韓國口碑文學會, 281~333쪽.
15) 동신의 신체(神體)는 몇 가지 형태로 분류된다. 자연물이 동신으로 신앙되는 경우는 산·바위·돌·나무·꿩의 깃털 등이고, 인공물인 경우에는 위패·신상(神像)·그림·목우(木偶)·방울 등이 신앙의 대상이 된다.

구분	해당이야기	이야기 수
질병귀(疾病鬼)계	6-8 379 귀신을 알아 본 남이장군(형체에 대한 기술 없음. 사람에게 붙어 병을 일으킴) 6-8 880 귀신 잡은 강감찬(형체에 대한 기술 없음, 사람의 집에 들어가 해를 가함) 8-14 711 오성대감의 귀신 퇴지(형체에 대한 기술 없음. 사람에게 붙어 병을 일으킴)	계3화
기타	6-12 888 귀신이 놓다 만 돌다리(형체에 대한 기술 없음) 8-4 41 광진이 다리 물귀신(형체에 대한 기술 없음. 물귀신) 6-10 67 귀신 이야기(2)(형체에 대한 기술 없음. 사람을 홀려서 물속으로 들어가 죽게 함) 8-11 477 남강 물귀신(손만 보임─요괴화) 6-11 166 턱 떨어진 귀신("사람", 신체 일부의 괴기─요괴화) 9-3 624 와라진 귀신("땅아래에 사는 귀신", 형체에 대한 기술 없음)	계6화
		계70화

위의 표와 같이 『한국구비문학대계』에 보이는 귀신설화는 주체별로 신계, 사물계, 동물계, 인간계, 질병귀 등으로 나눌 수 있다. 우선 '신계'에 관해서인데, 6-9의 당산나무 귀신은 마을에 침입한 역병을 물리치는 존재이며, 8-12의 골맥이신도 마을의 수호신이다. 단 8-2에 등장하는 신도령은 '신계'에 속하는지 애매한 점은 있지만, 주인공인 노인에게 묘의 내력을 알려준다든가 눈앞에서 감쪽같이 사라지는 등 초월적 존재의 성격을 갖고 있기에 '신계'로 분류하였다.

'동물계'의 귀신은 총1화에 불과하다. 실은 호랑이와 여우 등 요괴나 '귀신'에 속하는 설화는 상당수 존재하지만, 이와 같이 용례가 적은 이유는 한국인은 동물 그 자체 이름으로 표현하지 일일이 동물이름에 '귀신'이라는 표현을 덧붙이지 않기 때문이다. 오히려 8-2의 '호랑이귀신'처럼 동물이름에 '귀신'을 덧붙인 경우는 드물다고 할 수 있다.

계속해서, '질병귀계'인데, 가령 6-8 「귀신을 알아 본 남이장군」은 다음과 같은 내용이다

> 남이장군이 총각 시절에 부잣집으로 함이 들어가는데 함에 잡귀가 붙은 것을 목격한다. 부잣집을 찾아가니 딸이 갑자기 죽어간다고 한다. 남이장군이 보니 귀신이 딸의 목을 꽉 누르고 있었는데, 남이장군이 들어가자 귀신이 바로 나가버린다. 방에서 나왔는데 얼마 후 또 죽는 소리가 나서 들어가 보니, 귀신이 딸의 이마를 누르고 있었다. 남이장군이 들어가자 또 다시 잡귀가 밖으로 나간다. 부자는 남이장군과 딸이 인연이 있다고 생각하여, 남이장군과 결혼시킨다.

본문에는 '잡귀'로 되어 있는데, 고래로부터 병은 외부로부터 침입한 '귀신'에 의한 민속신앙이 있었다.[16] '질병귀계'에 속하는 모든 이야기는 외부로터 침입하여 집 안의 사람에게 붙어 병을 일으킨다는 점에서 공통적이다. 또한 '귀신'의 대부분은 형체에 대한 구체적인 기술이 없고, 사람의 눈에는 보이지 않지만, 남이장군·강감찬·오성대감과 같은 위인이나 영웅에게는 간파를 당한다는 점도 주목할 만하다.

다음은 '기타'에 관해서인데, 사람을 홀려서 물속으로 끌어들여 죽게 하는 물귀신 이야기가 가장 많다. 대체로 물귀신이라고 하면 그 정체는 불의의 사고로 물에 빠져 죽은 사람을 연상하게 되지만, 이 군에 속하는 이야기는 그러한 경위가 기술되어 있지 않으며 오직 사람을 물에 빠져죽게 하는 무서운 존재로 그려져 있다. 강 수면으로 손목만 나와 사람을 잡

---

16) 村山智順, 1929, 『朝鮮の鬼神』, 朝鮮総督府 참조.

아끄는 8-11 「남강물귀신」이나 괴기한 신체일부가 강조되는 6-11 「턱 떨어진 귀신」, 지하에 산다고 하는 9-3 「와라진 귀신」에 등장하는 귀신은 각각 고유의 이미지가 정착되어 있어, 케릭터화한 일종의 요괴의 성격을 띠고 있다.

마지막으로 가장 화수가 많은 '인간계'에 관해서이다. 출현의 원인이 명확한 경우와 그렇지 않은 경우로 나누어 분류를 한 결과가 이하의【표 5】이다. 전자는 대부분 원한을 품은 귀신으로 이 점을 강조한다면 '원귀'·'원령'이라 불러도 좋겠다. 단 '인간계'에 속하는 각편은 기본적으로 사람이 죽어서 '귀신'으로 출현한다는 전제가 있다. 하지만 출현의 원인이 명확하지 않은 경우는 생전의 모습으로 출현하는 경우를 제외하면 사람의 망령이나 사령(死靈)인지 확정짓기가 어려웠다. 일단 필자는 설화의 본문에 공동묘지가 등장한다거나, 귀신이 사람과 이야기를 나누는 내용이 있으면 해당 이야기를 '인간계'로 분류하였다.

【표 5】인간계에 속한 설화

구분	원인	해당이야기	비고
출현의 원인이 명확한 경우	1-1. 원한	2-8 260 한시 문답으로 귀신 쫓은 서당 아이 5-3 275 귀신 덕으로 성공한 머슴 6-7 453 넘성이골의 귀신("사람같은 것""더풀더풀한 놈") 7-15 125 귀신의 글귀로 급제한 박문수(새파란 청년이 하내 밍지 바지 저고리를, 새파란 포름한 두루마기를 입고) 8-3 269 처녀귀신을 쫓은 아이("처녀")	계5화
	1-2. 정욕(결혼 전에 사망한 경우, 남여, 부부)	1-2 493 공동묘지의 처녀귀신 2-6 221 처녀귀신과 결혼한 총각 6-6 626 내 마누라 내놔라는 귀신 6-9 330 귀신 출몰 이야기("꽃 송이 달고 통치마를 입은" 처녀귀신)	계8화

구분	원인	해당이야기	비고
출현의 원인이 명확한 경우	1-2. 정욕(결혼 전에 사망한 경우,남여, 부부)	6-11 302 퇴계선생과 총각귀신("사람", 퇴계에게는 보이지만 일반 사람에게는 보이지 않음) 7-13 267 귀신의 아들로 대(代) 이은 집안("총객이 쟁반같은 머리로 땋고 섭수비를 입고 돌오디 섭수리 착 빗어서") 7-17 518 처녀귀신 탓에 일본군에 패한 신립장군(여자) 8-8 94 처녀귀신과 총각	제8화
	1-3. 집착	3-1 68 귀신의 대귀(對句) 3-1 353 귀신과의 대귀 6-6 28 '어디 어디 오시오'하는 초랑이 귀신 (삶에 대한 집착) 6-8 21 엿먹는 여자 귀신("여자") 6-7 448 고기 달라고 조르는 귀신(고기를 구걸. 주인공의 삼촌망령. 주인공에게는 보이고 다른 사람에게는 보이지 않음) 7-16 342 귀신에게 글귀 맞춰 준 오성대감(노인) 8-3 522 귀신 퇴치하고 잘 산 이야기(목침을 찾기 위해서 출몰)	제7화
	1-4. 사령(死靈)에 대한 제사·대우(예의), 묘의 안전 등	2-4 512 귀신의 도움으로 점치는 이경화 2-4 210 강한 자에게 귀신도 약하다 3-4 335 무덤에서 자다 귀신 이야기 들은 소금장수 3-4 806 귀신을 보는 소금장수 5-3 322 흉가집에서 귀신 만나 성공한 거지 6-3 252 당귀신 이야기 6-5 137 귀신의 저주 6-6 627 귀신의 현몽 6-8 871 의지로 귀신 쫓아낸 유미암 부친(꿈에서 "노인"모습으로, 자식들을 죽임) 6-10 629 귀신의 부탁(생전의 "노인"모습, 손자의 묘를 이장할 것을 요구) 7-15 159 무당 귀신 물리친 조병사 모친(생전의 모습) 7-15 487 종가 제사와 귀신의 운감 7-17 585 제삿날 귀신들의 말을 엿들은 과객 8-3 206 송도 우불 선생과 귀신("키크고 험상궂은 패랭이 씬 사람") 8-8 393 귀신과 제삿밥(형체는 없고 목소리만) 8-12 337 지독하면 귀신도 범접하지 못한다 8-14 34 최명길과 당귀신("젊은 여인")	제17화
	1-5. 저승사자	6-12 1028 낮 귀신(생전의 모습으로 출몰)	제1화
	1-6. 보은(報恩)	6-11 83 귀신이 보은으로 정해 준 덤의 인생("귀는 흰히 크니, 중모자 같은 것을 쏜" "노인"의 모습. 염마왕의 서기가 되어 운명을 꾸어 줌)	제1화
출현의 원인이 불명확한 경우	2-1. 적대적인 경우	1-2 492 귀신 이야기(천하일색의 여자) 2-9 238 귀신을 보는 선비(누나 물귀신) 2-2 29 귀신에게 홀린 사람(형체에 대한 기술 없음.공동묘지라 사령(死靈)으로 간주)	제7화

구분	원인	해당이야기	비고
출현의 원인이 불명확한 경우	2-1. 적대적인 경우	6-6 701 귀신은 있는 것도 같고 없는 것도 같다(형체에 대한 기술 없음. 공동묘지라 사령으로 간주, 귀신에게 여기저기 끌려 다님) 6-10 539 오취양이 귀신들린 이야기 (형체에 대한 기술 없음. 선산이라 사령으로 간주, 홀려서 목숨을 잃게 함) 6-9 309 귀신과 내기 시합(형체에 대한 기술 없음, 주인공과 대화) 6-10 471 귀신에게 홀린 이야기(형체에 대한 기술 없음, 주인공과 대화)	계7화
	2-2. 우호적인 경우, 커다란 해를 끼치지 않는 경우	6-6 337 길을 인도한 머슴귀신 6-6 716 귀신을 친구로 사귄 사람 6-7 576 귀신들이 가마를 태워주다("사람" 주인공의 눈에는 보이고 부인의 눈에는 보이지 않았음) 6-7 578 보이는 귀신("한복을 느슨히 입은 분") 6-10 67 귀신 이야기(1) (생전의 모습으로 등장) 6-11 324 귀신이 알려 준 훈련대장 셋째 사위(형체에 대한 기술 없음. 미래를 예언)	계6화

출현의 원인이 명확한 경우는 그 출현의 원인별로 '원한'·'정욕'·'집착'·'사령(死靈)'에 대한 제사·대우(예의), 묘의 안전 등'·'저승사자'·'보은'등으로 나뉜다. 특히 '사령에 대한 제사·대우(예의), 묘의 안전 등'에 속하는 이야기가 계17화로 가장 많은 점이 주목된다. 가령 6-10「귀신의 부탁」의 내용은 다음과 같다.

횃불을 들고 사냥을 나간 청년들 앞에, 어느 노인이 아이를 데리고 지나가면서 인사를 한다. 이미 죽은 노인이라 무슨 일인지 물으니, 간밤이 기일이라 나온 것이라고 했다. 노인은 그들에게 자기 아들에게 손자의 묘를 옮겨달라고 전해달라고 부탁한다. 손자의 묘가 자기 묘 아래 있어서, 제사를 가는데 손자가 방해하여 시간이 걸린다는 것이었다. 아들의 집을 찾아가 제사를 지낸 것을 확인하고, 할아버지의 말을 전했다.

조상에 대한 제사, 묘지(사당)에 대한 예의작법 등의 이야기가 가장 많은 것은 조상숭배사상과 관련된 풍수사상의 영향이 얼마나 강했는지를 여실히 드러내준다. 이 이야기군에 이어 화수가 많은 것이 '정욕'(제7화)의 이야기군이다. 가령 2-6 「처녀귀신과 결혼한 총각」의 내용은 다음과 같다.

> 장마 속에 소를 먹이러 나간 머슴이 물에 빠져 죽은 여인을 발견한다. 머슴은 여인의 시체를 들고 가서는 성교를 한다. 머슴의 꿈에 여인이 나와서 "손각시가 되는 것은 피했다"며, 자기 집을 찾아가라고 알려준다. 얼마 후 여인을 찾으러 나온 머슴들이 와서, 자기 집 아가씨가 맞다며 시체를 데리고 간다. 여인이 다시 꿈에 나와 "당신의 처갓집이니 찾아가라"고 한다. 집주인이 나와 사정을 듣더니 사위로 삼아 공부를 시켰고, 새색시를 찾아 장가를 보냈다. 아이를 낳을 때마다 자꾸 죽는데, 점을 쳐 보니 전처가 아이를 데려가는 것이니 제사를 잘 치르라고 한다. 제사를 치르게 된 이후로 아이가 건강하게 잘 컸다.

아가씨가 결혼 전에 죽으면 '손각시(처녀귀신)'로 나타나 사람에게 해를 가하게 된다. 반대로 청년인 경우도 있는데, 가령 7-13 「귀신의 아들로 대(代) 이은 집안」이야기가 그러하다.

계속해서 출현의 원인이 불명확한 경우에 관해서인데, 이것은 다시 사람에게 적대적인 경우와 그렇지 않은 경우로 나뉜다. 전자에 속하는 이야기로, 6-10 「귀신에게 홀린 이야기」는 도시락을 들고 일을 하러 간 젊은이 앞에, 잡귀가 나타나서 자기를 따라오면 더 잘 살수 있다며 끌고 간다. 젊은이는 잡귀에게 끌려가 나무를 했고, 시간이 얼마나 흘러가는지 알 수 없었다. 도시락 하나를 9일간 다 먹었고, 귀신이 집 앞까지 데려와 "가거라" 하니 정신이 들었다라는 내용이다.

이상으로 『한국구비문학대계』에 보이는 '귀신'의 용례에 주목해서 일반민중이 생각하는 '귀신'의 개념을 살펴보았다. 그 결과를 간단하게 정리하면 다음과 같다. 첫째, 학술적인 분류와는 달리 신앙의 대상으로서의 '귀신', 즉 '신계'에 속하는 예는 매우 적다는 점. 둘째, 주체(정체)별로 분류해서 가장 많은 것은 '인간계' 즉, 사람이 죽어서 출몰하는 경우가 총70화 중, 제57화를 점하고 있는 점. 셋째, 제57화의 '인간계' 중에서도 '원령'·'정욕'·'집착'·'사령에 대한 제사·대우(예의), 묘의 안전' 등과 관련된 이른바 '원령'의 경우(제37화)가 과반을 넘고 있다는 점 등이다.

III. '모노노케'의 번역

그럼 실제 번역서에서 '영귀'(靈鬼), 특히 '모노노케'나 '오니' 등이 어떻게 번역되고 있는지 검토해 보고자 한다. 우선 '모노노케'에 관해서인데, 검토할 번역서는 김난주 역·김유천 감수 『겐지이야기 1～10』(한길사, 2007) 이다. 한국어판 『겐지이야기』는 저본으로 세토우치 자쿠초본(瀬戸内寂聴本)[17]을 사용하고 있다. 『겐지이야기』에서 「모노노케」의 용례는 29례, 「온모노노케」(御物の氣)의 용례는 24례인데, 후자는 높은 신분에 대한 경

---

17) 瀬戸内寂聴, 2007, 『源氏物語一～十』, 講談社文庫.

310 요괴

칭으로 내용의 차이는 발견되지 않는다. 대부분 병이나 출산과 관련해서 사용되고 있다.[18] 한국어판『겐지이야기』의 경우, 이들 용례의 대부분을 '귀신'으로 번역하고 있다. '역병귀'(疾病鬼)의 의미를 포함한 다양한 학술용어로서의 '귀신'을 상정하는 경우 이와 같은 번역은 부적합하다고 할 수는 없다. 하지만 학술용어가 아니라 앞서 살펴보았듯이 일반인이 생각하는 '귀신'의 이미지가 '원령'인 경우가 과반을 넘고 있다는 사실을 고려하면 보다 '모노노케'의 번역을 세분화하면 어떨까하는 생각이다.

NO	쇼각칸(小學館)『신편 겐지이야기』(新編 源氏物語)	세토우치 자쿠초의 번역본	한국어판『겐지이야기』
1	大德、「御物の怪など加はれるさまにおはしましけるを、今宵はなほ静かに加持などまゐりて、出でさせたまへ」と申す。〈若紫 1-205〉	供人は申し上げましたが、聖は、「御病氣の他に御物の怪なども憑いているように拝されますので、今夜はまだこちらでお静かに加持などなさいましてから、明日山をお下りなさいませ」と申し上げます。<1-248>	수행원의 말에 수행승은 이렇게 말하였습니다. "병세는 그러하나 귀신이 씌인 듯도 하니, 오늘 밤은 이곳에서 차분하게 기도를 올리시고, 내일 산을 내려가도록 하시지요."
2	いつとなくて月日を經たまふは、なほ、いかにおはすべきにか、よかるまじき御心地にやと思し嘆く、御物の怪など言ひて出で來るもなし。なやみたまふさま、そこはかと見えず、ただ日にそへて弱りたまふさまにのみ見ゆれば、〈若菜(下) 4-216〉	そうして月日がすぎてしまいましたので、やはりこれからどうおなりになるのか、お治りにならない御病氣なのかと、源氏の院はお悲しみになられます。物の怪などが、名乗り出て來る者もありません。御病氣の御様子は、どこがどうお悪いというのでもなくて、ただ日一日と御衰弱がつのる一方のようにお見受けされます。〈6-231〉	겐지는 과연 앞으로 어떻게 될 것인가, 쾌차할 수 없는 병인가 하여 슬프고 안타까울 따름입니다. 귀신이 누구라 이름을 대며 나타나는 일도 없었습니다. 병세는 어디가 어떻게 아픈 것도 아니면서 하루가 다르게 악화될 뿐 입니다. 〈6-196〉

18) 阿倍俊子, 1977,「源氏物語の「もののけ」(一)」,『國語國文論集』第6號, 學習院女子短期大學; 阿倍俊子, 1978,「源氏物語の「もののけ」(二)」,『國語國文論集』第7號, 學習院女子短期大學 참조.

위의 용례①은 겐지(源氏)가 학질을 앓고 가지기도(加持祈禱)를 받기
위해 기타야마(北山)에 갔는데, 그 곳의 수행승이 겐지의 병은 모노노케
가 씌였기 때문일지도 모르겠다는 장면이다. 용례②는 아오이노우에(葵
の上)가 발병하여, 아사리들과 스님이 가지기도를 하였지만 모노노케의
정체를 밝힐 수 없었다는 장면이다. 두 용례 모두 정체가 알 수 없는 경우
로, 이 부분을 단순하게 '귀신'이라고 번역할 것이 아니라, '병을 일으키는
귀신'이라고 번역하면 어떨까? 이로 인해 병의 원인으로 당시의 사람들이
믿고 의심치 않았던 '모노노케'의 성격을 보다 명확하게 드러내는 효과가
있을 것이라고 판단된다.

한편, 이하와 같이 '모노노케'의 정체가 밝혀지는 경우도 있다.

NO	쇼각칸(小學館)『신편 겐지이야기』(新編 源氏物語)	세토우치 자쿠초의 번역본	한국어판『겐지이야기』
1	後夜の御加持に、御物の怪出て来て、(物の怪)「かうぞあるよ。いとかしこう取り返しつと、一人をば思ひたりしが、いとねたかりしかば、このわたりに、さりげなくてなむ、日ごろさぶらひつる。今は帰りなむ」とて、うち笑ふ。〈柏木 4-310〉	後夜の御加持の最中に、物の怪が現れて「それ見たことか。全くうまく取り返したと、前の一人については思っておいでになったのが、たいそう口惜しくて妬ましかったので、今度はこのお方のお側に、何食わぬ顔でこの間から取り憑いていたのですよ。さあ、もう帰ることにしましょう」と言って嘲笑します。〈7-35〉	그날 밤 한참 가지기도를 하는 중에 귀신이 나타났습니다. "보세요. 무라사키 부인의 목숨을 용케 되살렸다고 생각하는듯하니, 그것이 분하고 원통하여 이번에는 얼마 전부터 이분 곁에 시치미 떼고 붙어 있습니다. 허나 이제는 그만 돌아가지요" 귀신은 이렇게 말하며 비웃습니다.〈7-038〉

2	何やうのもののかく人をまどはしたるぞと、ありさまばかり言はせまほしうて、弟子の阿闍梨とりどりに加持したまふ。月ごろ、いささかも現はれざりつる物の怪調ぜられて、(物の怪)「おのれは、こゝまで参で来て、かく調ぜられたてまつるべき身にもあらず。〈手習6-294〉	僧都は、何者がこんなにこの人を苦しめているのか、そのわけだけでも、憑坐に言わせたくて、弟子の阿闍梨と共に、思い思いに加持祈禱をなさいます。そのうち、ここ幾月もの間、少しも現れなかった物の怪が祈り伏せられて、ついに現れました。『自分はこんなところまでやって来て、お前たちに、こうして調伏されるような者ではない。〈10-248〉	큰스님은 무엇이 이렇듯이 사람을 괴롭히는지, 그 사연이라도 알고 싶어 제자인 아사리와 함께 귀신이 옮겨 붙은 자를 둘러싸고 가지기도를 올립니다. 그러자 몇 달 동안 나타나지 않았던 鬼神이 기도에 쫓겨 마침내 나타났습니다. "나는 이런 곳에서 너희들에게 굴복당할 자가 아니다…"〈10-210〉

용례①은 온나산노미야(女三の宮)의 병환 때문에 밤부터 새벽까지 가지기도가 행해졌는데, 결국 모노노케가 나타나 이야기하는 장면이다. 독자는 모노노케의 "이전에 무라사키노우에(紫の上)에게도 씌었다"라고 하는 발언을 통해 이 모노노케의 정체가 로쿠조미야스도코로의 사령(死靈)이라고 알 수 있다. 로쿠조미야스도코로의 사령은 여기에서도 무라사키노우에를 아꼈던 겐지에 대한 원한을 적나라하게 이야기하고 있다.

또 용례②는 우키후네(浮舟)가 히에이 산(比叡山) 기슭으로 옮겨졌지만 여전히 정신을 차리지 못했는데, 승도(僧都)의 가지기도에 의하여 겨우 모노노케의 정체가 밝혀지는 장면이다. 모노노케는 이 세상에 원한을 남긴 법사임이 밝혀진다. 두 용례 모두 가지기도에 의하여 모노노케를 신령이 깃드는 사람에게 옮기는 데에 성공하고 그 사람의 입을 통해 그 정체가 밝혀진다는 점에서 공통적이다.

한국어판『겐지이야기』의 경우, 위의 '모노노케'를 '귀신'으로 번역하고 있다. '귀신'의 개념에 '원령'을 의미하는 경우가 가장 많았던 점을 고려하면, 그대로 '귀신'으로 번역해도 무방하다고 판단된다. 단, 병을 일으킨 모노노케가 다름 아닌 어떤 특정한 인물을 가리키고 있고, 또한 그 사람의 원한이 명확히 기술되어 있다고 한다면 단순히 '귀신'이 아니라, '원령'(혹은 원귀)이라고 번역하는 편이 보다 문장의 의미를 잘 전달할 수 있지 않을까 생각된다.

IV. '오니'의 번역

다음은 '오니'에 관해서이다. 일반적으로 '오니'라고 하면, 아동용 그림책에 자주 보이는 뿔이 나고, 호랑이 가죽의 훈도시를 하고, 오돌토돌 철방망이를 가진 큰 남자를 연상한다. 하지만 헤이안시대에는 원령의 화신, 사람을 잡아먹는 무서운 오니, 지옥의 옥졸, 눈에 보이지 않는 괴기(怪奇) 등, '오니'는 '괴이'(怪異)에 접한 당시의 사람들이 그것을 해석하는 일종의 기호와 같은 것이었다.[19] 오니의 성격에 대해서는 자주 그 불가지(不可知)의 존재성이 강조된다. 『고킨와카슈』(古今和歌集)의 한문으로 된 서문에는 "눈에 보이지 않는 귀신"이라 되어 있고, 『쓰쓰미주나곤이야기』(堤中納言物語)의 「벌레를 좋아하는 공주」(虫愛づる姫君)에는 "오니와 여자는 사람에게 보이지 않는 것이 좋다"라고 되어 이다. 『금석이야기집』(今昔物語集) 권(巻)27·24화(話)에 "오니가 분명히 사람으로 둔갑하여 나타나는 일은 흔하지 않은 두려운 일"이라고 말하고 있듯이 오니의 모습은 보통 보이지 않은 것이 일

---

19) 니의 이미지의 다양성에 관해서는 小松和彦, 2011, 『妖怪學の基礎知識』, 角川選書, 78~89쪽 참조.

반적인 듯하다. 한편, 『금석이야기집』에는 형태가 기술된 예가 보이는데, 가령 "오니의 얼굴은 붉은 색으로 방석만큼 크고 눈이 한 개 달려 있었다. 키는 아홉 척정도로 손가락은 세 개. 손톱은 다섯 치 정도 되는 길이로 모양이 칼 같았다. 몸은 녹청색이고 눈은 호박(琥珀) 같았다. 머리카락은 쑥대머리로 제멋대로 헝클어져 있"었다는 식의 구체적인 예(권27·13화), "키가 크다" 등 윤곽정도만 알 수 있는 예(권27·30화), 손 등의 신체 일부만 기술되어 있는 예(권27·17화), 인간이나 물건(판자, 기름병)으로 변신하는 예 등이 있다. 더불어 「존승다라니(尊勝多羅尼)의 험력(驗力)에 의해서 오니(鬼)의 난을 피한 이야기」(권14·42화), 「아베노 세이메이(安倍晴明)가 다다유키(忠行)를 따르며 음양도(陰陽道)를 배운 이야기」(권24·16화)에 등장하는 소위 '백귀야행'(百鬼夜行)의 예도 있다.[20]

　'오니'의 번역어로 한국의 대표적인 요괴 '도깨비'가 자주 거론되는데, 고래의 한국의 '도깨비'의 성격과 모습은 일본의 '오니'와 다르기 때문에 '오니'를 '도깨비'로 번역하는 것은 적절하지 않다는 논문들이 다수 존재한다.[21] 필자도 이러한 논지에 기본적으로 찬성한다. 단, 기존 논문에서 예로 든 일본의 '오니'가 아동용 그림책에 나오는 예가 대부분으로, '오니'의 전체상을 파악한 것이 아니라는 점에서 이를 보완한 연구가 요구된다.

　한편, 한국어판 『겐지이야기』에서는 '오니'를 어떻게 번역하고 있을까. 『겐지이야기』에는 계20의 '오니'의 용례가 있는데, 모두 사람들의 말

---

20) 『금석이야기집』의 오니에 관한 이미지에 관해서는 李市埈, 2001, 「『今昔物語集』巻二七·靈鬼譚の意義 - 反社会的存在としての靈鬼とその制圧への意欲 -」, 『日語日文學硏究』, 韓國日語日文學會, 193~214쪽 참조.
21) 대표적으로 金鍾大, 1994, 『民譚과 信仰을 통해 본 도깨비의 세계』, 國學資料院.

이나 생각 속의 비유나 추측으로 사용된다는 점이 특징이다. 『곤자쿠모노가타리슈』와 같이 실제로 등장하여 활약하는 것이 아니라, 개념상의 존재로 현실성을 갖고 있지 않다고 한다.[22] 이와 같은 특징 탓인지, 한국어판 『겐지이야기』에서는 '오니'를 모두 '귀신'으로 번역하고 있다. 모든 용례를 검토하기는 어렵고, 이하 특히 문제가 되는 부분을 제시하면 다음과 같다.

NO	쇼각칸(小學館)『신편 겐지이야기』(新編 源氏物語)	세토우치 자쿠초의 번역본	한국어판 『겐지이야기』
1	南殿の鬼のなにがしの大臣おびやかしける例を思し出でて 心強く 〈夕顔 1-168(01)〉	昔 宮中の南殿の鬼が 何とかいう大臣を脅かした時 かえって大臣に叱られて逃げてしまったという話など思い出されて 源氏の君は氣強く心を引き立てて 〈1-200〉	겐지는 옛날에 궁중에서 남전의 귀신이 어떤 대신을 위협했다가 도리어 대신의 꾸짖음에 놀라 달아났다는 이야기를 떠올리며 애써 마음을 강하게 먹으려고 하였습니다. 〈1-182〉
2	鬼や食ひつらん 狐めくものやとりもて去ぬらん いと昔物語のあやしきものの事のたとひにか さやうなることも言ふなりし 〈蜻蛉 6-209〉	「鬼に食われてしまったのだろうか 狐のようなものがさらっていったのか 昔物語には不思議な話の例として そんなことも書いてあったようだが」 〈10-142〉	귀신에게 먹힌 것일까 여우에게 홀린 것일까 옛날 신기한 이야기에 그런 예가 씌어 있었던 듯한데. 〈10-124〉

---

22) 金賢貞, 2002, 「겐지모노가타리(源氏物語)의 「오니」(鬼)에 대한 고찰」, 『日本文化研究』7, 119~136쪽.

3	顔を見んとするに、昔ありけむ目も鼻もなかりけん女鬼にやあらんとむくつけきを、頼もしういかきさまを人に見せむと思ひて、衣をひき脱がせんとすれば、うつぶして声立つばかり泣く。 〈手習 6-284〉	法師は顔を除きこもうとするけれど、もしや昔いたという目も鼻もないのっぺらぼうの女鬼などではないだろうかと、氣味が悪くなります。法師は自分の胆力の据わった頼もしく威勢のいいところを人に見せようと思って、強引に着物を引き脱がせようとしますと、相手は顔をうつ伏して、ますます声をあげて泣きます。 〈10-234〉	법사는 얼굴을 들여다보려 하다가, 만약 그 옛날에 있었다는 눈도 코도 없는 여자귀신이면 어찌하랴 싶어 등골이 오싹합니다. 법사는 자신의 듬직한 담력을 자랑하려고 억지로 옷을 벗기려고 하는데, 상대는 고개를 숙인 채 그저 소리 높여 울 뿐입니다. 〈10-198〉

용례①의 겐지(源氏)가 회상한 '남전의 오니'(南殿の鬼)의 일화는 『오카가미』(大鏡) 「다다히라전」(忠平傳)의 일화를 가리키고 있다. 자신전(紫宸殿)의 정면의 옥좌(玉座) 뒤를 다다히라(忠平)가 지나갈 때, 누군가가 자신의 칼자루를 움켜잡았다. 다다히라가 더듬어 보니, 털이 무성한 손으로, 칼날과 같이 긴 손톱이 달려 있었다. 이것을 오니라고 알아차린 다다히라는 용감하게 칼을 뽑아 오니의 손을 내리쳤으며, 오니는 허둥지둥 축인(丑寅: 동북)쪽으로 도망갔다는 내용이다.

용례②는 우키후네가 강에 몸을 던진 후, 우키후네의 어머니·주조노키미(中将の君)가 우지(宇治)에 와서 딸의 돌연사에 애통해하는 장면이다. 주조노키미의 대사에 나오는 "오니에게 먹힌 것일까"(鬼や食ひつらん)는 소위 '오니 한입'(鬼一口)과 연관이 있다. '오니 한입'으로 가장 유명한 일화로 『이세모노가타리』(伊勢物語) 제6단의 「아쿠타가와 단」(芥川の段)이 있다. 어떤 남자가 오랜 동안 구애(求愛)해왔던 여자를 납치하여, 아쿠타가와(芥川)라고 하는 강에 이르렀는데, 오니가 나오는 장소인지도 모르고, 빈 집의 광속에 여자를 밀어 넣고 남자는 활을 지니고 지키고 있었는데, 그 사이 오니가 여자를 잡아먹었고, 여자는 "앗"하고 비명을 질렀지만

천둥소리에 남자는 비명소리를 듣지 못했다는 내용이다. 전술한『일본영이기』에 등장하는 오니가 하룻밤 정을 통하고 여자를 잡아먹었고, 여자는 아파서 비명을 질렀다는 내용과 공통점이 많다. 이외에 엔기원년(延喜元年: 901)에 성립된『일본삼대실록』(日本三代実録)에도 무덕전(武德殿)의 소나무숲에서 오니가 남자로 변신해서 귀부인을 잡아먹었다는 이야기가 등장하며, 이 사건은 이후의 헤이안시대의 설화집으로 전승된다.[23]

　　용례③의 "옛날의 눈도 코도 없는 여자오니"(昔ありけむ目も鼻もなかりけん女鬼)에 관해서는『겐지이야기』의 주석서인『화조여정』(花鳥余情)에는 "슈노본(朱の盤)이라고 하는 삽화가 있는 이야기(絵物がたり)가 있다. 문수로(文殊楼)의 눈이 없는 오니의 이야기이다."라고 기술되어 있다. 또한 시마즈 히사모토(島津久基)의『겐지이야기 신고』(源氏物語新考)는 이와야 사자나미 편(巌谷小波編)『동양구비대전』(東洋口碑大全) 상권(上巻)에 오슈아이즈(奥州會津) 스와노미야(諏訪の宮)에 '놋페라보'(のっぺらぼう)와 닮은「슈노본」의 전설이 수록되어 있다는 사실을 지적하고 있다.[24] '놋페라보'란 키가 크고, 얼굴에 눈코입이 없는 요괴를 말한다. 이상의 고증을 따른다면, "옛날의 눈도 코도 없는 여자오니"는 지금은 산일된『슈노본』(朱の盤)의 이야기에 등장하는 히에이 산 동탑(東塔)의 문수루에 사는 눈코입이 없는 여자라고 하는 것이 된다. 세토우치 자쿠초의 번역본에 "옛날에 있었다고

---

23) 이 기사는 이후 헤이안시대에 성립된『扶桑略記』(仁和三年八月一七日条),『금석이야기집』(권27·8화)으로 계승된다. 中村一基, 1995,「鬼譚の成立─〈仁和三年八月一七日の鬼啖事件〉をめぐって─」,『岩手大學教育學部附属教育実践研究指導センター研究紀要』第5號, 111~119쪽 참조. 또 이 기사는『고단쇼』(江談抄)에도 보인다.
24) 阿倍秋生外校注·訳, 1998,『新編日本古典文學全集 源氏物語⑥』小學館, 420쪽.

법이 아닐까 판단된다.

초월적인 존재가 인간에게 마이너스적인 이미지를 가질 때 일본에서는 이를 '요괴'라고 한다. 한국의 '귀신'을 악신계통의 귀신과 선신계통의 귀신으로 나눈다면—단, 동일한 존재가 어떤 상황에 의해 선신으로도 악신으로도 인식될 수 있음에 주의—일본의 '요괴'는 전자에 속할 것이다. 일한비교문학을 염두에 넣고 대응되는 대략적인 대상을 도식화하면 다음과 같다.

	신(神)	신(神)	일본의 신(神)
韓國의 鬼神	人死靈(人神,怨靈, 寃鬼)	幽靈(오바케お化け,바케모노化物)	일본의 요괴
	動物	動物	
	家具神, 도깨비 등	오니(鬼),갓파(河童) 등	

【참고문헌】

金鍾大, 1994,『民譚과 信仰을 통해 본 도깨비의 세계』, 國學資料院.

金泰坤, 1876, 「民間의 鬼神」, 『韓國思想의 源泉』, 博英社, 99-122쪽.

金賢貞, 2002, 「겐지모로가타리(源氏物語)의 「오니」(鬼)에 대한 고찰」, 『日本文化研究』7, 119-136쪽.

李市埈, 2018, 「韓國における日本古典文學の翻訳」, 『文學研究の窓をあける』, 笠間書院, 144-162쪽.

李市埈, 2013.5, 「韓國における日本古典文學の翻訳の問題を廻って：『今昔物語集』を中心に」, 『日語日文學研究』, 韓國日語日文學會, 79-107쪽.

李市埈, 2003.11, 「『日本靈異記』の冥界觀」, 『日語日文學研究』, 韓國日語日文學會, 43-63쪽.

李市埈, 2011.9, 「死後の旅；東アジア古代説話文學における冥途への道程」, 『日本言語文化』, 韓國日本言語文化學會, 19-35쪽.

李市埈, 2001, 「『今昔物語集』巻二七・靈鬼譚の意義 - 反社會的存在としての靈鬼とその制圧への意欲 - 」, 『日語日文學研究』, 韓國日語日文學會, 193-214쪽.

任東權, 1975, 「鬼神論」, 『語文論集』第10集, 中央大學校國語國文學會.

林在海, 「귀신설화에 포착된 인간과 귀신의 만남 양상과 귀신인식」, 『口碑文學研究』, 韓國口碑文學會, 281-333쪽.

阿倍俊子, 1977, 「源氏物語の「もののけ」(一)」, 『國語國文論集』第6號, 學習院女子短期大學.

阿倍俊子, 1978, 「源氏物語の「もののけ」(二)」, 『國語國文論集』第7號, 學習院女子短期大學.

小松和彦, 1994, 『憑靈信仰論』, 講談社學術文庫, 287-288쪽.

小松和彦, 2006, 『妖怪文化入門』, せりか書房, 36-38쪽.

小松和彦, 2011, 『妖怪學の基礎知識』, 角川選書, 78-89쪽 참조.

中村一基, 1995, 「鬼譚の成立ー〈仁和三年八月一七日の鬼啖事件〉をめぐってー」, 『岩手大學教育學部附属教育実践研究指導センター研究紀要』第5號, 111-119쪽.

저자소개(논문 게재순)

고마쓰 가즈히코(小松 和彦)

1947년 동경 출생으로 2013년에 시주포장(紫綬褒章)을 수장하고, 2016년 문화공로자현장을 받았다. 현재 국제일본문화연구센터 소장.

전공은 민속학·문화인류학이며, 주요 저서로는 『妖怪學新考』(講談社, 2015), 『妖怪文化入門』(角川學藝出版, 2012), 『鬼と日本人』(角川, 2018) 등이 있으며, 한국어로 번역된 저서에는 『일본인은 어떻게 신이 되는가』(민속원, 2005), 『일본의 요괴학 연구』(민속원, 2009) 등이 있다.

박전열

중앙대학교 대학원 국문과를 거쳐 일본 쓰쿠바(筑波)대학 역사인류학연구과에서 문학박사를 취득했다. 한국민속학회장, 한국일본역사문화학회장을 역임했다. 중앙대학교 일어일문학과 교수 정년퇴임 후, 현재 명예교수.

한일 민간의 놀이문화 특히 연극과 다도(茶道)의 현장의 퍼포먼스와 증답물에 관심을 가지고, 이에 내재된 정신세계에 주목하고 있다. 『門付けの構造』(弘文堂, 1989), 『봉산탈춤』(화산문화, 2001), 『일본전통문화론』(한국방송통신대학교출판문화원, 2017), 『이야기 일본연극사』(세종대학교출판부, 2010), 『남방록의 연구』(이른아침, 2012) 등 다수의 논저가 있다.

박규태

서울대학교 독어독문학과를 졸업하고 동 대학원 종교학과에서 문학석사, 일본 도쿄대학 대학원 종교학과에서 문학박사 학위를 받았다. 현재 한양대학교 일본학과 교수. 주요 저서로 『일본정신분석』(이학사, 2018), 『신도와 일본인』(이학사, 2017), 『일본 신사(神社)의 역사와 신앙』(역락, 2017), 외에 다수가 있으며, 주요 역서로 『일본문화사』(경당, 2011), 『국화와 칼』(문예출판사, 2008), 『신도, 일본 태생의 종교시스템』(제이엔씨, 2010) 등 다수가 있다.

기바 다카토시(木場 貴俊)

1979년 오카야마현에서 출생하였다. 현재 국제일본문화연구센터 프로젝트 연구원.

전공은 일본근세문화사이며, 주요 논문으로는 「「所化」と「理外之理」」(『雅俗』17, 2018), 「開放される「化物繪」」(橘弘文·塚惠子編『文化を映す鏡を磨く』, 2018), 「節用集に見る怪異」(小松和彦編『進化する妖怪文化研究』, 2017) 등이 있다.

곤도 미즈키(近藤 瑞木)

현재 슈토 다이가쿠 도쿄 인문과학연구과 일본문화론분야 준교수.

전공은 일본근세문학으로, 저서로는 『百鬼繚亂-江戶怪談·妖怪繪本集成』(國書刊行會, 2002)가 있으며, 공저에는 『初期江戶讀本怪談集』(國書刊行會, 2000), 『幕末明治百物語』(國書刊行會, 2009) 등이 있다.

김지영

이화여자대학교 조형예술대학 미술학부를 졸업하고, 도쿄예술대학에서 미술사학 전공으로 석사·박사학위를 취득하였다. 2015년에 제23회 카시마(鹿島) 미술재단에서 연구논문 우수상, 2017년에 도쿄예술대학에서 히라야마 이쿠오(平山郁夫) 문화예술상(2017)을 수상하였다. 현재 한양대학교 일본학국제비교연구소 객원연구원. 한일의 근현대미술사를 연구하고 있으며, 주요 논문으로는 「韓國の初期美術大學と東京美術學校-人的·制度的關連性」(『美術史』, 2013.10.), 「전화황의 생애와 예술-재일조선인으로서의 의식의 조형화」(『한국근현대미술사학』, 2014.6.), 「해방 전 오사카 미술학교의 조선인유학생들의 실태와 귀국 후 행방에 대하여」(『한국근현대미술사학』, 2016.12.)가 있다.

마쓰무라 가오루코(松村 薰子)

1972년 생으로 총합연구대학원대학에서 박사학위를 취득하였다. 국제일본문화연구센터 기관연구원, 야마토뮤지엄 학예원 등을 거쳐, 현재 오사카대학 일본어일본문화교육센터 준교수.

전공은 민속학이며, 저서로는『糞掃衣の妍究 - その歷史と聖性』(法藏館, 2006)가 있다. 공저에는『일본문화의 전통과 변용』(민속원, 2016),『河童とはなにか』(岩田書院, 2014),『ニッポンの河童の正体』(新人物往來社, 2010),『妖怪文化の傳統と創造―繪卷·草子からマンガ·ラノベまで―』(せりか書房, 2010) 등이 있다.

한경자

도쿄대학에서 석사, 박사 학위를 받았다. 현재 경희대학교 외국어대학 일본어학과에 부교수. 관심 분야는 일본근세희곡 및 문화이며, 주요 논문으로는「근대 가부키의 개량과 해외 공연」(『일본사상』, 2016.12),「식민지 조선에 있어서의 분라쿠공연」(『일본학연구』, 2015.09),「佐川藤太の淨瑠璃:改作·增補という方法(近世後期の文學と藝能)」(『國語と國文學』, 2014.5) 등이 있다.

이세연

한양대학교 사학과, 고려대학교 사학과 대학원을 거쳐 도쿄대학 총합문화연구과에서 박사학위를 취득하였다. 현재 한양대학교 비교역사문화연구소 연구교수. 주요 업적으로『사무라이의 정신세계와 불교』(혜안, 2014),『술로 풀어보는 일본사』(이상, 2017),『변경과 경계의 동아시아사』(혜안, 2018)가 있다.

김경희

일본 쓰쿠바대학에서 문학박사를 취득하였다. 현재 한국외국어대학교 미네르바 교양대학에서 조교수. 일본 괴담소설과 하이카이를 전공하였고, 대표 논저로『그로테스크로 읽는 일본문화』(책세상, 2008),『에로티시즘으로 읽는 일본문화』(제이앤씨, 2013),『한일 고전문학 속 비일상 체험과 일상성 회복-파괴된 인륜, 문학적 아노미』(제이앤씨, 2017) 등을 함께 썼다.

이시준

한국외국어대학교 일본어과 졸업 후, 도쿄대 총합문화연구과에서 문학박사학위를 취득하였다. 현재 숭실대학교 일어일문학과 교수.

일본 고전문학을 전공하였으며, 대표 저서(번역서)로『今昔物語集 本朝部の硏究』(大河書房, 2005),『금석이야기집 일본부【一】~【九】』(세창 출판사, 2006),『일본 설화문학의 세계』(소화, 2009),『일본불교사』(뿌리와이파리, 2005) 등이 있다.

한양대 〈일본학국제비교연구소〉 비교일본학 총서02

요괴
-또 하나의 일본의 문화코드-

초판 1쇄 발행 2019년 2월 22일
초판 1쇄 발행 2019년 2월 28일

엮은곳 한양대 일본학국제비교연구소
지은이 고마쓰 가즈히코(小松 和彦) 박전열 박규태 기바 다카토시(木場 貴俊) 곤도 미즈키(近藤 瑞木)
　　　　 김지영 마쓰무라 가오루코(松村 薫子) 한경자 이세연 김경희 이시준
펴낸이 이대현
책임편집 이태곤
편집 권분옥 홍혜정 박윤정 문선희 백초혜
디자인 안혜진 김보연 | **기획마케팅** 박태훈 안현진 이희만
펴낸곳 도서출판 역락 | **등록** 1999년 4월 19일 제303-2002-000014호
주소 서울시 서초구 동광로46길 6-6(반포4동 577-25) 문창빌딩 2층(우06589)
전화 02-3409-2060(편집부), 2058(영업부) | **팩시밀리** 02-3409-2059
이메일 youkrack@hanmail.net
역락홈페이지 www.youkrackbooks.com

ISBN　979-11-6244-374-3　94080
　　　　979-11-5686-876-7(세트)